맞춤형 대표기도

김장환 목사 외

한국문서선교회

머리말

신앙생활은 하나님의 말씀을 듣고 그 말씀대로 살아가는 것이 중요하다. 그렇게 살기 위해서는 하나님의 뜻을 묻는 기도와 자신의 모든 것을 맡기는 기도가 있어야 한다. 그래서 연약한 사람으로서는 해결할 수 없고, 알 수도 없는 것들이 기도함으로써 해답을 얻게 된다.

하늘을 향하여 부르짖지 않고는 길이 보이지 않는 혼돈된 오늘의 시대에 맞춰 출간된 「맞춤형 대표기도」는 내 뜻을 앞세우기 전에 하나님의 뜻을 묻고 거기에 순응하려는 차원 높은 기도가 한국 교회 기도의 주류를 이루기를 소망하면서 만들어진 기도서이다.

목회 현장에서 맡겨진 영혼들을 끌어안고 기도하는 교역자들의 심혈이 스며 있는 「맞춤형 대표기도」는 각종 예배의 대표 기도와 경건회, 부흥회, 수련회, 개인 기도에 이르기까지 각각의 상황에 맞춘 다양한 기도의 모본을 제시함으로써 현장에서 활용하기에 좋은 기도서이다.

이 책이 발행될 수 있도록 출판을 담당한 한국문서선교회와 집필에 수고한 동역자들에게 감사드리며, 이 책이 은혜를 사모하는 모든 성도에게 기도하는 계기를 만들어 주어 응답받는 체험을 누리며, 하나님의 뜻에 더욱 합한 기도를 드림으로써 신령한 예배, 은혜받는 예배, 살아 있는 예배로 이끄는 데 유용하게 활용되기를 바란다.

저자를 대표하여 **김장환** 목사

차 례

* 예배의 부름(24편) _ 10

* 주일 낮 예배 기도문(30편) _ 18

* 주일 찬양예배 기도문(20편) _ 48

* 수요예배 기도문(20편) _ 68

* 절기예배 기도문(20편) _ 90
신년주일/ 고난주일/ 부활주일/ 어린이주일/ 어버이주일/ 성령강림주일/
종교개혁주일/ 추수감사주일/ 성서주일/ 성탄절/ 송년주일

* 헌신예배 기도문(10편) _ 110
제직회/ 남전도회/ 여전도회/ 구역장・권찰/ 교사/ 찬양대/ 청년・대학부/
중・고등부

＊교회예식 기도문(23편) _ 120

세례식/ 유아세례식/ 성찬예식/ 목사 안수식/ 목사 위임식/ 목사 은퇴식/
원로목사 추대식/ 장로 장립식/ 장로 은퇴식/ 원로장로 추대식/
집사 안수식/ 집사 은퇴식/ 권사 취임식/ 권사 은퇴식/ 성전 기공식/
성전 준공식/ 성전 입당식/ 성전 헌당식/ 교육관 입당식/ 교육관 헌당식/
교회창립예배

＊장례예식 기도문(15편) _ 144

임종을 앞두고/ 임종/ 위로/ 입관/ 발인/ 하관/ 첫성묘/ 추모

＊부흥회 기도문(7편) _ 160

＊전교인 수련회 기도문(7편) _168

차 례

＊경건회 기도문(16편) _ 178
제직회/ 공동의회/ 구역장 • 권찰회/ 교사회/ 여전도회/ 남전도회/ 찬양대 / 청년회/ 학생 수련회/ 야외 예배/ 철야 기도회/ 기업체 예배/ 시무식/ 종무식/ 여전도회 연합회/ 남전도회 연합회

＊청소년 예배 기도문 (10편) _ 186
학생회 부서 활동을 위하여/ 교회에서 봉사하기 위하여/ 제자로 헌신된 삶을 위하여/ 기독 학생으로서의 본분을 다하기 위하여/ 학교에 주님의 주권이 회복되기를 위하여/ 성적이 떨어졌을 때/ 불신 친구와 갈등이 있을 때/ 부모와의 갈등이 심할 때/ 두려움에 시달릴 때/ 선교에 대한 비전을 품기 위하여

＊기도시(6편) _ 196
신년/ 고난/ 부활/ 추수감사/ 성탄/ 송년

＊기쁠 때 드리는 기도문(15편) _ 210
출산/ 생일/ 회갑/ 약혼/ 결혼/ 입학/ 졸업/ 입사 및 승진/ 이사 및 입주/
개업/ 사업 확장/ 임신/ 제대/ 퇴원/ 수상

＊어려울 때 드리는 기도문(17편) _ 226
환자/ 입원/ 수술/ 사업 실패/ 불합격/ 취직 낙방/ 이혼/ 재난/ 도난/
교통사고/ 실종/ 실직/ 가난/ 근심 중에 있는 자/ 가정 불화/
신체장애자/ 수감자의 가정

＊영적 성장을 위한 기도문(15편) _ 244

＊일상생활에서 드리는 기도문(21편) _ 260
아침 기도문/ 저녁 기도문

- 예배의 부름
- 주일 낮 예배 기도문
- 주일 찬양예배 기도문
- 수요예배 기도문

예배의 부름

● 주일 낮 예배
하나님, 이 시간이 한 주일 가운데 가장 엄숙한 시간이 되게 하시며, 이 성전이 땅 위에서 가장 존귀한 장소가 되게 하소서. 이 자리가 이사야가 들어간 성전이 되어 "내가 누구를 보내며 누가 우리를 위하여 갈꼬" 하시던 음성을 듣게 하소서. 한 사람도 빠짐없이 성령의 임재를 체험하게 하여 주옵소서.
예수님의 이름으로 간구합니다. 아멘.

● 주일 낮 예배
우리 몸을 하나님이 기뻐하시는 산 제사로 드려 영적 예배를 이루도록 분부하신 하나님, 이 예배가 영적 예배가 되며 저희가 산 제물이 되게 하소서. 이 성전에서 바른 방향을 제시하는 말씀이 선포되게 하시고, 선포되는 말씀대로 순종하는 교회 되게 하소서. 주께서 주일에 부활하심을 기억하나이다. 이 시간에 부활하신 주님을 만난 제자들같이 주님을 만나게 하시고, 제자들의 결단이 저희의 가슴속에서도 약동하게 하소서.
예수님의 이름으로 간구하나이다. 아멘.

● 주일 낮 예배
하나님, 이 시간에 진정한 회개가 있게 하사 예배드리기에 합당한 심령이 되게 하소서. 입술과 마음을 정결케 하사 주님 앞에 열납되는 예배 되게 하소서. 하나님의 거룩하심을 깨닫고, 나를 부르시는 하나님의 음성을 듣게 하소서. 순서 맡은 이들을 성령께서 도우시고 모든 순서가 합하여 하나님께 영광을 돌리게 하소서.
예수님의 이름으로 기도합니다. 아멘.

● **주일찬양 예배**

하나님, 이 시간 니고데모가 밤에 주님을 찾아와 중생의 도리를 들은 것을 기억하나이다. 이 예배가 저희에게 새로운 깨달음을 얻는 시간, 성령으로 거듭나는 시간이 되게 하소서. 주일 아침 시간부터 저녁까지 경건으로 함께하사 이날을 주님의 날로 지키게 하심을 감사하나이다. 이 경건이 샘이 되어 이 주간 저희 삶에 정결함이 넘치게 하소서.

예수님의 이름으로 간구하나이다. 아멘.

● **주일찬양 예배**

찬양받으시기에 합당하신 하나님, 이 저녁에 깨우침을 주사 하나님께서 천지를 지으시고 주관하심을, 이 민족을 사랑하시고 인도하심을 찬양하게 하옵소서. 특별히 이 민족에게 복음을 주시고 교회를 성장시켜주심을, 이곳에 몸된 교회를 세우시고 인도해주심을 찬양하게 하시며, 성도 하나하나를 기억하시고 지켜주심을 찬양하게 하소서.

예수님의 이름으로 기도드립니다. 아멘.

● **주일찬양 예배**

하나님, 아브라함이 후손에 대한 약속을 받았으나 이루어지지 않아 번민할 때 주께서 그를 밖으로 이끌고 나가 밤하늘의 뭇별처럼 자손이 많아질 것을 가르쳐주신 일을 기억합니다. 이 밤에 약속의 성취를 믿게 하사 하나님 앞에 의롭다 함을 받게 하소서. 의심과 번뇌가 물러가게 하소서. 주의 음성을 더욱 뚜렷이 듣게 하소서. 마음에 새겨둔 언약을 새로운 마음으로 읽게 하소서.

약속을 주신 예수님의 이름으로 간구합니다. 아멘.

예배의 부름

● 수요 예배

하나님, 이 시간에 겟세마네 동산의 기도를 기억합니다. 나의 원대로 마옵시고 아버지의 뜻대로 하시기를 간구한 예수님의 기도를 본받게 하소서. 아버지의 뜻이 무엇인지 확인하여 나의 뜻을 쳐서 아버지의 뜻에 복종시키려는 다짐이 이 저녁에 있게 하소서. 이 시간에 빛으로 오신 주님을 기억합니다. 우리가 빛으로 살게 하여 주시고, 작은 그리스도로 살게 하여 주옵소서.
말씀을 주신 예수님 이름을 의지하여 기도드립니다. 아멘.

● 수요 예배

하나님, 이 저녁에 모인 저희가 기도하며 말씀에 귀를 기울이나이다. 말씀의 자로 나를 재어 보며 다림줄을 드리우는 시간이 되게 하소서. 마음의 풍랑이 가라앉아 평화를 체험하게 하시고 어두움이 사라지게 하소서. 마음 문을 다시 한번 열게 하시고 굳어진 손을 펴게 하소서. 말씀 위에 서서 걸어갈 것을 다짐하는 시간이 되게 하소서. 레바논의 백향목 향기가 이 예배에 가득하게 하소서.
예수님의 이름으로 기도합니다. 아멘.

● 제직 헌신예배

맡은 자들에게 구할 것은 충성이라고 하신 하나님, 부족한 저희를 충성되이 여겨 직분 맡기심을 감사드립니다. 주님께서 부족한 저희를 택하여 세우셨으니 주의 뜻에 따라 방향을 정하고 나아가게 하시고, 주께서 제자들의 발을 씻어 섬김의 모범을 보이신 것과 같이, 저희도 사랑으로 몸을 바쳐 봉사하게 하소서.
직분을 주신 예수님의 이름으로 간구합니다. 아멘.

● 남전도회 헌신예배

하나님, 남전도회 회원들이 하나님께 헌신을 다짐하는 예배를 드립니다. 몸과 마음과 건강과 시간과 재능과 물질 등 하나님께서 허락하신 모든 것으로 헌신의 삶을 살기로 다짐하는 예배가 되게 하소서. 하나님의 뜻이 이루어지는 곳, 하나님의 주권이 행사되는 곳이 천국이라 하였사오니 남전도회 회원으로 하여금 하나님의 뜻을 이루는 자, 하나님의 통치에 고요히 순복하는 자들이 되게 하소서.
예수님의 이름으로 기도드립니다. 아멘.

● 여전도회 헌신예배

하나님, 그리스도의 정신으로 교회를 돕고 선교 사업과 사회봉사 사업을 위해 저희를 한 공동체로 묶어주심을 감사합니다. 이 예배가 강한 힘을 가진 전류가 되어 모두의 가슴이 하나로 뜨거워지게 하소서. 우리에게 허락하신 가정이 작은 천국이 되게 하소서. 이 시간 길과 진리와 생명 되신 주님을 만나고 그 길 위에 걸으며, 그대로 살겠다는 결단을 하게 하소서.
예수님 이름으로 기도합니다. 아멘.

● 구역장·권찰 헌신예배

하나님, 주님께서 다시 오시마 약속하시고 읽는 것과 권하는 것과 가르치는 것에 착념하라 하심을 기억합니다. 주께서 이 세상에 계실 때 친히 선한 선생님의 모범을 보이신 것과 같이 우리에게도 잘 가르칠 수 있는 능력을 부어주소서. 이 예배를 통해 주님의 약속과 분부가 새롭게 기억되게 하소서.
재림과 심판의 주인이신 예수님의 이름으로 간구합니다. 아멘.

예배의 부름

● 교사 헌신예배

전능하신 하나님, 천하보다 귀한 영혼을 말씀으로 양육하는 교사의 직분을 주시오니 감사합니다. 흰 종이와 같이 순수한 영혼을 저희에게 맡기시고, 또한 저희를 화가로 세우셔서 말씀의 붓을 쥐여주심을 감사드립니다. 영혼의 화가로서 소임을 다하기 위하여 이 저녁에 교사의 직분을 허락하신 하나님께 헌신예배를 드리는 모든 교사가 온전한 헌신을 다짐하게 하옵소서. 내 양을 먹이라고 말씀하신 예수님의 이름으로 기도드립니다. 아멘.

● 찬양대 헌신예배

하나님, 찬양대원들이 이 시간 헌신예배를 드립니다. 시와 찬미와 신령한 노래로 화답하며 마음으로 주께 노래하는 예배가 되게 하소서. 이들의 찬양이 입술에서 나오는 노래가 아니라 신앙의 샘에서 솟아나는 노래가 되게 하여 주소서. 듣는 이의 갈증을 풀어주며 새 힘을 주는 노래가 되게 하소서. 이 일을 위해서 이들에게 깊은 신앙이 있어야 하겠사오니 순전한 믿음을 주옵소서.
예수님의 이름으로 간구합니다. 아멘.

● 청년부 헌신예배

하나님, 부름받은 젊은이들이 이 시간 머리를 숙였습니다. 저들의 가슴속에 하나님 나라와 하나님의 영광을 위한 서원이 메아리치게 하시고, 그 메아리의 응답 속에서 삶을 설계하게 하소서. 저들의 젊음이 더욱 아름답게 하시며 구원의 은총을 깨닫는 가운데 깊이를 갖고 삶의 초점이 그리스도께 맞춰지게 하소서.
예수님의 이름에 의지하여 간구하나이다. 아멘.

● 고난주일

하나님, 십자가 위의 목이 타는 고난 가운데서도 원수를 용서하시고 강도를 축복하신 주님과 같이 저희가 비록 고난 가운데 있다 할지라도 주님의 뜻을 이루는 일을 멈추지 않게 하소서. 우리의 고난이 하나님의 뜻을 이루기 위한 것이 되기를 원합니다. 하나님, 의를 위해 싸울 때에 이길 수 있는 용기를 주소서.

예수님의 이름으로 기도합니다. 아멘.

● 부활주일

십자가에서 죽으셨던 예수님을 삼일 만에 다시 살리신 능력의 하나님, 저희로 하여금 이 일의 증인이 되게 하여 주소서. 예수 그리스도의 부활을 통해 저희를 죽음의 두려움과 죄의 권세에서 해방시켜주신 하나님, 이 자유를 널리 전하게 하소서. 죽음이 우리를 얽어맬 수 없음과 무덤이 우리의 종착지가 아님을 선포하게 하소서. 의와 진리가 무덤 속에 갇혀 있을 수 없음을 깨우치게 하소서.

부활하신 예수님의 이름으로 기도드립니다. 아멘.

● 어린이주일

어린이를 사랑하시는 하나님, 어린이 주일을 맞아 예배하는 심령마다 어린이의 순수함을 본받게 하시고, 어린이와 같은 심성을 지니고 살아갈 때 이 땅에서 천국을 체험할 수 있음을 알게 하소서. 세속적인 가치관으로 자녀를 양육하지 않게 하시고 주의 교양과 훈계로 양육하게 하소서. 무엇보다도 신앙을 심어주며 신앙을 유산으로 물려주는 부모가 되게 하소서.

예수님의 이름으로 간구합니다. 아멘.

예배의 부름

● 어버이주일

하나님, 부모의 사랑을 통해 하나님의 사랑을 보여주시니 감사합니다. 저희로 하여금 부모 공경을 가르치는 말씀에 귀를 기울이게 하시며, 순종하게 하소서. 룻의 효도를 저희에게 본으로 주신 하나님, 저희도 효도의 모범을 보이게 하소서. 최상의 효도는 내 부모를 예수님께 인도하는 것이오니 이 주간에 가정 복음화의 역사가 이곳저곳에서 일어나게 하소서.

효도의 모범을 보이신 예수님의 이름으로 기도드립니다. 아멘.

● 성령강림주일

우리에게 보혜사 성령을 보내주신 하나님, 성령강림절에 우리의 신앙이 다시 한번 새로워지게 하시고 성령의 인도대로 살 것을 다짐하게 하소서. 성령의 지도에 순종하게 하시며, 성령의 위로하심에서 기쁨을 알게 하시고, 성령의 힘 주심으로 피곤을 이기게 하소서. 성령강림의 역사가 이천 년 전 과거의 사실로 그치지 않게 하시고 매일, 매 순간 반복되게 하소서.

예수님의 이름으로 간구합니다. 아멘.

● 추수감사주일

추수할 수 있는 기쁨을 허락하신 하나님, 우리에게 햇볕과 이슬을 주셔서 농작물이 자라게 하사 풍성한 열매 주심을 감사드립니다. 머리카락 하나까지 헤아리며 저희를 살피시는 섭리를 인하여 감사드립니다. 오늘 이 예배의 모든 순서를 통해 감사한 마음이 배나 더하게 하시고 모든 일에서 감사의 제목을 찾는 저희가 되게 하소서.

예수님의 이름으로 기도합니다. 아멘.

● 성탄주일

하나님, 평강의 왕으로 오신 아기 예수로 인하여 이 땅에 평강이 임하게 하소서. 이 땅에 분쟁과 살육과 폭력이 그치지 않고 있습니다. 공평과 정의의 나라를 건설하기 위해 오신 아기 예수로 인하여 공평이 이 땅 위에 실시되게 하시며 정의의 샘물이 터져 흐르게 하소서.
예수님의 이름으로 간구합니다. 아멘.

● 송년예배

하나님, 이 해를 시작하면서 저희는 많은 것을 하나님께 약속했습니다. 그러나 지금은 때 묻은 빈손을 들고 주님 앞에 서 있습니다. 간구하기는 이 시간이 우리의 때 묻은 손을 씻는 시간이 되게 하시고 새 힘을 얻는 시간이 되게 하소서. 제십일 시에 온 일꾼에게도 같은 삯을 주신 하나님, 우리에게도 그와 같은 은총을 베푸소서. 흘러간 시간에 미련을 두지 않게 하시고, 푯대를 바라보게 하소서. 감사함으로 이 예배를 드리게 하소서.
예수님의 이름으로 기도합니다. 아멘.

● 송구영신예배

하나님, 지난해 우리는 너무나 이기적으로 살았습니다. 새해에는 이웃을 위한 삶이 되게 하소서. 또한 말씀을 읽고 묵상하는 일에 게을렀사오니 용서하시고, 새해에는 말씀을 묵상하고 기도함으로 해답을 찾으며 살게 하소서. 하나님, 겸손한 떨림으로 주 앞에 섰나이다. 이 경건함을 간직하게 하소서. 새해의 설계가 나를 위한 것이 되지 않게 하시고, 주님의 도구로 쓰임받는 해가 되게 하소서.
예수님의 이름으로 기도하나이다. 아멘.

주일 낮 예배 기도문

찬양·경배 우리 예배를 받으시기에 합당하신 하나님 아버지, 이 예배와 찬양과 경배를 받아주옵소서.

정결케 되기를 위해 이 시간 드려지는 예배를 통해 천국의 비밀을 맛보게 하시며 그 기쁨으로 살게 하옵소서. 하나님 나라가 조금씩 확장되는 역사를 허락해주옵소서. 머리 숙인 자녀들을 돌아보사 회개의 영으로 정결케 하여 주셔서 예배를 마치고 돌아갈 때에 새로운 모습이 되게 하시고 기쁨이 넘치게 하옵소서.

간구 하나님, 이 시간에 이사야가 성전에 나아가 하나님의 음성 들은 일을 기억합니다. 그가 웃시야 왕의 죽은 일로 염려를 안고 성전에 들어간 것과 같이 여기 모인 무리가 각자의 염려를 안고 나아왔사오니 해결 받고 돌아가게 하옵소서. 또한 이사야가 성전에서 하나님을 뵙고 문지방의 터가 요동하는 것을 체험한 것과 같이 이 자리의 성도들도 빠짐없이 하나님을 뵙고 지금까지 서 있던 터전이 흔들려 새 터전 위에 서게 하옵소서. 또한 자신이 부정한 존재임을 깨닫고 사죄함을 얻은 이사야와 같이 이 자리의 성도들도 동일한 체험을 하게 하시옵소서.

결단 다시 한번 간절히 구하옵나니, 하나님을 만나고 거룩함을 체험하며, 새로운 가치관 위에 서며, 사죄함을 얻고 응답하는 자리가 되게 하소서. 모든 유혹에서 이길 힘을 주시옵소서. 많은 자녀가 실족함을 인하여 그릇된 길로 갔나이다. 이 예배를 통해 하나님의 사랑을 깨닫게 하시고 하나님께 내 뜻을 따르도록 요구하는 어리석음을 범하지 않게 하시며 내가 하나님의 뜻대로 살겠다는 결단이 새로워지게 하시옵소서.

예수님의 이름으로 기도드립니다. 아멘.

영광 주님의 날에 가장 합당한 일은 하나님께 예배드리는 것임을 고백합니다. 이 예배를 통해 하나님 영광 받아주옵소서.

간구 거룩하고 복된 주님의 날, 예수님의 부활하심의 그 큰 사건을 다시 한번 기억하고, 오늘이 작은 부활절이 되게 하옵소서. 주님께서는 우리를 죄에서 해방시켜주시며 죽음을 이기는 능력의 하나님이심을 믿습니다. 영생에 대한 확신을 주옵소서.

부활을 믿고 따르는 공동체로 저희를 부르셨사오니 이곳에 사랑의 교제가 넘치게 하소서. 이 하루를 기쁜 마음으로 주님께 바칩니다. 일곱 날에서 하루를 주께 바치는 저희가 일곱 날이 모두 자기의 것으로 알고 있는 사람보다 더 풍성한 삶의 신비를 체험하게 하시옵소서.

말씀 선포되는 말씀 위에 영력을 더하여 주옵소서. 교회는 말씀을 따라가고, 교회가 가는 대로 민족이 함께 감을 아나이다. 바른 방향을 제시하는 말씀이 되게 하옵소서. 예배를 인도하는 이들에게 함께하시며, 예배에 참예하는 이들에게도 같은 은혜를 허락하소서. 예배드리기를 원하지만 자유롭지 못한 환경 때문에 예배드리지 못하는 이들을 기억하시고 긍휼을 베푸시옵소서.

예배 이 예배가 여기서 끝나지 않게 하시고 진한 여운으로 한 주간 동안 계속되게 하소서. 변화를 체험하는 예배가 되기를 원합니다. 연약함이 건강함으로, 우둔함이 슬기로움으로 변화되게 하소서. 주님의 피 묻은 십자가를 더욱 힘 있게 붙드는 시간이 되게 하옵소서. 모든 순서 위에 함께하시며 정성이 모두어지는 예배가 되게 하옵소서.

예수님의 이름으로 기도합니다. 아멘.

주일 낮 예배 기도문

감사·사랑 거룩하시며 자비로우신 하나님, 예배하는 복을 누리게 하시니 감사드립니다. 이 땅 위에 사랑이라는 말은 많으나 참된 사랑이 없고 사랑이란 말에 메마른 관념만 남아 있습니다. 이곳에 모인 저희가 사랑의 실천자가 되기를 원합니다.

민족 역사의 주관자이신 하나님, 정치와 경제의 모든 부분을 간섭하셔서 공의가 실현되게 하옵시고 이 민족의 역사에 나타난 하나님의 기적적인 보호를 밝히 알게 하옵소서. 이 민족 가운데 있는 반목과 질시와 분쟁을 용서하시고, 이 교회가 사랑과 회개와 용서의 장이 되게 하옵소서. 도덕적인 순결의 모범을 보이게 하소서. 저희와 맞서고 있는 북에 대하여 경제적인 풍성함을 내세우기보다 복음을 전파하게 하옵소서.

교회 이 교회를 위해 기도합니다. 이 땅에 있는 천국 대사관으로서의 사명을 다하게 하소서. 예배와 선교와 교육과 봉사와 교제의 사명을 다하게 하시고, 자체 성장에만 힘을 기울이지 않고 복음을 기다리는 수많은 손길을 기억하게 하소서. 목표를 잃은 세대에 목표를 주고, 의욕을 잃은 사람에게 의욕을 주는 교회로서 이 땅의 가치관이 아닌 높고 영원한 가치관을 제시하는 교회가 되게 하옵소서. 주께서 십자가에 달리시기 전, 인류의 대제사장으로 최후의 기도를 드리실 때 모든 교회가 하나 될 것을 간곡하게 부탁하신 것과 같이 하나 되게 하옵소서.

예배 이 예배가 한 시간으로 끝나는 것이 아니라, 주께서 허락하신 한 주간의 삶이 예배하는 삶이 되게 하여 주옵소서. 이 시간 세계 모든 곳에서 드려지는 예배가 하나님을 높여드리게 하시고, 예배에 참여한 모든 이가 주님의 제자 됨을 다짐하게 하소서.

예수님의 이름으로 기도드립니다. 아멘.

영광 영광 가운데 영광으로 계신 하나님, 존귀하신 이름을 높여드립니다. 이 시간에 함께 모인 모든 심령이 전심으로 주를 찬송하고 영원토록 주님의 이름에 영광을 돌립니다. 여호와는 모든 나라보다 높으시며, 주님의 영광은 하늘보다 높으십니다.

감사 지난 한 주간 동안에도 때마다, 일마다 간섭하시며 좋은 것으로 만족케 하시고 무엇보다도 거룩하고 복된 날을 구별하여 예배하는 은혜를 누리게 하심을 감사합니다.

예배 예배받으시기에 합당하신 하나님, 주님의 귀한 자녀들이 거룩한 성전에 예수님의 이름으로 모였습니다. 이 전에 들어온 모든 이가 신령과 진정으로 예배드리게 하옵소서. 오직 하나님께만 영광이 되는 예배의 순서순서로 이어지게 하옵소서. 그리고 저희를 위해서 준비된 하늘의 은혜를 허락해주옵소서. 특별히 바라옵기는 우리가 어떤 모습으로 살아왔든지 주님의 몸된 교회 안에서 한 공동체를 이루게 하시고, 하나님의 은혜를 사모하며 예배하게 하여 주시옵소서.

성도들을 위해 오늘이 참으로 복된 날이 되기를 원합니다. 주일을 구별할 수 있는 은혜를 주시고, 이른 새벽 시간부터 주님께 집중할 수 있게 하심을 감사드립니다. 온 성도의 마음을 하나로 묶어 예배하는 이 시간에 참 평안과 즐거움을 갖게 하옵소서. 주님께서 받으셔야 하는 영광을 받으시고, 저희에게는 기쁨을 누리게 하옵소서. 응답해주실 것을 믿사옵고 감사드리며 예수님의 이름으로 기도합니다. 아멘.

주일 낮 예배 기도문

영광 만물을 지으시고 만물의 주인이 되시는 하나님, 오늘도 지으신 것들을 다스리시는 전능하심을 찬양합니다. 영광 가운데 계신 하나님의 이름을 높여드립니다. 구별된 이날에 모든 백성이 주의 전에 나아와 존귀하신 하나님을 경배하며 영광을 돌립니다.

감사 우리를 지키시는 하나님, 그 인자하심으로 한 주간의 삶을 다스리시고 예수 안에서 승리하게 하시오니 무한 감사드립니다. 험한 세상 혼자 있지 않게 하시고, 어렵고 힘든 일을 만날 때 동행하신 은혜를 더욱 감사합니다.

회개 주의 은혜가 없으면 살 수 없는 저희는 말씀대로 살기를 원하였지만 믿음이 부족하여 부끄러운 모습으로 살았습니다. 긍휼을 베풀어주옵소서.

예배 자비로우신 하나님, 성도들의 심령을 주장해주셔서 하나님이 받으시기에 온전한 예배가 되게 해 주시고 하나님의 살아계심을 경험하는 살아있는 예배가 되게 하옵소서. 찢긴 심령, 상한 심령이 치유받게 하시고 저희를 위해서 준비된 하늘의 은혜를 허락해주옵소서. 특별히 바라옵기는 우리의 형편과 처지가 어떠하든지 주님의 몸된 교회 안에서 한 공동체를 이루게 하시고 하나님의 은혜 안에 거하게 해 주옵소서.

교우들을 위해 하나님, 이 제단에 꿇어 엎드린 주의 사랑하는 성도들을 위하여 기도합니다. 눈물 흘리며 기도하는 기도를 들으시고 좋은 것으로 응답해주옵소서. 온 성도가 먼저 하나님 말씀대로 살아가는 믿음을 갖기 원합니다. 저희를 온전히 이끄셔서 더 굳센 믿음 위에 서게 해 주시옵소서.

예수님의 이름으로 기도합니다. 아멘.

영광 전능하시며 홀로 위대하신 하나님, 주의 권능으로 영광을 나타내심을 찬양합니다. 예배하러 모인 이 무리 가운데 하나님의 영광을 나타내시옵소서. 하나님의 자녀 된 저희가 만민 가운데 나타난 하나님의 기이한 행적을 찬양하게 하옵소서.

감사 사랑의 하나님, 감사로 예배드리며 마음의 무릎을 꿇습니다. 엿새를 세상에서 사는 동안에 모든 육체에게 먹을 것을 주신 하나님 감사합니다. 부족한 저희는 하나님을 잊고 산 적이 많지만, 하나님은 우리를 한 번도 잊지 않으신 인자하신 분이셨음을 믿고 감사드립니다.

예배 주일을 구별하여 여기에 모인 이들을 기억하여주옵소서. 온 성도가 하나님께서 받으시기에 합당한 예배를 드리기에 부족함이 없게 하여 주옵소서. 죄를 아파하며 회개하는 예배가 되게 해 주시옵소서. 그리하여 하나님의 은혜로 영육 간에 회복의 기쁨을 누리는 성도들이 되게 해 주옵소서. 이 시간 목사님에게 성령 충만한 은혜를 주셔서 말씀을 증거할 때 사탄의 권세가 일절 틈타지 못하게 하옵소서. 찬양대원들이 하나님 앞에 찬양을 드립니다. 받아주시며, 부르는 이들과 듣는 이들이 함께 은혜를 누리게 하옵소서.

성도들을 위해 이 시간에 선포되는 주님의 말씀이 저희를 비추는 거울이 되어 우리의 흐트러진 모습을 발견하게 하시고 신앙으로 바로 서게 하옵소서. 저희의 삶 전체가 하나님 아버지를 향한 삶이 되게 하시고, 하나님 한 분만을 희망과 위로로 삼게 하옵소서. 그래서 말씀대로 살아가는 믿음을 허락하시고, 주님의 영광을 드러내는 살아있는 믿음을 갖게 하옵소서.

예수님의 이름으로 기도드리옵나이다. 아멘.

주일 낮 예배 기도문

영광 자비로우신 하나님, 여호와의 영광이 이 전에 머무르고 있음을 찬송합니다. 이 전에 모인 이들로 하여금 그 이름의 영광을 찬양하고 영화롭게 찬송하게 하시옵소서.

감사·고백 사랑을 입은 주의 백성과 함께하시는 하나님, 주님께서 저희에게 응답하시고, 순간순간마다 구원이 되셨으니 감사 또 감사합니다.

하나님의 부르심에 합당한 삶을 살지 못한 연약한 저희를 긍휼히 여기시고, 믿음으로 하나님을 기쁘게 해드리는 사람이 되게 하옵소서.

예배 거룩하고 복된 주의 날에 원근 각처에서 흩어져 생활하던 이들이 한자리에 모였습니다. 거룩한 만남을 이루어주셨으니 저희의 마음을 주관하사 살아있는 예배, 신령과 진정으로 드리는 아름다운 예배가 되게 하옵소서. 하나님 앞에 영광을 돌릴 수 있도록 인도하여주시기를 간절히 기도드립니다. 찬양대의 찬양을 통해 홀로 영광을 받으옵소서.

교우들을 위해 긍휼이 풍성하신 하나님, 갈급한 심령으로 나아온 저희가 온전히 채움을 받는 시간이 되게 해 주옵소서. 바라옵기는 성령의 뜨거운 역사가 늘 살아 움직이며 생명력이 넘치는 교회가 되게 하옵소서.

저희 공동체가 이 사회와 국가와 온 세계에까지 뜨겁게 주의 말씀을 증거하며 복음화에 앞장서게 하옵소서. 이 나라 백성에게 복을 내려주시고 저희 가운데 주님의 사랑과 평화가 넘치는 나라가 속히 임할 수 있는 놀라운 복을 허락하옵소서.

예수님의 이름으로 기도합니다. 아멘.

영광 영광을 드러내시는 하나님, 이 거룩한 아침에 하늘이 하나님의 영광을 선포하고, 땅과 모든 것들은 하나님의 손으로 하신 일을 나타내고 있습니다. 하나님의 영광이 예배하러 모인 온 성도들에게 임하기를 원합니다.

감사·고백 우리에게 생명을 허락하시고 삶을 지켜주신 하나님의 사랑을 생각합니다. 아들 예수까지도 우리 죄를 위해 아낌없이 내주신 구속의 은혜를 만 입이 있어도 다 감사하지 못합니다. 받은 은혜 많사오나 구별된 삶을 살지 못했습니다. 십자가의 사랑을 실천하지 못했습니다. 용서하여주옵소서.

예배 이 시간 말씀을 듣고 단 위에 선 목사님에게 성령님 함께하셔서 생명을 구원하는 능력의 말씀을 증거할 수 있도록 인도하옵소서. 한 말씀도 땅에 떨어지지 아니하고 성도들 마음 밭에 새겨져 열매를 맺게 하옵소서. 그리하여 세상에 나아가 하나님 말씀으로 승리하는 삶을 살 수 있도록 도와주옵소서. 찬양대원들이 하나님 앞에 찬양을 드릴 때 아름다운 찬양으로 영광 돌리게 하시고, 찬양하는 대원들이나 성도들이 한가지로 은혜받게 하옵소서.

공동체를 위해 자비로우신 하나님, 이 구별된 주일 아침에 주의 사랑과 은혜를 사모하는 이들에게 풍성한 은혜를 허락하옵소서. 간절한 마음으로 하나님을 찾아온 성도들에게 한량없는 자비를 베풀어주옵소서. 지금도 병마와 싸우며 고통 중에 있는 자들에게 치료와 회복의 은혜를 허락하옵소서. 가정의 여러 문제와 경제적인 문제로 고민하며 간구하는 기도를 주께서 들으시고 친히 응답하옵소서.

예수님의 이름으로 기도하옵나이다. 아멘.

주일 낮 예배 기도문

영광 천지와 만물을 다스리시는 하나님 아버지, 이 아침 저희에게 하나님의 영광과 위엄을 보여주심을 감사드립니다. 주님의 권세와 영광에 합당한 찬미의 예배를 드리기 원합니다. 구별해서 선택받은 무리가 모였사오니, 종일토록 주님을 찬송하고 영광을 돌리게 하시옵소서.

감사 이 시간, 감사와 찬양을 통해 주님을 바라보게 하옵소서. 그 크신 팔로 감싸 안아주시는 하나님께 감사함으로 나아갑니다. 주님의 이름을 부르며, 그의 행하심을 예배를 통해 기리기 원합니다.

예배 찬양의 주인이 되시는 하나님, 오늘 드리는 저희의 예배가 주님께서 기뻐 받으시는 산 제사가 되게 하옵소서. 말씀을 증거할 목사님에게 영력을 더하셔서 하나님의 대언자로서 생명력 넘치는 살아있는 말씀으로 저희를 감동케 하옵소서. 예배 마치는 시간까지 오직 성령께서 임재하셔서 예배하는 모든 성도에게 한량없는 복을 내려주옵소서. 찬양대원들을 기억하시고 저들의 찬양으로 더욱 영광을 받으시옵소서. 이 자리는 은혜로 가득하게 하여 주시며, 찬양대원들과 늘 함께하셔서 신앙고백적인 찬양을 부르게 하옵소서.

공동체를 위해 저희를 불쌍히 여기시는 하나님, 여러 가지 문제를 안고 나아온 성도들이 있습니다. 고단한 중에도 주님의 날을 구별하여 예배하는 이들의 신앙을 귀히 여기시옵소서. 예배를 통해 우리의 문제를 해결 받고, 신령한 은혜를 받게 하옵소서. 사정이 있어 예배에 참여치 못한 사랑하는 성도들을 기억하시고 같은 은혜를 허락해주옵소서.

예수님의 이름으로 기도드립니다. 아멘.

영광 성전에 계신 하나님 온 성도가 하나님의 이름을 높여드립니다. 하나님께서 홀로 왕권을 갖고 계시는 아버지 집을 사랑합니다. 주님의 영광이 머무는 이곳을 사랑하기에 모인 저희입니다. 영광으로 주를 찬송하게 하옵소서.

간구 이 시간, 예배하러 모인 저희가 주님께 영원히 감사하며 살게 해 주시옵소서. 이 전에 함께한 주님의 자녀들이 전심으로 하나님을 찬송하게 하시옵소서. 날마다 함께하시며, 시간과 사건 속에서 영원토록 주님의 영광이 나타나기를 원합니다.

예배 전능하신 하나님, 본래 죄의 종이었던 저희에게 예배할 수 있는 은혜를 주시니 감사합니다. 베푸신 은혜 감사하며, 주의 말씀에 순종하는 마음으로 예배하게 하옵소서. 오늘 드리는 저희의 예배가 주님께서 기뻐 받으시는 산 제사가 되게 하시고, 말씀을 전할 목사님을 붙잡아주시옵소서. 예수님께서 친히 교회의 머리가 되시고, 주님의 사랑과 진리와 은혜가 가득 찬 교회가 되게 하시옵소서. 이미 시작된 때부터 마치는 시간까지 오직 주님만이 임재하셔서 여기 나온 모든 성도에게 한량없는 복을 내려주시옵소서.

나라와 민족을 위해 이 나라와 민족을 불쌍히 여기사 복을 허락하시고 지켜주시옵소서. 먼저, 이 나라와 백성이 하나님을 경외하며 두려워하게 하옵소서. 고난과 역경만을 거듭해온 민족입니다. 다시는 이 땅에 고난이 없게 하시고, 분쟁이 없게 하여 주옵소서. 남과 북으로 갈라진 이 땅을 하루빨리 통일시켜주셔서 이 민족의 아픔이 그치게 하옵소서. 우리 교회가 성령님이 역사하시는 공동체가 되게 하시며, 날로 부흥하고 성장하게 도와주옵소서. 예수님의 이름으로 기도하옵나이다. 아멘.

주일 낮 예배 기도문

영광 우주 만물에 그 이름의 위엄을 나타내시는 하나님, 하나님의 자녀 된 거룩한 옷을 입고, 여호와께 예배하러 나아왔습니다. 이 시간, 주님의 전에서 하나님께 그 이름에 합당한 영광을 돌리오니 받으시옵소서. 오직 여호와의 이름을 높이고 그 이름을 찬양하는 영광을 돌리게 하옵소서.

감사 이 전에서 저희가 주께 감사함은 돌보아주심의 은혜가 지극히 크기 때문입니다. 지난 이레 동안에도 하나님의 보호하심을 심히 기묘하게 나타내셨습니다. 주님께서 하시는 일이 기이함을 저희 영혼이 잘 알고 있습니다.

예배 성령으로 저희와 함께하시는 하나님, 오늘 단에 서서 주님의 귀한 말씀을 증거할 목사님에게 신령한 능력을 주시고 성령의 충만한 은혜를 주시옵소서. 그리하여 말씀을 통하여 주의 영광이 드러나게 하시고, 주님께서 귀하게 쓰시는 종으로 삼아주시기를 원합니다. 예배를 통해서 받는 은혜로 죄에 대해 죽고, 의에 대해 살게 하시기를 원합니다.

성도들을 위해 예배에 참석한 모든 성도를 위하여 간구합니다. 이 시간 온 마음과 정성으로 예배하게 하시고 육신의 질병으로 고통당하는 성도에게 건강과 힘을 주시고, 믿음이 부족한 성도에게는 굳세고 담대한 믿음을 주시옵소서. 여러 가지 문제를 안고 나아온 성도들이 있사오니 이 시간 다 해결 받고 은혜받는 시간이 되게 하옵소서. 저희를 향한 주님의 뜻이 무엇인지 분별하게 하시고 무슨 일을 하든지 말씀의 인도와 기준에 따라 행할 수 있는 믿음을 주시옵소서.

예수님의 이름으로 기도합니다. 아멘.

영광 하늘 위에 높으신 하나님, 복된 날 이 아침에 아버지 하나님의 영광이 온 땅 위에 높아지기를 원합니다. 여호와의 그 영화로운 이름을 영원히 찬송합니다. 예배하러 주의 백성이 모인 이 교회에 하나님의 영광이 충만하기를 소원합니다.

감사 하나님께서 저희를 새롭게 해 주시고 그리스도 예수를 믿게 함으로 하나님의 자녀로 살게 하시니 감사합니다. 또한 저희를 충성되이 여겨 하나님 앞에서와 세상에서 직분을 맡기시니 더욱 감사합니다.

예배 예배를 사모하게 하신 하나님, 먼저 십자가의 그 크신 사랑을 입어 예배하러 나아온 저희에게 복을 내려주옵소서. 하나님의 강하게 하시는 은혜를 누리게 하시고, 이 좋은 예배당에 모인 이들에게 성령님의 충만하심을 주옵소서. 예배가 진행되는 순서에서 받은 은혜로 입술을 열어 하나님의 높으심을 찬미하게 하여 주옵소서.

성도들을 위해 이제, 하나님의 자비로우심으로 성도답게 살게 하시기를 원합니다. 비록 가난하고 병든 육체일지라도 하늘의 하나님을 바라보게 하옵소서. 저희 교회에 속한 지체들이 한결같이 주님의 뜻대로 사는 종들이 되기를 소망합니다. 그리하여 악을 물리치고 하나님을 기쁘시게 하는 것을 사모하는 삶이 되게 해 주시옵소서.

간절히 바라옵기는 하나님의 감동 안에서 사랑으로 하나 되어 영광을 드리는 교회가 되기를 원합니다. 먹고 살아가는 땅의 것들로 분주하지만 하나님의 일을 이루어드림에 대하여 고민하는 주의 백성으로 살게 해 주옵소서.

예수님의 이름으로 기도드립니다. 아멘.

주일 낮 예배 기도문

찬양 인간의 생사화복을 주관하시는 하나님, 오늘도 호흡할 수 있게 하셔서 생명을 연장해주심을 감사합니다. 진실로 하나님의 구원이 그를 경외하는 자에게 가까우니 구원받은 성도들로 인하여 감사와 찬양을 받으시옵소서.

감사 하나님께서 지난 한 주간 동안에도 저희를 능하게 하시고, 우리 주님의 성호를 높이며 살게 하셨습니다. 때로는 유혹에 밀려 넘어지기도 하였으나 곧 일어서게 하시고, 사탄을 무찌르며 십자가의 군병답게 살도록 인도해주셨습니다. 이 시간, 주께서 지으신 모든 민족이 나아와서 하나님을 경배하며 감사드립니다.

예배 사랑의 하나님, 예배하러 나아온 저희에게 신령한 하늘의 복을 내려주시옵소서. 이 전에 모인 이마다 받은 은혜로 입술을 열어 하나님의 높으심을 찬양하게 하옵소서. 오직 은혜로만 하나님께 영광을 드리고 예배할 수 있음을 고백합니다. 예배하는 가운데 인간의 모든 문제를 해결 받는 귀한 역사를 허락하옵소서. 이 시간 저희가 하나님과 신령한 교제를 갖게 하옵소서. 말씀을 증거할 목사님이 예비하신 복음을 선포하도록 도와주시고, 예배의 순서를 담당한 지체들이 거룩한 소명을 다하게 하옵소서.

교우들을 위해 교우들을 기억하시고 주님의 십자가로 말미암아 죄의 문제를 해결해주옵소서. 예배 후 돌아가는 발걸음마다 주님의 이름으로 죄를 이기겠다는 다짐을 갖게 하옵소서. 하늘을 두루마리로, 바다를 먹물로 삼는다 해도 그 은혜를 다 표현할 길이 없음을 예배를 통해 고백하게 하여 주시옵소서.

예수님의 이름으로 기도드립니다. 아멘.

감사 하나님, 귀한 예배를 드리게 하시니 감사합니다. 이 예배가 내 진정 소원 주님께 낱낱이 아뢰는 시간, 뜨거운 시간, 은혜의 시간, 성령을 체험하는 시간, 즐겁고 귀한 시간이 되게 하여 주옵소서.

예배 이 예배에 영으로 임하여주옵소서. 이 예배를 통하여 마음의 상처가 치유되고, 문제를 이길 수 있다는 자신감이 생기고, 나에게 부담을 주는 사람에 대해 가지고 있던 서운한 마음이 그를 사랑하는 마음으로 바뀌게 하여 주옵소서. 이 예배를 통해 은혜받기를 원합니다. 준비한 만큼 은혜받는 줄 아오니 간절한 마음으로 준비하게 하여 주옵소서.

평화 하나님, 이 땅에는 갈등과 분쟁이 그치지 않고 있습니다. 테러의 위협도 사라지지 않았습니다. 이 땅의 모든 사람과 모든 나라가 평화의 왕으로 오신 주님을 맞아들여 평화롭게 하여 주옵소서. 각 사람이 자기 포도나무와 자기 무화과나무 아래에서 두려움 없이 지낼 수 있는 날이 있게 하여 주옵소서.

간구 성도들의 처지와 형편을 살피시는 하나님, 연로한 성도들에게 큰 평안을 베풀어주시며, 수험생들에게 지혜를 덧입혀주옵소서. 군 복무 중인 청년들이 자부심을 가지고 국방의 신성한 의무를 감당하게 하여 주옵소서.

이 예배의 순서를 맡은 이들에게 은혜를 주셔서 신령과 진정의 예배가 되게 하시며, 말씀을 선포하는 목사님의 입술에 주님이 우리에게 들려주기 원하시는 말씀을 담아주옵소서. 성도들에게 은혜를 베푸셔서 예배드리기 전의 마음속에 있던 무거운 짐을 내려놓게 하시고, 집으로 돌아가는 발걸음이 승리의 발걸음이 되게 하옵소서.

예수님의 이름으로 기도합니다. 아멘.

주일 낮 예배 기도문

감사 예배받으시기에 합당하신 하나님, 새로운 주간을 주시고 예배로 시작하게 하시니 감사합니다. 우리의 속사람이 날로 새로워지게 하옵시며, 매일매일을 은혜받는 날로, 매일매일을 구원의 날로 맞이하게 하옵소서.

예배 이 예배의 찬양을 통해서 마음의 문이 열리고 뜨거워지게 하여 주옵소서. 하나님께서는 하나님을 찬양하도록 하기 위해 우리를 지으셨으니 더욱 열심히 찬양하게 하옵소서. 열심히 기도하는 가운데 저희 안에 하나님의 형상이 더욱 선명해지게 하시며 저희의 성품이 조금이라도 주님을 더 닮아갈 수 있게 하옵소서.

이 예배를 통해서 생명의 길을 우리에게 보이시고 충만한 기쁨과 영원한 즐거움을 누리게 하옵소서. 또한 새롭게 출발하게 하시며 부르심의 상이 풍성한 것을 알고 그것을 바라보며 달려가게 하옵소서. 세상살이에서 곤비하지 않고 피곤해 하지 않는 힘을 얻게 하시고, 뒤돌아보지 않고 앞을 바라보며 달려가게 하옵소서.

복음 전파 땅끝까지 복음을 전파하라 하신 하나님, 저희 교회가 후원하고 있는 미자립교회들과 선교 기관들이 있습니다. 그 교회와 기관들이 사명을 다하게 하여 주시고 미자립교회들은 속히 부흥되어 자립하게 하옵소서. 북한의 변화를 위해서 기도하오니 주님이 역사하시면 북한이 세계평화의 걸림돌이 아니라 세계평화의 파수꾼이 될 수도 있음을 믿나이다. 무엇보다도 남북통일을 속히 허락해주옵소서.

건강 문제로 염려하는 성도들에게 회복과 치유의 은총을 베풀어주시기를 원하오며 예수님의 이름으로 기도합니다. 아멘.

감사 임마누엘의 하나님 아버지, 이 한 주간도 사랑으로 이 나라와 저희 교회와 성도들을 둘러 보호하심을 감사드립니다. 졸지도 아니하시며 주무시지도 아니하시고 저희를 지키시는 하나님 아버지의 그 크신 사랑을 찬양합니다.

믿음의 기도 저희가 다른 것을 의지하지 않고 오직 여호와를 의지하는 믿음을 소유하게 하옵소서. 하나님을 더욱 의지하는 마음으로 기도하게 하옵소서. 주님의 영광을 위한 기도, 회개의 기도, 자신의 부족을 고백하는 기도, 하나님의 뜻을 묻는 기도, 이웃을 위한 기도, 교회를 위한 기도, 나의 필요를 아뢰는 기도를 구체적으로 드리게 하옵소서. 그리하여 구체적이고도 세밀한 응답을 체험하게 하여 주옵소서.

갈등 해소를 위해 하나님, 우리나라에는 세대 간의 갈등과 나이 많은 세대의 소외감, 박탈감이 큰 문제가 되고 있나이다. 이 나라의 번영과 우리 교회의 오늘이 있기까지 땀 흘리며 수고한 세대를 기억해주옵소서. 젊은 세대가 그들의 노고를 잊지 않게 하여 주옵소서. 르호보암이 경험과 지혜가 많은 노인들의 충고를 따르지 않았다가 나라가 갈라지게 된 비극이 있었음을 기억하게 하여 주옵소서.

심방하고 심방 받는 일을 위해 이 주간에 교역자들이 성도의 가정을 심방할 때 기도로 준비하고, 심방을 받는 가정에서도 기도로 준비하며 예수님을 맞이하는 마음으로 심방 받게 하옵소서. 저희 교회 성도들 가정에 복을 주시되 특히 온 가정이 믿음으로 하나 되는 복을 누리게 하여 주옵소서.

예수님의 이름으로 기도드립니다. 아멘.

주일 낮 예배 기도문

감사와 믿음의 진보를 위해 저희를 지으신 하나님 아버지, 오늘 거룩한 주일을 맞이하여 예배할 수 있는 은혜 주심을 감사드립니다. 하나님께 예배를 드릴 수 있는 것이 큰 복이요 특권임을 깨닫게 하시며, 예배드릴 때마다 새로운 은혜를 체험하게 하여 주시고 우리의 심령이 새로워지고, 믿음의 진보를 이루게 하옵소서. 저희의 마음이 겸손한 빈 그릇이 되어 말씀을 채우게 하여 주옵소서.

기독인으로서의 사명 감당을 위해 하나님, 이 땅에 물이 바다를 덮음 같이 여호와를 아는 지식이 충만하게 하여 주옵소서. 저희에게는 하나님 중심의 경건한 문화로 세상 문화를 정복해야 할 책임이 있는데, 저희는 세상 문화를 정복하기는커녕 오히려 세속적인 문화에 정복당하고 있나이다. 저희에게 힘과 용기를 더하셔서 하나님 중심의 신본주의를 가지고 인간 중심의 인본주의를 이기게 하여 주옵소서.

하나님 아버지, 사랑과 공의가 이 세상에 널리 퍼져나가게 하시고 주님의 빛을 구석구석 어두운 곳에 비추어 이 세상이 밝아지게 하여 주옵소서. 하나님을 경외하는 것이 일만 지혜의 근원임을 알게 하옵소서. 생명을 존귀하게 여기는 운동이 더욱 강하게 일어나게 하여 주옵소서. 세상의 퇴폐 문화, 향락 풍조, 대중 인기주의에 휩쓸리지 않게 하옵소서.

우리나라에는 아직도 제사를 비롯하여 전통문화와 기독교 문화가 충돌하는 일이 많사오니 기독교 문화가 날로 강한 힘을 가지고 구석구석, 가정 가정에 스며들게 하여 주옵소서. 오늘 이 예배에서 세상을 이기는 힘을 공급받게 하옵소서.

예수님의 이름으로 기도합니다. 아멘.

감사 알파와 오메가이신 하나님, 새 주간이 시작되는 거룩한 주일에 하나님께 예배드리게 하심을 감사합니다. 주일을 주셔서 다시 한번 새롭게 출발하게 하시는 하나님의 은총을 마음에 담고 살게 하옵소서. 주님께서는 처음부터 끝까지 이 나라와 저희 교회와 저희 가정과 저희 한 사람 한 사람을 살피고 보호하시며 인도해주시는 분임을 믿고 감사드립니다.

복음이 전파되기를 위해 하나님, 복음을 듣지 못하여 구원의 복을 누리지 못하는 이들에게 복음의 빛을 비추시고 믿음을 갖게 하옵소서. 여러 가지 어려운 처지와 형편 때문에 이 예배의 복을 함께 누리지 못하는 이들을 위하여 기도하오니 그들이 저희와 동일한 복을 누리게 하여 주옵소서. 낮고 천한 이 땅에 오신 주님께서 보육원, 양로원, 청소년 쉼터, 각종 수용 시설, 사회복지시설에 있는 이들을 찾아가셔서 만나주옵소서.

소외된 자들을 위해 한때의 실수로 유치장, 구치소, 교도소, 소년원에 있는 이들도 있사오니 갇힌 자를 돌아보라고 하신 주님께서 그들의 심령에 자유를 주시고 저희가 그들을 위해 더 많은 관심을 갖게 하시고 사랑을 나누기에 힘쓰게 하옵소서. 노숙자들에게 삶의 용기를 주시고, 길을 열어주옵소서. 병원에 입원해 있는 이들에게 치유와 회복과 강건함과 평안의 은총을 베풀어주옵소서. 이산가족, 실향민들을 또한 기억하시어 그들이 마음 놓고 고향을 찾으며 그리운 가족과 함께 살 수 있는 날을 속히 허락해주옵소서. 이 땅에 와 있는 외국인 근로자들을 살펴주시며 그들의 고국에 있는 가족을 지켜주옵소서.

예수님의 이름으로 기도합니다. 아멘.

주일 낮 예배 기도문

감사 부족한 저희를 사랑하시되 자기 몸을 내주시기까지 사랑하시고 지금도 변함없이 사랑하시는 하나님, 이렇게 찬양하고 말씀을 듣고 기도하는 예배의 시간을 주시니 감사합니다.

예배가 금지된 나라를 위해 하나님, 이 세상에는 예배드리고 싶어도 신앙의 자유가 없는 나라에 살고 있어서 예배드리지 못하는 성도들도 많습니다. 또 복음이 아직 널리 전해지지 못했기 때문에 주님이 누구인지, 예배가 무엇인지 모르는 사람들도 있습니다. 이 예배를 통해 저희가 그와 같은 나라들에 대해 더 많은 관심을 갖게 하시고, 더 많이 기도하게 하여 주시옵소서.

선교사들을 위해 하나님, 미전도 지역에서 복음을 전하고 있는 선교사들을 붙들어주옵소서. 선교의 자유가 원칙적으로 허락되지 않은 중국에서 일하고 있는 선교사들과 선교가 철저하게 금지된 아랍권에서 복음을 전하고 있는 선교사들을 안전하게 지켜주옵소서. 또 밀림과 낯선 환경과 오지에서 복음을 전하는 선교사들이 외롭지 않게 하여 주옵소서. 그들의 가슴이 날로 뜨거워지게 하시고 선교의 사명이 더욱 거세게 파도치게 하옵소서.

여호수아에게 "강하고 담대하라. 두려워하지 말며 놀라지 말라. 네가 어디로 가든지 네 하나님 여호와가 너와 함께 하느니라" 하신 말씀과, 바울에게 "두려워하지 말며 침묵하지 말고 말하라. 내가 너와 함께 있으매 어떤 사람도 너를 대적하여 해롭게 할 자가 없을 것이니 이는 이 성 중에 내 백성이 많음이라" 하신 말씀을 그들에게도 들려주시고 힘을 얻게 하옵소서.

예수님의 이름으로 기도하나이다. 아멘.

간구 우리의 능력이 되시는 하나님, 저희는 지난 한 주간 세상의 풍랑에 시달리며 살아왔나이다. 이 예배를 통해서 풍랑이 고요해지는 것을 체험하게 하시고 소망의 항구에 들어가게 하시옵소서.

나라를 위해 하나님, 이 나라는 지금 심한 풍랑을 겪고 있습니다. 세대 간 갈등의 풍랑, 사고의 차이에서 오는 혼란의 풍랑, 북한 핵 문제의 풍랑, 이기주의의 풍랑, 경제적인 혼란의 풍랑 등 제자들이 탄 배가 광풍에 시달리며 물결이 배에 부딪쳐 들어와 배에 가득하게 되어 위기를 만난 것과 같은 형편이 되었습니다. 이 나라를 불쌍히 여기시고 이 풍랑이 가라앉게 하여 주옵소서.

성도들의 마음에 일고 있는 풍랑과 가정의 풍랑도 가라앉혀주옵소서. 모든 것을 품위 있게 하고 질서 있게 하기를 원하시는 하나님, 우리 사회가 질서 있는 사회, 위기를 만났을 때 침착하게 대처하는 사회가 되기를 원합니다. 각 분야의 일 맡은 이들이 성실하고, 책임감 있게 맡은 일을 감당해 나아가는 사회가 되게 해 주옵소서. 성도들이 앞장서서 이와 같은 모습을 보이게 하옵소서. 이 나라가 그동안 너무 들떴고 무질서했고 긴장이 풀어졌으며, 하나님 앞에 교만했었습니다. 용서하시고 긍휼을 베풀어주옵소서.

믿음 갖기를 위해 하나님, 이 예배를 통해서 우리의 믿음이 새로워지게 하여 주시고, 보이지 않는 것들의 증거가 있게 하시며 구원의 확신과 구원의 은총에 대한 감사와 성별된 삶의 다짐이 넘치게 하여 주옵소서. 헌신의 다짐도 새로워지게 하시고, 주님의 뜻대로 살겠다는 고백이 우리 모두에게 있게 하여 주옵소서.

예수님의 이름으로 기도드리옵나이다. 아멘.

주일 낮 예배 기도문

간구 우리의 죄를 사해 주시려고 독생자를 보내주신 하나님, 이 예배에 참석한 성도들에게 특별한 은혜를 허락해주옵소서. 마음이 뜨거워지게 하시고, 영의 눈이 열리게 하시고, 영의 귀 또한 열리게 하여 주옵소서. 우리의 입술에 간절한 간구가 담기게 하시고, 우리 영이 힘을 얻게 하옵소서.

하나님, 저희가 새벽기도회를 비롯한 모든 예배에 참석하는 것과 회개와 기도와 묵상과 전도와 성경 읽기와 선행과 구제와 절제에 힘쓰는 가운데 주 안에 든든히 서게 하옵소서. 나의 마음속 가장 중요한 곳에 주님을 모시게 하옵소서.

교회 하나님, 교회가 세상을 향해 할 말을 하게 하시고, 바른 방향으로 이 나라를 이끌어 나아가게 하옵소서. 이 세상이 서로 이해하고, 양보하고, 협력하며 공동의 이익을 추구하는 아름다운 모습을 보이게 하옵소서.

해외선교 해외선교를 위하여 기도드립니다. 해외선교의 촛대가 이제 서구 교회에서 비서구 교회로 옮겨오는 가운데 한국교회가 선교에 힘쓰는 나라가 되게 하심을 감사드립니다. 한국 교회가 파송한 이만여 명의 해외선교사들을 더욱 귀하게 사용해주옵소서. 더 많은 선교사가 파송되게 하시고 선교사 선발과 훈련, 지원과 행정이 날로 성숙한 모습을 보이게 하옵소서. 선교사들의 건강을 지키시며 가정에 함께하여 주옵소서. 특히 자녀들의 교육 문제를 도와주옵소서.

이 예배를 통해 이 주간 세상에서 성도로서 살아갈 힘을 넘치도록 얻게 하여 주옵소서.

예수님의 이름으로 기도합니다. 아멘.

평화 평강을 주시는 여호와 샬롬의 하나님, 이 땅에 평화의 나팔 소리가 골고루 울려 퍼지기를 간구하나이다. 저희 마음에 평화를 주시고, 가정에 평화를 주시고, 나라에 평화를 주옵소서.

나라 이 나라의 기풍이 바로 세워지게 하옵소서. 생산 현장과 농업 현장의 일꾼들이 땀 흘려 일하는 것의 소중함을 깨닫게 하시고 힘든 일을 기피하는 현상이 사라지게 하옵소서. 윤리와 도덕이 바로 세워지게 하시며, 교육계의 많은 문제가 잘 해결되고 가르치는 이들의 권위가 세워지게 하옵소서.

많은 힘을 가진 시민단체와 여론집단이 건전한 방향으로 나아가게 하시고 당리당략보다 국가와 민족을 더 중요하게 여겨야 한다는 너무나 당연한 원칙이 잘 지켜지게 하옵소서.

선교 크리스천 운동선수들을 위하여 기도합니다. 그들에게 힘과 기량을 더하여주시고 깨끗한 경기 태도로 예수 믿는 선수는 다르다는 칭찬을 들으며 좋은 성적을 올려 하나님께 영광 돌리게 하여 주옵소서. 경기 중에 다치지 않도록 보호해주옵소서. 운동선수로서의 인기를 선교를 위해 잘 선용하게 하여 주옵소서.

우리에게 컴퓨터라는 좋은 선물을 주시어서 생활이 편리해졌는데, 컴퓨터가 잘못 사용되고 있습니다. 컴퓨터 정화 운동이 확대되어 컴퓨터가 하나님께 영광 돌리는 데, 그리고 선교의 도구로 바르게 사용되게 하여 주옵소서.

성도들을 위해 성도들의 간절한 기도 제목들을 아시는 하나님, 막힌 것이 열리게 하시고 맺힌 것이 풀리게 하시며, 구하는 것을 얻게 하옵소서.

예수님의 이름으로 기도드리옵니다. 아멘.

주일 낮 예배 기도문

겸손해지기를 위해 이 시간에 하나님 앞에 겸손하게 무릎을 꿇습니다. 지금 저희가 겪고 있는 혼란이 하나님 앞에 겸손하지 않은 결과인 것을 알게 하여 주옵소서. 나부터 겸손해지고, 대통령이 겸손해지고, 목소리 높이고 있는 사람들이 겸손해지고, 인류가 하나님 앞에 겸손해지기 위해 힘쓰게 하옵소서.

간구 새로운 전염병과 질병이 여러 나라를 휩쓸며 사람들을 두렵게 하고 있습니다. 우리가 이것을 보며 많은 것을 깨닫게 하시고 하나님 앞에 겸손하게 머리를 숙이게 하옵소서. 질병과 싸우고 있는 이들에게 믿음을 더하여주시고, 방역에 힘쓰는 이들의 수고를 기억해주옵소서. 이 일로 인해 어려움을 당한 이들도 있습니다. 믿음과 지혜를 주셔서 잘 이기게 하옵소서. 사람들이 소문에 휩쓸려서 너무 동요하지 않게 하여 주시옵소서.

지금은 개인, 가정, 교회, 나라, 세계, 모두 치유와 안정과 회복을 갈망하고 있나이다. 하나님께 경배드리는 일을 통해서 이와 같은 일이 이루어지게 하옵소서.

주일 성수하기를 위해 하나님께서는 예배드리기 위한 날로 주일을 저희에게 주셨사온데, 이날을 육신의 즐거움을 위해 사용하는 이들에게 깨달음을 주옵소서. 주일을 잘 지키는 것이 나라의 부흥을 지키는 길임을 알게 하여 주옵소서. 주일에 국가 행사를 하고 각종 자격시험을 치르는 일이 시정되게 하여 주옵소서. 주일을 귀히 여기는 성도들이 크게 쓰임 받는 간증을 통하여 영광을 받아주옵소서. 오늘 세계 방방곡곡에서 드려지는 예배를 통해서 하나님 영광 받으옵소서.

그리스도 되시는 예수님의 이름으로 기도드립니다. 아멘.

감사 하나님 아버지, 지난 주간을 은혜 가운데 인도해주시고 오늘 주일예배로 모이게 하심을 감사드립니다. 이 예배를 위해서 수고하는 이들을 기억해주옵소서. 말씀 준비, 찬양 준비, 강단 꽃꽂이, 청소와 차량 운행, 모든 수고가 합력하여 선을 이루게 하옵소서.

기도 응답 저희가 기도할 때 반드시 응답하실 뿐만 아니라 저희가 구한 것보다 더 많은 것을 주시는 하나님, 오늘 예배에서 드리는 기도에도 풍성한 응답을 베풀어주실 줄로 믿습니다.

어르신들을 위해 연세 많은 성도들을 위하여 기도하오니 그들에게 강건과 평안의 복을 더하여주옵소서. 믿음이 깊어질수록 소망도 풍성해지는 줄 아오니 믿음이 날로 깊어지게 하여 주옵소서. "우리가 낙심하지 아니하노니 우리의 겉사람은 낡아지나 우리의 속사람은 날로 새로워진다"는 바울의 고백과 같이 연로한 성도들의 속사람이 날로 새로워지게 하옵소서. 그들에게 주어진 시간의 여유를 세계 평화를 위해, 나라를 위해, 교회를 위해, 자녀들을 위해 기도하며 보내게 하옵소서. 그들의 기도에 힘입어 이 교회가 든든하게 서가고 악한 세력이 틈타지 못하게 하여 주옵소서. 노쇠하여 기동하기 어려워 성전 뜰을 밟지 못하는 이들을 위하여 기도하나이다. '내 주 예수 모신 곳이 그 어디나 하늘나라'라고 하셨으니 있는 그곳에 평안과 소망을 허락해주옵소서.

어린이로부터 나이 많은 성도까지 한마음으로 하나님께 영광을 돌리오니 주여 받아주옵소서.

예수님의 이름으로 기도드립니다. 아멘.

주일 낮 예배 기도문

감사 언제나 한결같은 사랑으로 저희를 돌보시는 하나님, 예배드리게 하심을 감사합니다.

하나님 만나 뵙기를 위해 마음을 합하여 하나님께 영광을 돌리는 시간으로 삼아주옵소서. 세상에 어지러운 소리가 많이 들리고 있는데 이 예배에서 찬양하는 소리, 기도하는 소리, 복된 소리, 소망의 소리가 울려 퍼지게 하여 주옵소서. 엘리야가 지쳐 주저앉았을 때 세미한 음성으로 엘리야에게 새 힘을 주시고 그가 해야 할 일을 알려주신 하나님, 이 예배에서 하나님의 세미한 음성을 듣게 하옵소서.

간구 저희에게 혀를 주신 하나님, 저희의 혀가 주님을 찬양하고 증거하며 주님께 기도하는 데에 더 많이 쓰일 수 있도록 주장하시옵소서. 기도하는 마음에 기쁨이 있사오니, 기도를 통해 순수하고 진정한 기쁨이 저희에게 넘치게 하시고 소망의 불빛이 밝아지게 하시고, 기도로 우리 영혼의 파수꾼을 삼게 하여 주옵소서.

하나님, 성도들의 가정과 일터에 임하시어 지켜주시며 이끌어주옵소서. 사회 각 분야에서 많은 수고를 하는 성도들이 일터에서 더욱 인정받게 하시고 존경받게 하여 주옵소서. 그들의 건강을 지켜주시고 사회생활에서 바쁘다는 것이 경건 생활에 걸림돌이 되지 않도록 인도해 주옵소서.

예배 성령님이 함께하지 않으시면 이 예배 시간이 지루하고 삭막한 시간이 되기 쉽습니다. 성령님 함께하여 주셔서 알찬 시간, 마음이 시원해지는 시간 그리고 뜨거워지는 시간, 문제가 해결되는 시간이 되게 하여 주옵소서.

예수님의 이름으로 기도합니다. 아멘.

감사 하나님 아버지! 거룩한 주일, 하나님 앞에 나아와 예배드리게 하여 주셔서 감사드립니다. 한 주간 깨어 주 뜻대로 살려고 애쓰다가 기쁨으로 여기 온 성도들을 통해 영광 받으소서. 한 주간 주님을 잊고 살다가 송구스러운 심정으로 여기 온 이들에게는 항상 깨어있도록 하시며, 세상사에 지치고 낙심한 이들에게는 새 힘을 주옵소서. 그리고 주님! 한 주간 살면서 알게 모르게 지은 죄들은 십자가 피로 사하시옵소서.

성도들을 위한 간구 상한 갈대도 꺾지 않으시는 하나님!
세상에서 상한 우리의 심령을 치료해주사 우리도 주의 이름으로 세상을 치유해 하나님의 이름을 높이게 하옵소서. 꺼져가는 등불도 끄지 아니하시는 하나님! 살아갈 소망을 잃은 성도들에게는 생명의 충만함으로 채워주사 우리도 주님 주신 새 생명의 능력으로 세상에 나아가 복음을 전해 영혼을 살리게 하옵소서. 새 생명의 능력으로 성도를 위로하고 격려하여 이웃을 살리게 하옵소서.

경제적으로 고통당하는 이들에게 일용한 양식과 생업을 허락하시며 가정에 어려운 일 있는 성도들에게 평강을 주옵소서. 고난당하는 이웃을 돌보는 일과 정직하게 행하는 일에 교회가 앞장서며 하나님을 경외함으로 세상으로부터 신뢰를 회복하게 하여 주시옵소서.

예배를 받으소서 하나님 앞에 나아온 저희가 신령과 진정으로 예배드려 하나님을 기쁘시게 하기를 원합니다. 예배드리는 중에 세우신 목사님을 통해 음성을 들을 때 하나님을 체험하기를 원합니다. 우리 예배를 받으소서.

주 예수님의 이름으로 기도드립니다. 아멘.

주일 낮 예배 기도문

창조주 하나님께 감사 하나님 아버지! 한 주간 하나님의 도우심으로 살던 성도들이 모든 피조물과 함께 하나님 앞에 나아와 경배드리게 하심을 감사드립니다. 우리에게 생명 주사 이웃과 더불어 살아가게 하심을 감사드립니다. 하나님께서 창조하신 세상을 다스리도록 은혜 주심을 감사드립니다. 성도들 가정마다 생육하고 번성케 하시고 날마다 주의 인도하심과 도우심으로 살아가게 하심을 감사드립니다.

참회 하나님 아버지! 하나님께서 창조하신 선하고 아름다운 세상이 우리의 죄악으로 신음하고 있음을 고백합니다. 세상에는 전쟁과 질병이 그치지 않습니다. 굶주림과 헐벗음, 원통함과 슬픔이 충만합니다. 우상이 가득합니다. 우리도 한 주간 죄와 싸우며 살았습니다. 이 시간 예수 그리스도의 십자가를 바라보며 용서를 구하오니 우리의 지은 죄를 사해주시옵소서.

하나님 나라와 그 의를 위해 하나님 아버지! 죄 많은 이 세상이 하나님 나라와 하나님의 의로 충만해지기를 기도합니다. 전쟁 중인 나라들에 화해와 평화를, 기근과 질병으로 고난받는 이들에게 일용할 양식과 치유의 은총을 주시옵소서. 우상을 섬기는 사람들이 돌이켜 하나님을 섬기게 하옵소서. 오늘도 성도들을 부르신 하나님! 우리에게 은혜 베푸사 하나님 나라를 세우며 하나님의 의를 구하게 하시옵소서. 이곳에 오신 하나님! 우리 예배를 받으시옵소서. 전파되는 말씀을 통해 세상을 천국으로 변화시키는 성령의 권능을 우리에게 주옵소서.

예수 그리스도의 이름으로 기도합니다. 아멘.

하나님의 위대하심을 찬양 하나님 아버지! 창조하신 피조물들이 서로 조화를 이루며 살아가게 하심을 감사드립니다. 나라와 민족들이 함께 살아가는 은혜를 주셔서 감사드립니다. 이 나라에 교회들을 세우시고 오늘도 예배를 통해 복 주심을 감사드립니다. 날마다 성도들의 가정을 지키시고 생업에 복 주심을 감사드립니다.

회개 하나님께서 이 나라에 많은 교회를 세우셨음에도 남과 북은 분단되어 있으며, 지역 갈등과 노사 분쟁, 실업 문제, 불의가 활개 치고 있음을 회개합니다. 교회가 기도하면서 사회문제를 풀어가기보다는 교회마저 세인들의 지탄을 받고 있음을 회개합니다. 우리도 세상에서 빛과 소금으로 살지 못했음을 회개합니다.

나라와 민족을 위해 하나님! 교회가 사명을 다하게 하옵소서. 남북이 자유롭게 왕래하며 지역 갈등이 사라지고 빈부 격차가 해소되고 가난한 사람들도 살만한 나라가 되기를 기도합니다. 남녀가 평등한 사회, 노소가 서로 이해하고 화목하게 하옵소서. 이를 위해 교회와 성도들이 발 벗고 헌신하게 하옵소서!

만인들이 교회를 우러러보며 하나님을 경외하여 복음 전도에 큰 열매가 있게 하옵소서. 이 시간 우리가 신령과 진정으로 예배드리오니 하나님 여기 임하사 우리 예배를 받으소서. 말씀을 전하시는 목사님을 주의 영으로 충만케 하옵소서. 성도들에게도 성령으로 충만케 하소서. 말씀으로 60배 100배의 결실이 있게 하소서. 하나님께서 온전히 영광 받으소서.

구세주 예수 그리스도의 이름으로 기도드립니다. 아멘.

주일 낮 예배 기도문

은혜를 감사 하나님 아버지! 세상에서 하나님의 뜻을 따라 살던 저희가 주의 날 하나님 앞에서 예배드리게 해 주신 은혜를 감사드립니다. 예배드리면서 구원의 복음을 듣게 하시고 죄 사함과 거듭남의 은총을 주시며 하늘의 신령한 은혜 주심을 감사드립니다.

사명을 다하지 못함을 회개 주님! 저희가 한 주간 사명을 다하지 못한 것을 이 시간 고백합니다. 가정과 직장에 매달려 전도에 소홀했습니다. 서로 사랑하라는 명을 지키지 못하여 굶주려 죽어가는 먼 나라 형제들과 북녘의 동포들을 잊고 살았으며 교회 안에 어려움 당하는 형제들의 사연마저 모르고 지냈습니다. 주께 받은 사랑이 한없음에도 사랑하기보다는 사랑받으려고만 하는 우리의 이기적인 죄를 사하여 주옵소서.

교회가 사명을 다하기를 주님! 우리가 사명을 다하기를 원합니다. 땅 끝까지 주의 복음 전하는 권능을 주옵소서. 사랑이 가득하고 성도의 교제가 풍성하게 하옵소서. 서로 사랑함으로 하나님이 여기 계심과 하나님은 사랑이심을 세상이 알게 하옵소서.

병든 이들에게는 의원 노릇을, 배고픈 이들에게는 일용할 양식을 주는 교회가 되게 하옵시며, 가슴 아픈 이들을 어루만지고 억울한 사람들을 보듬는 교회가 되게 하옵소서.

하나님 이 시간 주님을 사모하여 나온 저희에게 은혜 베푸사 모든 이가 하나님을 만나 평안을 얻고, 사랑이 회복되며, 병 고침을 받고, 성령의 권능을 받아 주님과 교회를 신실히 섬기게 하옵소서. 말씀 전하는 목사님을 성령으로 충만케 하옵소서.

우리 주 예수 그리스도의 이름으로 기도합니다. 아멘.

우리를 섬기시는 하나님께 감사 오늘도 예배드릴 수 있는 은혜 주신 하나님께 감사드립니다. 하늘 영광 버리시고 죄인을 섬기려고 오신 주님께 감사드립니다. 만왕의 왕께서 그 귀한 생명을 주심까지 죄인들을 섬기신 사랑을 감사드립니다. 이 시간도 성도들에게 복을 주시려고 여기 오신 하나님께 진심으로 감사드립니다.

섬김을 받고자 한 것을 회개함 섬기기보다는 섬김받기를 기뻐하는 우리 죄를 사하여 주옵소서. 교회가 잘못한다고 불평은 하면서도 내가 교회의 짐을 지려는 노력은 하지 못했습니다. 나만 생각하느라 이웃의 고통에는 눈감았던 죄를 고백합니다. 하나님께서 이 땅에 보내 준 외국인 노동자들과 나그네들에게 선대하기보다는 무심했던 것을 회개합니다. 주여, 주의 보혈로 섬기며 살지 못한 우리의 죄를 사하여 주옵소서.

섬기며 살기 위한 기도 죄인들을 섬기려고 오신 주님! 이제 우리도 주님을 본받아 복음으로 세상을 섬기는 삶을 살게 하옵소서. 성령의 은사를 따라 주님의 몸된 교회를 섬기게 하옵소서. 우리에게 주신 가정을 사랑으로 섬기게 하소서. 우리를 필요로 하는 이웃을 찾아 섬기게 하옵소서.

가난한 이들에게는 물질로 섬기게 하시고, 병든 이들에게는 위로와 기도로 섬기게 하시며, 특별히 우리 땅을 찾은 외국인 노동자들을 정성을 다해 섬길 수 있는 은혜를 주옵소서. 구원의 복음을 전함으로 영혼들을 섬기게 하옵소서. 이 시간 말씀으로 우리를 섬기는 목사님에게 성령으로 충만케 하옵소서.

항상 우리를 섬기시는 예수님의 이름으로 기도드립니다. 아멘.

주일 찬양예배 기도문

찬양・감사 졸지도 아니하고 주무시지도 않으시며, 불꽃같은 눈으로 저희의 모든 것을 지키시는 하나님, 이 시간 하나님을 찬양합니다. 세상에 많은 가르침과 훌륭한 이들이 있지만 저희가 저희와 같은 피조물에게 예배하지 않고 하나님께 예배드리게 하시니 감사합니다.

고백 창조주이신 하나님, 하나님께서는 천지 만물을 지으시고 보시기에 좋았다고 말씀하셨습니다. 가치가 있다고 하셨습니다. 하나님께서 보시기에 좋았다고 하신 천지 만물이 이제는 심히 타락하여 흉악한 모습을 하고 있습니다. 보시기에 좋은 모습으로 회복시켜야 할 책임이 부름받은 저희에게 있음을 고백합니다.

우선 저희 삶이 하나님 보시기에 좋은 것이 되게 하옵소서. 하나님께서는 천지 만물을 지으시고 저희를 그 관리자로 삼으셨으니 충실한 관리자가 될 수 있도록 도와주시고, 먼저 자신에게 주어진 시간과 건강과 재물을 잘 관리하게 하시옵소서.

거듭남 하나님께 감사드리는 이 찬양의 시간에 자신이 죄인인 것과 사죄의 은총에 대한 확신이 새로워지게 하심으로써 자유함을 누리는 시간이 되게 하시옵소서. 찬양하는 마음속에 기쁨이 있는 것과 같이 이 예배에 기쁨이 넘치게 하소서. 수술받아야 할 환자의 육신을 메스 앞에 내밀듯 우리 영혼을 말씀의 칼 앞에 겸손히 내어놓습니다. 말씀이 혼과 영과 관절과 골수를 찔러 쪼개는 역사를 체험하게 하시고, 거듭나게 하시며, 새롭게 하옵소서.

마음의 찬양을 드리게 하여 주시기를 원하오며, 예수님의 이름으로 기도드립니다. 아멘.

간구 찬양받으시기에 합당하신 하나님, 찬양 예배를 드리는 이 성전이 하나님의 산 호렙이 되게 하시며, 우리는 지치고 절망에 빠져 이 산을 찾은 엘리야가 되게 하옵소서.

주께서 고요한 가운데 세미한 소리로 나타나셨나이다. 고요히 머리 숙여 주님을 찬양하는 마음에 주님의 음성이 들려지게 하시고 무엇보다도 이 땅 위에 하나님의 뜻대로 살려는 믿음의 동지들이 끊이지 않고 있음을 알게 하옵소서. 엘리야가 고요한 가운데 세미한 음성을 듣고 일어나 힘 있게 걸어간 것처럼 저희도 일어나게 하여 주옵소서.

예배로 시작하여 찬양으로 끝나는 거룩한 주님의 날과 같이, 우리의 생활도 예배와 찬양이 연속되기를 원합니다. 이 시간에 하나님이 친히 여기 계신 것과 주님께서 홀로 우리의 구세주이신 것을 믿사오며, 주님께서 저희를 불러주셨기에 이 자리에 나아올 수 있음을 고백합니다.

고백 이 천지간에 많은 이름이 있지만, 주님의 이름만이 찬양을 받으시기에 합당한 이름임을 고백하며 찬양을 드리오니 받아주옵소서. 연약한 저희, 하나님 앞에 부끄러운 죄가 많았음을 고백합니다. 특히 언어생활에서 실수가 많았으며, 이웃을 사랑하지 못하고 미워했음을 고백합니다. 또한 한 믿음의 공동체로 부름받은 성도를 사랑으로 섬기지 못하고 미워한 죄와 음욕의 죄를 고백하오니 용서해주옵소서. 그리하여 슬픈 탄식이 기쁨으로 바뀌는 체험이 이 찬양 예배를 통해 주어지게 하옵소서.

감사 은혜의 하나님, 이 저녁에 성령의 임재를 체험할 수 있게 해 주옵소서. 하나님께서 우리를 보호하시며 스승이 되심을 감사드립니다.

예수님의 이름으로 기도합니다. 아멘.

주일 찬양예배 기도문

각 기관의 화합 찬양받으시기에 합당하신 하나님, 이 시간 드리는 예배를 받아주옵소서. 주님께서 몸된 교회의 지체로 세우신 각 기관이 지체의 본분을 다하도록 도와주옵소서. 한 지체가 고통받으면 모든 지체가 고통을 받고, 한 지체가 영광을 받으면 모든 지체도 함께 즐거워함을 알게 하사, 경쟁이 아니라 화합하여 선을 이루는 기관들이 되게 하옵소서.

교회학교 교회학교의 각 부서를 지키시옵소서. 많은 영혼이 교회학교를 통해 복음을 접하고 예수님을 영접하게 된 것을 봅니다. 바른 복음의 씨앗이 뿌려지도록 도와주옵소서. 저희 교회가 좀 더 교육에 힘쓰는 교회가 될 수 있게 하옵소서.

남·여전도회 남, 여전도회를 기억하시고 소속된 모든 회원에게 은혜 내려 주옵소서. 저들만의 친교회가 되지 않기를 원합니다. 저들에게 사랑의 안경을 주사 도움을 호소하는 손길들을 보게 하시며, 사랑의 귀를 주사 지친 영의 탄식 소리를 들을 수 있게 하옵소서. 무엇보다도 뜨거운 가슴을 주셔서 그 손길, 그 탄식에 호응해서 일어나게 하옵소서.

재정부·관리부 재정부와 함께하사 하나님의 사업이 물질 문제로 어려움을 겪지 않게 하시고, 하나님의 재물을 하나님의 뜻에 맞게 사용할 수 있도록 도와주옵소서. 관리부를 기억해주옵소서. 주님의 전을 정성을 다해 가꾸고, 주어진 직분이 곧 다섯 달란트임을 고백하면서 많은 이익을 남기게 하옵소서.

하나님, 주님의 몸된 교회의 지체가 된 우리가 예배의 자리에 있게 하심을 감사합니다. 이 시간 드리는 찬양이 조화를 이루어 아름답게 울려 퍼지게 하옵소서.

예수님의 이름으로 기도드리옵나이다. 아멘.

경배 성전에서 만나 주시는 하나님, 여호와의 영광이 이 자리에 있는 것을 보고 엎드려 경배합니다. 성전을 통해서 주의 백성과 함께하시는 하나님의 선하심을 찬양합니다. 이 저녁에도 인자하심이 영원하신 하나님을 경배합니다.

회개 저희의 악함을 회개합니다. 겉으로 드러나지는 않으나 마음에 품은 죄악을 용서해주시기 원합니다. 예배드릴 때뿐, 언제나 순종에 부족한 저희였습니다. 주님을 바란다 하면서도 주님께 대한 목마름 없이 지내왔습니다. 예배하기 전에, 하나님의 은혜와 사랑으로 죄 씻음 받게 하옵소서.

예배 이 시간 드려지는 찬양의 예배로 우리 심령이 새로워지며 뜨거운 찬양을 드리는 시간이 되게 하옵소서. 주 안에서 한 가족이 된 성도들이 같은 마음으로 영광을 드립니다. 예배로 말미암아 온 교우들이 한 공동체의 친교를 갖게 하옵소서. 단 위에 세우신 목사님에게 영육 간에 강건함을 주옵소서. 하나님의 말씀을 증거할 때 힘 있는 말씀, 능력 있는 말씀이 되게 하시며, 듣는 우리 교우들이 강단의 메시지에 은혜를 받게 하옵소서.

은혜를 간구함 저희 교회에 속한 권속들을 위하여 기도합니다. 찬양예배를 통해서 가정마다 은혜의 강물이 흘러나게 하시옵고 더욱더 믿음 안에서 굳건히 세워지는 권속들이 되게 하옵소서. 간절히 바라옵기는 그 은혜로 치유와 문제의 해결, 위로가 나타나기를 소망합니다. 자라나는 자녀들에게는 기쁨을 허락해주옵소서. 그리하여 우리 모두 믿음의 역사를 이어가는 권속들이 되게 해 주시기를 간절히 원하옵고 예수님의 이름으로 기도하옵나이다. 아멘.

주일 찬양예배 기도문

감사 전능하신 하나님, 저희에게 복된 날을 허락해주셔서 아침부터 이 시간까지 하나님을 찬양하며 예배하게 하시오니 감사합니다.

회개 '회개하고 돌이켜 너희 죄 없이 함을 받으라' 하셨으니, 먼저 죄를 고백합니다. 저희는 어리석어 부지불식간에 죄를 짓고도 모릅니다. 거룩한 백성답게 구별된 삶을 살고자 했으나 연약한 인간이기에 하나님을 잃어버린 삶을 살아온 저희를 긍휼히 여겨주옵소서. 저희의 죄가 주홍같이 붉을지라도 눈처럼 희게 되는 용서의 기쁨을 주시옵소서.

은혜받기를 위해 예배를 기뻐하시는 하나님, 이 시간에 드리는 저희 예배가 영과 진리로 드릴 수 있게 되기를 원합니다.

하나님의 자비하신 구원의 은혜를 저희에게 흡족하게 내려주시옵소서. 이 시간에 찬양 예배를 드리오니 주님께서 기뻐 받아주시고, 이 찬양을 통하여 저희의 마음을 밝게 해 주시기를 원합니다. 찬양 가운데 인간의 연약함에서 벗어나고, 하늘의 용기로 살아가는 다짐이 있게 하옵소서. 성령의 충만함을 통하여 능력을 받고 그 능력으로 저희의 이웃과 형제들에게 이 복된 빛을 전하기에 부족함이 없게 해 주옵소서.

성도들을 위해 믿음이 연약한 심령에게는 강하고 담대한 믿음을 허락해주옵소서. 말씀에 갈급하고 굶주린 심령들에게는 말씀의 충만함이 있는 예배, 말씀이 깨달아지는 예배가 되게 해 주옵소서. 저희 중에는 여러 가지로 세상에 시달리며 근심에 빠진 성도들이 있사오니, 그들의 무거운 짐을 주님께서 대신 맡아주옵소서.

예수님의 이름으로 기도드립니다. 아멘.

경배 영원한 왕이시며 만주의 주이신 하나님, 저희의 생명을 지으신 여호와 앞에 무릎을 꿇는 예배를 드리려 합니다. 참 좋으신 하나님께서 그 이름에 합당한 경배를 받으시옵소서.

회개 육신의 삶에 쫓겨 하나님의 은혜를 잊고 지냈음을 회개합니다. 입으로는 예수님이 나의 주인이라 하면서도, 주인의 뜻을 따라 살지 못했습니다. 진심으로 용서를 구합니다. 십자가의 사랑으로 용서해주옵소서.

예배 이 예배의 주인이신 하나님, 이 시간 드려지는 찬양 예배가 형식이나 습관대로 드리는 것이 아니기를 원합니다. 감사와 찬양이 넘치는 예배가 되도록 주님께서 친히 주장하여 주시옵소서. 기도로 설교를 준비한 목사님에게 힘을 더하셔서 권세 있는 말씀을 선포할 수 있게 하옵소서. 주저앉았던 저희가 그 말씀으로 다시 일어나는 체험을 갖게 해 주옵소서.

이 예배로 인하여 저희 교회가 온전히 하나님의 영광을 드러내는 교회가 되게 하시기를 원합니다. 나아가 이 세상에서 방부제의 역할을 감당하며 많은 생명을 주님 앞으로 인도하여 구원의 기쁜 소식을 전파하는 데 부족함이 없게 하여 주시옵소서.

목사님과 제직들을 위해 사랑으로 다스리시는 하나님, 교회를 섬기는 목사님과 함께하셔서 영육 간에 신령함과 강건함을 주시옵소서. 교회를 위해 눈물 흘리며 기도하는 소리를 들으시고 응답해주옵소서. 일꾼으로 부름을 받은 제직들에게 능력을 주셔서 맡겨진 일을 수행할 때 부족함이 없게 하옵소서.

예수님의 이름으로 기도합니다. 아멘.

주일 찬양예배 기도문

경배 홀로 찬양받으실 하나님, 분주한 일상의 삶을 쉬고, 종일토록 하나님께 예배하는 은혜를 주시오니 감사합니다. 이 시간, 찬양 예배로 경배를 받으시옵소서.

회개 하나님께 기도하며 자복할 수 있는 은혜를 허락해주옵소서. 하나님의 영광을 가릴만한 죄들을 회개하게 하시며, 용서하심의 은혜로 새롭게 하옵소서. 이제, 저희가 지은 모든 죄를 고백하고 뉘우치오니 용서해주옵소서. 저희가 주님의 마음을 닮지 못하고 허영과 시기와 미움으로 살아왔사오니, 고쳐주시기를 원합니다. 사유하시는 은혜로 거듭나는 시간이 되게 하옵소서.

은혜를 간구함 찬양 속에 임하시는 하나님, 이 시간의 예배로 진정 하나님을 만나게 해 주시옵소서. 새로운 삶을 사는 계기가 되게 하시며, 영원토록 주님으로 즐거워하는 삶을 살게 하옵소서. 주님을 사랑하고 계명을 지키는 자를 위하여 언약을 지키시고 그에게 인자를 베푸시는 하나님을 알게 하옵소서. 하나님의 마음에 합한 사람 되기를 원합니다. 하나님의 음성을 듣는 신실한 주님의 백성이 되게 해 주셔서 세상의 기쁨보다는 하나님의 기쁨이 되게 하시옵소서.

약한 이들을 위해 불쌍히 여기시는 하나님, 육신이 연약한 자에게 육신의 건강함을 주시고, 믿음의 확신이 없는 자에게 믿음의 확신을 주시고, 말씀이 없어서 방황하는 자에게 말씀의 위로를 받게 해 주옵소서. 오직 하나님의 위로와 소망을 바라며 사는 저희가 되게 하옵소서. 우리가 힘들고 지쳐 넘어지려고 할 때, 너는 내 아들이라는 주님의 사랑스러운 음성을 듣고 용기와 희망을 갖게 하옵소서.

예수님의 이름으로 기도합니다. 아멘.

경배 자비로우신 하나님, 주님의 사랑을 입은 자들이 오늘 하루를 온전히 구별해서 영광을 돌리게 하시니 감사드립니다. 여기에 모인 주님의 백성들이 마음으로 몸을 굽혀 얼굴을 땅에 대고 여호와를 경배합니다. 우리의 경배를 받으시옵소서.

회개 사유하시는 하나님, 각 사람이 행한 대로 심판하실 하나님을 두려워하게 하시옵소서. 그리하여 죄를 지었던 삶에서 돌이켜 회개하고 모든 죄에서 떠나는 용기를 주시옵소서. 저희는 지난 한 주간 동안에 세상에 살면서 주님을 기쁘시게 하지 못하고, 저희의 육신을 위하여 이기적인 욕망과 많은 죄악으로 살아왔습니다. 저희를 용서해주시고 이제는 죄를 거절하며 살 수 있는 믿음의 용기를 주옵소서.

설교를 위해 예수님의 십자가로 말미암아 죄의 문제가 해결되었음을 이 시간 선포되는 말씀으로 다시 한번 확인하게 해 주시고, 하나님 나라의 백성으로 살아가려는 다짐을 새롭게 하게 하옵소서. 말씀의 거울로 저희를 비추시고 우리의 영혼을 가르치사 저희의 삶 전체가 하나님 아버지를 향한 삶이 되게 하시고, 주님을 저희의 희망과 위로로 삼게 하옵소서. 강단에 세우신 종을 통해서 하나님의 말씀이 온전히 선포되게 하옵소서.

찬양대 이 시간에도 우리의 찬양과 경배를 한목소리로 표현하는 찬양대원들에게 은혜를 내려주옵소서. 그들이 예배를 위하여 거룩하게 준비한 찬양이 주님의 영광을 선포하는 것이 되기를 원합니다. 또한 입술이 아니라 그들의 몸으로 부르는 찬양이 되기를 원합니다.

이 한 시간의 예배를 드리기 위하여 수고한 많은 이의 헌신을 기억해주옵소서. 예수님의 이름으로 기도합니다. 아멘.

주일 찬양예배 기도문

경배 만물의 주인 되시는 하나님, 태초에 세상을 지으신 그때부터 오늘에 이르기까지 우주 만물을 다스리시고, 연약한 인생을 보호해주시니 찬양과 경배를 드립니다. 구원이신 예수그리스도를 우리에게 보내신 크신 사랑을 감사합니다.

회개 자기의 죄를 숨기는 자는 형통하지 못하나, 죄를 자복하고 버리는 자는 불쌍히 여김을 받으리라 하신 말씀을 기억합니다. 다시금 다짐하오니 죄에 대해 죽고, 의에 대해 살겠습니다. 긍휼히 여기시고 이 다짐에 은총을 내려주시기를 원합니다. 손으로, 발로, 머리로, 가슴으로, 마음으로, 생각으로 춤추며 주님께 영광을 돌립니다.

예배 예배를 받으시는 하나님, 준비된 예배를 드리게 하옵소서. 이미 찬양과 경배로 시작된 예배를 마칠 때까지 주관해주시기를 원합니다. 단 위에 세우신 목사님에게 성령의 감동을 주셔서, 하나님의 뜻이 온전히 선포되게 하여 주시옵소서. 그 말씀으로 저희를 향한 주님의 뜻이 무엇인지 분별하게 하옵소서. 저희는 말씀에 순종하여 무슨 일을 하든지 말씀의 인도와 기준에 따라 행하게 하시옵소서.

은혜를 간구함 하나님의 자비로우심으로 성도답게 살게 하옵소서. 이미 빛과 소금이 되라 하신 주님의 뜻대로 사는 종들이 되게 하옵소서. 그리하여 악을 물리치고 하나님을 기쁘시게 하는 것을 사모하는 삶이 되기를 원합니다. 하나님 나라를 상속받기 위해 경건한 자녀로 살게 하시고, 우리의 의지를 꺾고 겸손히 주님의 뜻과 계획에 온전히 순종하게 하옵소서.

예수님의 이름으로 기도하옵나이다. 아멘.

찬양 찬양을 받으시기에 합당하신 하나님, 주님의 몸된 전에 주님의 귀한 자녀들이 모였사오니 찬양과 영광을 받으시옵소서. 존귀하신 그 이름이 높아지기를 원합니다.

회개 저희의 지난 한 주간 동안은 결코 아름답지 못하였습니다. 주님의 보내심으로 세상의 빛이요 소금이 되어야 했건만 그렇게 하지 못하였습니다. 육신이 연약하고 믿음이 부족하다는 핑계로 주님의 말씀대로 살지 못하였습니다. 여러 가지로 범한 죄와 허물이 큽니다. 이 시간 저희의 모든 죄를 주님께 자복하고 회개하오니 주 예수 그리스도의 보혈로 깨끗함을 얻게 하옵소서.

예배 예수님의 이름으로 모인 무리가 높고 귀하신 하나님께 예배하고자 합니다. 살아있는 예배, 회복되는 예배가 되도록 도와주옵소서. 오직 하나님께만 영광이 되는 예배의 순서순서로 이어지기를 원합니다. 주일을 마감하는 시간에 저희를 위해서 준비된 하늘의 은혜를 허락해주옵소서. 새 힘을 공급받는 은혜의 시간이 되게 해 주옵소서.

교회 하나님 아버지, 주님의 몸된 교회를 위하여 기도합니다. 주님의 크신 뜻이 있어서 이곳에 교회를 세워주시고 오늘날까지 지켜주시니 감사합니다. 우리 교회가 이 지역에 없어서는 안 될 구원의 방주가 되게 하시며, 크신 능력과 은총을 허락하셔서 죽어가는 많은 심령에게 복음의 기쁜 소식을 전할 수 있게 도와주시옵소서. 또한, 역할과 사명에 따라 기관을 세우셨사오니 각 기관을 지켜주시고 늘 새로운 힘을 주셔서 맡은 바 사명을 감당하게 하시고 날로 성장하게 하시옵소서.

예수님의 이름으로 기도드립니다. 아멘.

주일 찬양예배 기도문

감사 시와 찬송과 신령한 노래들로 서로 화답하며 너희의 마음으로 주께 노래하며 찬송하라고 하신 하나님, 저희에게 찬양 예배의 시간을 주신 것을 진심으로 감사드립니다. 함께 예배드리는 좋은 믿음의 이웃을 주신 것을 감사드리고 찬양으로 예배를 돕는 이들을 주신 것을 감사합니다. 하나님, 찬양하는 동안 우리의 마음이 뜨거워지게 하옵소서. 그리스도만을 나의 구주로 신뢰하게 하시고 그분이 우리의 죄를 가져가시고 죄와 사망의 법에서 우리를 구원하셨다는 확신이 새로워지게 하여 주옵소서.

교회 하나님, 교회가 새로워지게 하여 주옵소서. 뜨거워지게 하여 주옵소서. 다시 일어나 빛을 발하게 하시고, 민족을 위해 앞장서게 하여 주옵소서. 사회를 변화시키고 백성들에게 소망을 주는 교회가 되게 하옵시고, 교인은 정직한 사람, 믿어도 좋은 사람, 이와 같이 신뢰를 받는 성도들이 되게 하여 주옵소서.

나라 도우시는 하나님, 이 예배에서 나라를 위해 기도드립니다. 지금 이 나라는 주님의 도움이 절실히 필요하오니 도와주옵소서. 이 나라가 하나님을 알지 못하는 무리로 인하여 위급한 가운데 놓였사오니 역사의 통치자이신 하나님께서 간섭해주시옵소서. 복음의 나라가 되게 하시고 하나님을 두려워하는 백성이 되게 하여 주시옵소서. 나라를 위해 뜨겁게 기도하던 구국기도회의 전통이 되살아나게 하시고, 찬양이 이 나라 방방곡곡에서 울려 퍼지게 하여 주옵소서.

이 찬양 예배를 통해 성도들의 마음에 평안을 얻게 하여 주시고, 소망이 새로워지게 하여 주옵소서.

예수님의 이름으로 기도하옵나이다. 아멘.

감사 새 노래로 찬양을 받으시고 열 줄 비파로 찬양받으시기에 합당하신 하나님, 세상에는 죄악의 밤이 깊어가는데 우리에게 은혜의 밤을 갖게 하시고 은혜의 세계로 깊이 들어가게 하심을 감사드립니다. 이 시간이 모든 염려 근심에서 벗어나는 시간이 되게 하여 주옵소서. 입으로는 기도하고 마음으로는 근심하는 어리석음을 범하지 않게 하여 주시옵소서.

은혜받기를 위해 하나님, 저희의 입술에 할례를 베푸시어 찬양을 통해 주님께 영광 돌리고 기쁨을 회복하게 하시고, 우리의 귀에 할례를 베푸시어 말씀 듣는 일을 통하여 은혜받게 하옵소서. 이 시간 말씀을 듣고 깨닫게 하셔서 말씀대로 살아가는 믿음의 사람이 되기를 소원합니다. 위기를 만날 때 능력의 말씀으로 이기게 하옵시고 무슨 일을 하든지 하나님의 영광이 드러나는 삶이 되게 하여 주옵소서. 예배에 참여한 모든 심령의 가정을 지켜주시고 말씀으로 승리하게 하옵소서.

청소년들을 위해 하나님, 이 땅의 청소년들이 찬양하기를 기뻐하게 하옵소서. 청소년들이 찬양하는 동안에 주 안에서 삶의 목표와 바른 가치관이 정립되게 하여 주옵소서. 청소년들의 입에서 반석이 터져 생수가 솟구치듯 찬양이 쏟아지게 하옵소서. 세상의 속된 음악과 건전하지 못한 풍조에 노출되어 있는 청소년들을 지켜주옵소서.

이 나라의 교육 현장에 함께하시어서 교권이 확립되게 하시고, 교사들이 권위를 가지고 가르칠 수 있게 하여 주옵소서. 교단의 갈등과 왕따가 사라지게 하시며 공교육이 제자리를 찾게 하여 주옵소서.

예수님의 이름으로 기도드립니다. 아멘.

주일 찬양예배 기도문

감사 측량할 수 없을 만큼 위대하시고 크게 찬양받으시기에 합당하신 하나님, 저희의 부족한 입술로 하나님을 찬양하게 하심을 감사드립니다.
믿음 성장을 위해 하나님께 드리는 이 찬양이 우리에게 힘이 되게 하시고, 위로가 되게 하옵소서. 찬양을 통해서 우리의 믿음이 더욱더 성장하기를 원합니다. 찬양을 마치고 돌아갈 때 우리 마음에 변화가 있게 하옵소서. 오늘 드리는 찬양과 오늘 듣는 말씀과 오늘 드린 기도가 영혼의 양식이 되어 우리 안에서 믿음의 불길로 타오르게 하여 주시옵소서.
새 힘 얻기를 위해 지친 영혼들이 찬양을 통해서 새 힘을 얻게 하시고 좌절한 성도가 찬양을 통해 의욕을 갖고 다시 도전할 수 있도록 도우시며 갈급한 영혼에게는 이 찬양이 생수가 되게 하여 주옵소서. 이 시간 하나님께 받은 은혜를 찬양하는 시간이 되게 하시고, 찬양을 통해 은혜의 바다로 나아가게 하여 주시옵소서.
찬양대원 하나님, 찬양대원들에게 함께하셔서 진정 감사한 마음으로 우리의 주인 되시는 하나님, 교회의 머리가 되시는 주님께 찬양을 드리게 하옵소서. 입술의 찬양이 아니라 마음의 찬양, 신앙 고백적인 찬양, 영혼의 찬양을 드리게 하여 주옵소서.
말씀 듣기를 위해 말씀을 증거할 목사님을 붙들어주옵소서. 준비된 말씀이 선포될 때 하늘의 능력이 나타나게 하옵소서. 듣는 이들의 심령이 풍성한 은혜를 누리게 하옵소서. 이 예배를 통해 주의 존귀하고 영광스러운 위엄이 이 성전에 임하는 것을 보게 하여 주옵소서.
예수님의 이름으로 기도합니다. 아멘.

감사 주를 찬양하는 일이 선하고 아름답다고 하신 하나님, 주님을 찬양하게 하시고 기도하게 하심을 감사드립니다. 하나님 아버지, 무한하신 능력으로 이 시간 우리가 드리는 기도에 응답해주시기를 원합니다. 믿음 없는 저희는 하나밖에 구하지 못했으나 둘로, 또는 셋으로 응답해주시는 하나님의 크신 사랑을 감사합니다.

기도 응답받기를 위해 저희가 믿음이 부족하여, 송구스러워서, 알지 못하여 미처 구하지 못한 것도 이루어주시는 하나님을 오늘 찬양 예배를 통해 만나 뵙기 원합니다. 하나님을 경외하는 자들의 부르짖음을 들으시는 하나님, 사랑하는 양들이 여러 가지 문제를 놓고 눈물 흘려 기도할 때 응답해주옵소서.

하나님, 주님께서 갈릴리 바다의 풍랑을 잔잔하게 하신 것과 같이, 우리 마음속의 풍랑을 잔잔하게 하여 주옵소서. 상심한 자들을 고치시고 상처 난 부분들을 싸매어주옵소서.

나라 이 나라 정치계, 경제계, 교육계, 노사 문제, 사회 전반의 심한 풍랑이 가라앉게 하여 주옵소서. 범죄의 파도도 사라지게 하여 주옵소서. 서로가 양보의 미덕을 갖게 하시고, 진실한 대화로 타협하는 일이 많아지게 하옵시고 갈등은 사라지고 이해가 많아지게 하여 주옵소서. 서로 신뢰할 수 있는 사회가 되게 하여 주옵소서.

선교사 선교사들을 위해 기도하오니 선교사들이 사역하는 곳에 주님을 찬양하는 소리가 높아지게 하여 주옵소서. 하나님, 저희가 평생 동안 주님을 찬양하게 하여 주옵소서.

찬양을 통해 우리의 삶이 아름다워지게 하시고 우리의 예배에 은혜가 넘치게 하여 주옵소서. 예수님의 이름으로 기도합니다. 아멘.

주일 찬양예배 기도문

찬양하는 이들을 위해 호흡이 있는 자마다 여호와를 찬양하라고 하신 하나님, 오늘 저희가 드리는 찬양이 이 교회가 있는 지역사회와 성도의 가정과 주변에 울려 퍼지게 하옵소서. 또한 하나님을 찬양하는 심령들을 붙드셔서 하나님의 나라를 확장해가는 일에 귀하게 사용하여 주시고, 주님의 명령과 소원을 이루어 드리는 일에도 귀하게 쓰임받게 하옵소서. 우리의 찬양이 성도들의 영적 성장과 경건 생활에도 큰 도움이 되고 민족과 세계 복음화에도 큰 힘이 될 것을 믿습니다. 나 대신 돌아가신 그 놀라운 사랑을 찬양할 때 주 예수보다 귀한 것은 없다고 진정으로 고백하게 하시고, 세상 자랑과 세상 즐거움을 버릴 수 있는 결단이 있게 하시옵소서.

기도 오늘 기도할 때 저희의 부족함을 숨김없이 아뢰게 하시고, 저희 마음속 깊은 곳에 있는 소원을 낱낱이 고하게 하여 주옵소서. 자세하게 구체적으로 아뢰고 그로 말미암아 구체적으로 응답받게 하여 주옵소서.

성도들이 걸어온 날들을 돌아보며 그 안에 있는 하나님의 사랑과 섭리를 깨닫게 하시고, 나의 나 된 것은 주님의 은혜라고 고백하게 하시고, 앞날을 내다보며 비전을 새롭게 할 수 있도록 도우시옵소서.

사명 감당하기를 위해 찬양대원과 교사와 선교회와 구역장(속장)과 여러 가지 직무를 맡은 이들이 직분 맡은 것을 감사하며, 직분을 소중하게 여기게 하사 맡은 자에게 구할 것은 충성이라는 말에 부끄럽지 않게 되기를 소원합니다. 이 예배가 신령과 진정의 예배가 되기를 원하오며 예수님의 이름으로 기도합니다. 아멘.

찬양 저희에게 찬양을 선물로 주신 하나님, 저희의 찬양이 기쁜 소리, 구원의 소리가 되게 하시고, 저희를 찬양으로 주님의 마음을 기쁘게 해드리는 종으로 삼아주옵소서.

감사 이 나라에 복음이 전해지게 하시고 또 신앙의 자유를 누리게 하심을 감사드립니다. 또 이와 같이 좋은 신앙공동체를 주셔서 함께 찬양하고 함께 기도하게 하심을 감사드립니다.

새 힘 얻기를 위해 지금은 영적인 추수기인데 찬양을 통해 추수에 힘쓰는 이들이 새 힘을 얻게 하시고 더 많은 열매를 거두게 하옵소서. 찬양하는 성도들에게 새로운 다짐이 있게 하시고, 변화와 진보와 성숙이 이루어지게 하여 주옵소서.

교역자, 수험생들을 위해 하나님, 교역자들의 건강을 지켜주셔서 목회에 지장이 없게 하여 주옵소서. 또 목회를 마치고 은퇴한 원로 교역자들에게 강건함과 평강을 허락하옵소서.

수험생들이 시간을 아껴가며 집중적으로 공부하게 하시고, 지치지 않도록 체력을 지켜주옵소서. 다시 한번 도전하는 재수생들에게는 의지를 배로 주시고 그것이 배의 기쁨으로 열매 맺게 하옵소서.

찬양 예배 교회의 여러 예배 가운데 특히 찬양 예배를 주시고 이 예배에 나올 수 있는 건강과 시간과 믿음을 주시니 감사드립니다. 더 많은 사람에게 같은 마음을 주셔서 교회마다 이 찬양 예배의 시간이 차고 넘치게 하여 주옵소서. 이제 선포되는 말씀이 있습니다. 그 말씀으로 우리의 심령이 기쁨을 회복하는 은혜, 첫사랑을 회복하는 은혜가 있게 하시옵소서.

예수님의 이름으로 기도드립니다. 아멘.

주일 찬양예배 기도문

성령 충만을 위해 많은 사람 중에서 저희를 택하시고 주님을 찬양하게 하신 하나님, 찬양을 통해 저희의 믿음이 여름에 초목이 자라는 것처럼 성장하게 하여 주옵소서. 찬양을 통해 사탄이 물러가게 하시고 은혜가 충만하게 하여 주시옵소서. 우리의 입술에서 찬양이 떠나지 않게 하시고, 성령 충만한 삶을 살 수 있게 하옵소서.

찬양 사역자들을 위해 우리에게 각각의 달란트를 주신 하나님, 교회 음악의 발전을 위해 힘쓰는 이들에게 재능과 사명감을, 찬양대를 지휘하는 이에게 지도력을 더해주시고, 복음성가를 작사하고 작곡하고 부르는 이들과 악기를 연주하는 이들에게 경건함을 더하여 주옵소서. 찬양을 인도하는 이들에게는 힘을 더하시며 찬양 팀에게는 화합의 아름다운 모습을 주옵소서. 모두가 다섯 달란트 받은 종이 되게 하여 주옵소서.

나라 역사의 주인이신 하나님, 오늘날 이 땅 위에는 긴장이 감도는 곳이 많습니다. 그곳에 총성 대신에 평화를 알리는 나팔 소리와 찬양 소리가 메아리치게 하여 주옵소서.

하나님, 이 나라를 지켜주옵소서. 하나님을 의지하는 나라, 하나님을 기쁘시게 해 드리는 나라, 하나님을 찬양하는 나라가 되게 하여 주옵소서. 하나님께서 이 나라를 제2의 이스라엘로 택해주셨음을 확실히 믿사오니 믿음의 모범을 보이는 민족, 선교 민족, 영적 민족, 찬양하는 민족으로 사명을 다하게 하여 주옵소서.

예배 드려지는 예배가 하나님 받으시기에 합당한 예배, 마음과 뜻과 정성을 모두어 드리는 향기 나는 예배가 되게 해 주옵소서. 막혀 있던 모든 것들이 예배를 통해 시원케 되는 역사가 있게 하옵소서.

예수님의 이름으로 기도합니다. 아멘.

창조주 하나님을 찬양함 그룹 가운데 좌정하사 경배받으시며 영광 중에 거하시는 성삼위 하나님께 찬양을 드립니다. 하늘과 땅과 그 가운데 만물을 창조하신 하나님께 경배드리니 영광을 받으시옵소서. 하늘에 충만한 하나님의 영광을 인하여 찬양드립니다. 땅 위에 가득 찬 하나님의 지혜와 신비가 놀라워 찬양드립니다. 공중 나는 새들이 하나님의 높으심을 찬양합니다. 땅 위에 달리는 동물들이 하나님의 능력과 지혜를 찬양합니다. 하나님 영광 받으시옵소서!

창조주 하나님을 알기를 구함 이 시간 하나님을 찬양하는 저희에게 은총을 베푸사 창조의 신비를 더욱 알게 하옵소서.

우리 눈을 열어 피조물을 통해 하나님의 영광을 보게 하옵소서. 우리 귀를 열어 피조물들이 창조주께 드리는 찬양을 듣게 하시고 우리도 함께 찬양하게 하옵소서. 우리 몸과 마음을 열어 온 우주와 만물에 충만한 하나님의 위대하심을 보고 듣고 찬양케 하옵소서. 우리에게 주신 하나님의 창조적 능력과 성령의 은사들이 개발되어 하나님께 영광과 찬양을 돌리게 하옵소서. 하나님을 모르는 이웃들에게 하나님의 창조주 되심을 알리는 능력을 우리에게 주사 그들도 우리처럼 하나님을 창조주로 경배하게 하는 은총을 주옵소서.

경배 받으시기를 구함 하나님 아버지! 저희가 하나님을 사랑합니다. 이 시간 온몸과 마음을 다해 경배와 찬양을 드리오니 기뻐 받으시옵소서. 하나님께는 영광이, 찬양하는 저희에게는 큰 기쁨과 감격이 있게 하옵소서. 영원히 찬양받으실 예수 그리스도의 이름으로 기도드립니다. 아멘.

주일 찬양예배 기도문

구원하신 은혜를 찬양 우리의 구원자 되시며 세상을 구원하시는 하나님의 사랑을 이 시간 찬양드립니다. 창세 전 우리를 택하시고 예수 그리스도의 이름으로 불러 구원하신 은혜를 찬양드립니다. 높은 보좌를 버리시고 죄인을 구원하시려고 흑암 가운데 오사 구원의 빛을 비춰주심을 찬양드립니다. 죄와 악으로 용서받을 수 없던 저희를 대신하여 십자가에서 피 흘리신 주님의 한량없으신 사랑과 은혜에 감사와 찬양을 드립니다.

구원하는 일에 우리를 쓰시옵소서 하나님 아버지! 저희가 세상 가운데서 여전히 범죄하나 그때마다 우리 죄를 사해주시려 십자가 지신 주님 바라보며 사죄의 은총을 구합니다. 세상에는 주님을 모르고 방황하는 사람, 훼방하는 사람, 우상을 섬기는 사람들로 가득 차 있습니다.

가족 중에도, 이웃 중에도, 이 땅 위에 많은 이가 주님을 알지 못하여 지옥 길로 가고 있습니다. 전도의 문을 활짝 열어주사 우리가 주님 주시는 능력으로 예수 그리스도의 십자가 복음을 전하고, 십자가의 도를 실천하여 하나님을 모르던 많은 이들이 구원을 얻어 하나님을 사랑하며 하나님께 경배와 찬양을 드리게 하옵소서.

영광을 받으시옵소서 이 시간 우리가 온몸과 마음과 온 힘을 다하여 우리를 구원하신 주님을 사랑합니다. 주님을 찬양합니다. 모든 영광을 하나님께서 홀로 받으시옵소서. 이 시간 선포되는 말씀을 통해 예배하는 각 심령에게 위로와 평강을 주시고 새 힘을 얻는 역사가 있게 하옵소서.

예수 그리스도의 이름으로 기도드립니다. 아멘.

베푸신 은혜를 인하여 찬양 하나님 아버지! 하나님을 사랑합니다. 하나님께 찬양을 드립니다. 우리가 세상을 이기도록 하늘의 신령한 은혜를 내려주심을 감사드립니다. 성도들 가정의 자녀들에게 복 주시고, 산업을 풍성케 하심을 찬양합니다.

이 땅 방방곡곡에 하나님의 교회를 세우시고 구원의 은혜를 베푸심에 감사와 찬송을 드립니다. 땅끝까지 복음을 전하는 일에 우리를 사용하심을 감사드립니다. 주님 베푸신 은혜가 하늘의 별보다 많으며 공중의 티끌보다 많습니다. 주님을 사랑합니다. 주님을 찬양합니다.

은혜를 베푸는 성도 되기를 주님! 이제 우리도 주님을 본받아 세상 가운데서 은혜를 베푸는 사람이 되게 하옵소서. 성도들이 이웃에게 은혜를 베풀어 그로 인하여 세상이 하나님의 사랑을 알고 하나님께 경배와 찬양을 돌리게 하옵소서. 교회가 하나님께 받은 은혜를 나눌 줄 아는 넉넉함을 주시옵소서. 이웃에게 아낌없이 사랑을 베푸는 교회, 고난받는 이들을 찾아가 돌보는 교회, 외국에서 일하러 온 젊은이들이 이 땅에 터를 잡고 살 수 있도록 나그네를 대접하고 보듬어 안는 교회, 먼 나라에서 시집온 여인들이 고향보다 더욱 살만한 곳이라고 여길 수 있도록 그녀들의 필요를 채워주는 교회가 되어 만민이 함께 어깨동무하며 한목소리로 주님을 찬양케 하여 주시옵소서.

찬양 중에 임하시는 주님! 여기 오사 우리의 찬양과 경배를 받으시고 우리에게 은혜 베푸사 받은 은혜를 마음껏 전하여 온 땅이 주 하나님을 찬양케 하옵소서.

찬양받으실 예수님의 이름으로 기도드립니다. 아멘.

수요예배 기도문

감사 사랑의 하나님, 분주한 삶을 지내다가 모든 것 잠시 멈추고 예배의 자리에 있게 하심을 감사합니다. 이 예배의 자리에 모인 우리 모두가 하나님께서 허락해주신 삶의 현장에서 하나님의 영광을 드러내는 삶을 살 수 있도록 도와주옵소서.

세상에서의 삶 저희가 작은 그리스도가 되고, 일터와 가정이 작은 교회가 되게 하여 주옵소서. 작은 등불들이 곳곳에 켜질 때 어두운 그늘이 없어지고 모두가 밝음 속에서 거하게 됨을 압니다. 이 시간에 기름을 새로 채우고 새 힘을 얻게 하여 주시옵소서.

예수님께서 가르치시기를 먹고 마시며 입는 것을 걱정하지 말라고 하셨는데 저희는 물질의 문제에 관심을 집중하며 이방인과 같은 생활로 사흘을 보냈습니다. 이제는 하나님의 나라와 하나님의 의를 구하는 믿음 있는 사람이 되게 해 주옵소서. 하늘의 것을 구할 때 땅의 것도 이루어주실 줄로 믿습니다.

은혜로우신 하나님, 지난 사흘간에도 이 땅 위에는 많은 변화가 있었습니다. 슬픔을 당한 가정과 기쁜 일을 만난 가정과, 여러 가지 일들로 인해 하나님의 도우심이 필요한 가정이 있습니다. 위로해주시고 감사하게 하옵소서. "하나님의 뜻을 이루게 해 주옵소서"라는 기도가 모든 일의 우선이 되기를 원합니다. 오직 영원한 것은 하나님 나라뿐임을 고백하게 하시옵소서.

간구 하나님, 배신당하며 괴로워하는 영혼이 있습니까? 하나님은 우리를 영원히 배반하지 않는 분임을 알게 하소서. 외로워하는 영혼이 있습니까? 주님은 우리의 진실한 친구임을 알게 하여 주옵소서.

예수님의 이름으로 기도합니다. 아멘.

감사 하나님, 한 주일의 중간입니다. 유혹받기 쉬운 때입니다. 가룟 유다가 주님을 배반하고 대제사장을 찾아간 것도 고난 주간의 수요일이었습니다. 이러한 때에 저희를 불러주시니 감사합니다. 신앙의 재무장이 이루어지게 하여 주옵소서.

고백과 응답 기도하기 위해 이 자리에 나왔습니다. 세리와 같이 가슴을 치며 죄를 고백하고 의롭다 인정함을 받는 기도를 하게 하소서. 주님을 세 번 부인한 베드로를 용서하시고 세 번이나 사명을 주신 하나님, 지나간 시간에 주님을 부인한 일이 많았던 저희를 용서해주시고 새로운 사명을 주옵소서. 그리하여 저희의 허물이 저희를 얽어매는 올무가 되지 않고, 용서하시고 새 힘을 주시는 하나님을 증거하는 증표가 되게 하시옵소서. 주님께서는 저희의 필요를 아십니다. 혹 저희가 정욕으로 잘못 구하는 것이 있으면 깨우쳐주시고 저희가 먼저 구해야 할 것이 무엇인지 알게 하옵소서. 하나님의 도움을 받기 위해 상한 심령을 가지고 나아온 영혼들을 치유해주옵소서.

예배에 참석지 못한 성도들을 위해 하나님, 더욱 많은 성도가 수요예배에 참석하기를 원하오나 여러 가지 형편으로 이 자리에 참여하지 못한 성도들이 있습니다. 지금 어떤 곳에 어떤 모습으로 있든지 살펴주시고 함께하옵소서. 실수함이 없게 하시고, 있는 그 자리에서 경건한 제단을 쌓을 수 있게 해 주옵소서.

군문에 가 있는 성도들, 국내외 각지에서 모 교회를 그리워하며 이 시간을 보내고 있는 성도들을 기억해주옵소서. 성령의 교통하심이 함께하실 줄로 믿습니다. 배나 뜨거운 마음으로 기도하고 찬송하며 말씀을 듣는 시간이 되기를 원하오며, 예수님의 이름으로 기도드립니다. 아멘.

수요예배 기도문

고백 하나님, 이 시간에 달란트를 받고 열심히 장사하다가 중간 계산하는 종의 심정으로 하나님 앞에 섰습니다.

지난 사흘 동안 얼마의 이익을 남겼는지 정직하게 계산하게 하옵소서. 저희에게 주신 하루하루가 많은 이익을 남기는 날들이기를 원합니다. 하나님 나라 건설에 벽돌 한 장씩 보태는 날들이 되도록 도와주옵소서.

이웃과의 관계 하나님, 저희의 삶이 수직과 수평이 조화를 이룬 삶이기를 원합니다. 주님께서 십자가를 지심으로 아담으로 인해 끊어진 나와 하나님과의 관계를 회복시켰을 뿐만 아니라, 가인으로 인해 끊어진 나와 이웃 간의 관계도 회복시키셨사오니 하나님과 바른 관계를 갖고 나아가 이웃과도 바른 관계를 갖고 살게 해 주옵소서. 저 높은 곳에 대한 소망이 날로 새로워지는 가운데 이 땅에서 십자가의 군병으로, 빛으로, 소금으로 사는 생활에 충실하게 하옵소서.

은혜 수요예배를 통해 위로부터 내리는 영적인 힘을 받기 원합니다. 이 힘이 이웃과의 관계를 바로 하는 데 사용되게 하셔서 십계명을 통해 하나님께 대한 계명뿐만 아니라 인간에 대한 계명도 함께 주신 하나님의 뜻을 이루게 하옵소서. 수고하고 무거운 짐 진 자들을 오라고 하신 주님의 말씀에 의지하여 주님 앞에 나아왔사오니 주 날개 밑의 진정한 안식을 누리게 하옵소서.

이 시간 드리는 기도로 인하여 저희의 마음이 평안을 얻고, 이 시간 배우는 성경을 통하여 우리의 믿음이 반석 위에 서게 하옵소서.

예수님의 이름으로 기도하옵나이다. 아멘.

찬양 지금도 살아서 저희를 지켜주시는 이스라엘 하나님 여호와를 찬송합니다. 도와주시는 사랑에 감사하며 찬양을 드립니다. 이 시간, 온몸으로 찬양하며 예배하게 하옵소서.

회개 성령의 인도하심을 따라 예배하러 나아온 저희, 주님의 십자가를 바라보니 용서함을 구할 것밖에는 없습니다. 주님을 의지한다 하면서도 눈에 보이는 것에 마음을 두고 살았고, 하나님 나라보다는 세상의 욕심과 정욕을 따라 살았습니다. 믿음보다는 사람의 생각으로, 하나님의 뜻보다는 자신의 일을 이루기 위해서 동분서주했습니다. 용서하옵소서.

교회를 위해 자비로우신 하나님, 저희 속에 성령으로 충만하게 채워주셔서, 하나님의 영광을 나타내는 삶이 되게 하여 주옵소서. 주께서 세우신 교회에 복 내려주시기를 원합니다.

교회가 세상 속에서 주님의 뜻을 나타내게 하시고 하나님의 진리를 선포하게 하옵소서. 성도들의 기도와 사랑으로 지역을 섬기는 교회 되게 하옵소서. 이를 위해서 저희가 물질을 드리는 일에도 열심을 내게 하옵소서. 복음을 드러내는 교회로서의 사명을 다하기에 부족함이 없도록 도와주시기를 원합니다.

일꾼들을 위해 교회를 세우시고, 일꾼을 선택하신 하나님, 주님의 교회에서 일꾼으로 부름받은 종들을 기억하시고 능력을 베풀어주옵소서. 저희에게 죽어가는 영혼들을 불쌍히 여기는 마음이 불일 듯 일어나게 하시기를 원합니다. 믿지 않는 이웃들을 주께로 인도하기에 부족함이 없게 하옵소서. 모든 기관과 부서가 세우신 목적을 따라 아름답게 교회를 섬기기에 부족함 없게 하옵소서. 응답해주실 것을 믿사오며 예수님의 이름으로 기도드립니다. 아멘.

수요예배 기도문

찬양 찬양으로 영광을 받으셔야 할 하나님의 귀하신 이름을 송축합니다. 주님의 모든 백성이 여호와를 찬양하게 하옵소서. 무지한 저희는 다 양 같아서 각기 제 길로 갔지만, 주님께서는 독생자까지 보내주시고, 대속의 은총을 베푸셨사오니 감사의 찬양을 드립니다.

교회를 위해 먼저, 저희 교회를 비롯한 한국 교회를 위해 간구합니다. 이 지역에 구원받아야 할 하나님의 백성이 많은 것을 깨닫게 하옵소서. 그리고 사회의 아픔에 동참하는, 참으로 의로운 교회가 되게 하옵소서. 세계를 향한 교회, 사랑 안에서 서로 연합하고 교제하는 교회, 성령의 질서와 말씀이 흥왕하는 교회, 교회의 아름다움을 보고 날마다 구원 얻는 자가 더해가는 교회 되게 하옵소서.

민족을 위해 민족의 흥망성쇠를 다루시는 하나님, 이 민족과 나라를 불쌍히 여겨주옵소서. 하나님의 공의가 강물처럼 흐르는 사회를 만들어주시며, 이 땅 곳곳에 주님을 두려워하는 모습이 나타나기를 원합니다. 저희 교회가 민족에 대한 사명을 갖고 이 나라와 백성을 섬기게 하옵소서.

소원 주님의 형제와 자매들이 남의 잘못이나 허물이 있을 때마다 자신을 먼저 돌아보는 사랑으로 충만하기를 원합니다. 진정으로 감싸주고, 피차 덕 세우기를 힘쓰는 사랑하는 저희로 만들어주옵소서. 하나님의 나라를 넓혀가야 할 일꾼답게 나라와 사회에서 일어나는 문제들에 대하여 책임지고 기도하게 하옵소서. 주님의 자녀 된 우리가 성경을 토대로 진리의 빛을 비추어 나아가는 삶을 통해 하나님 나라를 보여줄 수 있도록 함께해주옵소서.

예수님의 이름으로 기도합니다. 아멘.

찬양 저희를 죄로부터 구원하여주신 하나님을 잔양합니다. 저희의 지난 삶을 에덴동산을 돌보셨듯이 지켜주신 손길에 감사하오며, 하나님의 영화로운 이름을 찬양합니다.

감사 지난 3일 동안도 은혜를 베푸신 하나님, 영원히 멸망 받아 마땅했던 저희를 구원의 반열에 서게 하시고 보호해주셨음을 감사드립니다. 때로는 불신자들과 어울려야 했으며, 하나님을 대적하는 세력과 같이 있었으나 믿음으로 살게 하셨음을 감사드립니다. 하나님께서 구별하시고 지켜주셔서 입술이 지혜를 말하며, 마음에 하나님의 법을 두게 하셨사오니 감사드립니다.

예배 구하기 전에 이미 있어야 할 것을 아시는 아버지여! 하늘의 의를 먼저 구할 때 이 모든 것을 더하여주리라 하신 말씀을 기억합니다. 오늘의 예배 위에 크신 복을 내려주시사 향기로운 제사가 되게 하옵소서. 여전히 부족하지만, 이 시간의 예배를 통해서 우리의 걸음이 실족지 않게 하시고, 악에서 떠나 선을 행하게 하옵소서. 우리의 모든 경영과 계획을 주께서 아시오니 선하신 뜻 안에서 이루어져 영광스러운 열매를 맺게 하옵소서.

영혼 사랑 선지자 이사야가 여호와께 간구하매 아하스의 해시계 위에 나아갔던 해그림자를 십도 뒤로 물러가게 하셨습니다. 이에, 간구하오니 저희에게 한 영혼이 천하보다 귀한 것을 다시 한번 깨닫게 하시어 영혼을 사랑할 수 있게 하옵소서. 이 지역에 복음을 듣지 못한 백성들에게 복음을 전파하는 저희가 되게 하옵소서. 이 시간에도 각 교회에서 주님을 섬기는 종들과 특별히 세계만방에 복음을 전파하고 있는 하나님의 사람들 위에 은총을 더하여 주옵소서. 예수님의 이름으로 기도드립니다. 아멘.

수요예배 기도문

찬양 교회를 지키시는 하나님, 세상을 다스리시며 교회를 보호하시는 하나님께 영광을 돌립니다. 주님의 이름으로 모인 저희로부터 찬양 받으시고, 영광을 취하시기를 원합니다.

교회를 위해 은혜 위에 은혜를 주시는 하나님, 저희가 분주히 지냈던 지난 사흘 동안에도 하나님은 역사를 쉬지 않으셨습니다. 성령님의 감동하심이 이 전에 다시 모이도록 하셨사오니 성령으로 충만한 시간이 되게 하옵소서. 성도들의 기도하는 소리를 들으시고 주님의 역사를 나타내주옵소서. 그리하여 주님의 이름으로 새롭게 되는 역사의 주인공이 되게 하옵소서. 힘으로 되지 아니하며, 능으로 되지 아니하고, 오직 하나님의 신으로 되는 것을 믿고 기도하게 하시며 성령의 충만함을 받게 하옵소서.

공동체를 위해 모든 성도가 자신을 돌아보고 맡기신 사명을 감당하도록 붙들어주시기를 원합니다. 저희가 이 땅 위에 사는 동안에 하나님의 사람이라는 인생의 본분을 잊지 않게 하옵소서. 그리고 교회의 머리 되신 예수님을 남편같이 귀히 섬기게 하옵소서.

나라를 위해 나라를 세우시고 지키시는 하나님, 이 민족 모두의 가슴을 사랑으로 채워주시기를 원합니다. 스스로 겸손의 띠로 허리를 동이고 복음의 신발을 신어 화해와 평화의 사도가 되게 하옵소서. 나아가 이 강산과 이 교회가 주님으로 인하여 사는 길을 찾도록 회개의 영을 부어주옵소서.

소원 하나님은 간구하매 응답하시고 우리를 모든 두려움에서 건지십니다. 사랑이신 하나님, 이 시간 드리는 성도들의 기도와 간구를 들으시고 그들의 일을 돌아보시옵소서. 예수님의 이름으로 기도드립니다. 아멘.

찬양 나의 하나님, 나의 아버지여, 입술을 크게 벌려 주님을 찬양합니다. 한 번도 실망시키신 적이 없으셨던 주님을 찬양합니다. 사랑하시는 자에게 신실하신 하나님은 찬양받으시기에 마땅합니다. 이 예배에 모인 이들이 거룩하신 주님을 마음껏 찬양하게 하옵소서.

회개 이 시간에도 저희를 죄악이 관영한 곳에 머물지 않게 하시고 하나님께로 불러주신 사랑을 감사드립니다. 주님의 사랑은 측량할 수 없는데, 저희는 늘 죄짓는 생활뿐이었습니다.

사랑의 하나님, 이 시간 고백하오니 용서해주시고, 십자가의 보혈로 정케 하여 주시옵소서. 저희의 영혼에 항상 성령의 은혜가 생수의 강같이 흘러넘치게 하셔서, 죄를 이기고 사탄을 이기는 승리의 삶이 되게 하여 주시옵소서.

교회를 위해 구하라 하신 하나님, 교회 내의 기관마다 주님께서 붙들어주시기를 원합니다. 세우신 종들마다 사랑하셔서, 죽도록 충성하게 하옵소서. 몸을 드려 헌신할 때마다 저들의 심령 속에 주님 사랑하는 기쁨이 충만하게 하시고, 맡은 이들의 구할 것은 충성이라 하셨사오니 성령의 권능으로 충성하는 종들이 되게 하옵소서. 주님의 몸된 교회가, 세상에서 방황하며 인생의 무거운 짐을 지고 고통하는 심령들에게 주님의 약속하신 신령하고 기름진 복을 나눠주게 하옵소서.

소원 사랑이 많으신 하나님, 주님이 기뻐 받으시는 향기로운 예배를 드릴 수 있도록 인도하옵소서. 하나님 뜻이 이 땅에서 이루어질 것을 기다리며 예배드리게 하옵소서.

예수님의 이름으로 기도합니다. 아멘.

수요예배 기도문

감사 지난 3일 동안도 우리와 함께하신 하나님의 사랑을 감사합니다. 영성 있는 삶을 살기 원하여 오늘도 주님의 전에 나왔습니다. 세상으로부터 구별된 성도들이 교회에 모일 때마다 하나님을 찬양하는 소리로 가득하게 하옵소서. 주님의 교회가 신앙의 공동체를 이루어 하나님의 영광을 선포하게 하옵소서. 또한 서로를 향해서 봉사하는 교회가 되어 주님의 영광을 드러내게 하옵소서.

예배를 위해 교회를 사랑하시는 하나님, 주님의 피로 세워진 교회에 하나님의 영광이 나타나기를 원합니다. 말씀이 풍성한 교회, 사랑이 넘치는 교회가 되도록 이끌어주옵소서. 이 한 시간 온전한 마음으로 말씀을 받게 하시고 정성 어린 기도를 드릴 수 있도록 성령께서 주관하옵소서. 한마음이 되어 하늘 영광 보좌를 향해 선한 간구를 드리게 하시옵소서. 이 밤의 예배를 통해서 저희 마음에 찾아오사 병들고 허약해진 마음이 회복되는 은혜를 누리게 하옵소서.

교회를 위해 주님의 교회가 솔선하여 허물이 있는 곳을 치유하고, 모자란 곳을 채우며, 나누인 곳을 하나 되게 하는 데 최선을 다하게 하시고, 주님의 영광을 높이 드러낼 수 있는 교회가 되게 하여 주옵소서.

이웃을 위해 교회에 속한 성도들의 가정에 건강한 몸과 사랑의 마음과 봉사의 생활로 늘 풍성한 삶을 누리게 해 주시기를 원합니다. 영육간에 풍성한 은혜를 주셔서 이웃을 위하여 희생하며 이웃을 돌보는 가정들이 되게 하옵소서.

예수님의 이름으로 기도드리나이다. 아멘.

찬양 영광 가운데 계신 하나님의 이름을 높여드립니다. 예배하는 주의 백성들이 주님을 영화롭게 찬송하게 하옵소서.

회개 사유하시는 하나님, 저희의 마음 문을 두드려 열어주시고, 연약하기에 상처 입은 저희 심령을 십자가를 지시고 피 흘리신 주님의 손으로 어루만지시고 치유해주옵소서. 아직도 저희의 심령에 스며 있는 교만과 사욕을 성령의 불로 태우시고, 깨우쳐주셔서 회개의 합당한 열매를 맺게 하옵소서.

교회를 위해 성령께서 우리와 함께하심으로 모든 교우가 하나님의 말씀으로 충만한 삶을 살게 하여 주옵소서. 주님의 평강과 소망과 사랑이 넘쳐나는 교회이기를 원합니다. 저희 모두가 가정과 사회에서 하나님의 자녀 된 신분으로서 참되고 의롭게 살아가게 하시옵소서.

예배를 위해 영과 진리의 하나님, 하나님께서 받으시기에 합당한 예배, 온전한 예배를 드릴 수 있도록 도와주시옵소서. 하나님의 크신 팔로 지체들의 연약한 손을 잡아 일으켜주옵소서. 그리하여 저희의 심령이 다시 한번 새로워지고 믿음이 견고하여지기를 원합니다. 주님께서 다시 오시는 그날까지 주의 일에 더욱 힘쓰는 주의 자녀로서의 사명을 감당하게 하옵소서.

소원 이 시간에 좋은 것으로 소원을 만족하게 하시는 하나님께 간구합니다. 저희가 말씀 안에서 새롭게 되어 주님의 뜻을 이루게 하옵소서. 하나님께서 주시는 은혜로 만족하게 하옵소서. 약한 자에게는 힘이 되게 하시고, 좌절한 자에게는 희망을 주게 하시며, 없는 자에게는 나누어주는 자가 되게 하여 주시옵소서.

예수님의 이름으로 기도드립니다. 아멘.

수요예배 기도문

감사 하나님, 연약한 저희로 지난 주일예배를 통해서 영적인 힘을 풍성하게 공급받아 오늘까지 잘 지내게 하시다가 수요예배를 기억하고 주님 전에 나아와 예배하게 하심을 감사드립니다.

신앙의 삶을 위해 이 시간 주시는 말씀으로 새로운 힘을 얻어 남은 3일도 승리의 삶을 살기 원합니다. 지난 시간 우리의 발걸음을 돌아보며 주님의 말씀에서 벗어나지는 않았는지 살피게 하시고. 이후에 우리가 걸어가야 할 믿음의 길을 확인하게 하여 주옵소서. 어지러운 세상 가운데 사는 저희에게 이 수요예배가 재충전과 위로의 시간이 되기를 원하오니 말씀을 듣는 귀가 열리게 하시고, 그 말씀을 깨닫는 은혜를 허락하옵소서.

영적 진보를 위해 의심 많은 도마에게 들려주신 "믿음 없는 자가 되지 말고 믿는 자가 되라"는 말씀을 오늘 저희에게도 들려주시고 그 음성을 듣고 주님을 "나의 주 나의 하나님"이라고 고백하게 하옵소서.

오늘 기도할 때 정욕으로 쓰려고 잘못 구하는 것은 없는지 살피게 하시고, 우리의 기도 생활이 양적으로, 질적으로 날로 진보하게 하여 주옵소서.

나라 하나님, 이 땅을 살피시사 분쟁이 있는 곳에 평화를 주시고, 갈등이 있는 곳에 화해를 주시고, 굶주림이 있는 곳에 양식을 주옵소서. 서로 다투고 빼앗는 세상이 아니라 서로 돕는 세상이 되게 하여 주옵소서. 또한 교회가 윤리적인 정결함과 경건과 공의의 모범을 보이게 하여 주옵소서.

이 모든 말씀을 예수님의 이름으로 기도하옵나이다. 아멘.

감사 하나님, 사고와 위험이 많은 이 세상에서 저희를 잘 보호하여 주시고 오늘 수요예배를 드리게 하심을 감사합니다.

기도 응답 저희가 기도할 때 구하는 것 이상으로 응답하시는 하나님, 이 시간 저희가 드리는 기도를 하나도 빠짐없이 보좌 앞 향로에 담아주시고 좋은 것으로 응답해주시옵소서.

북한 선교 오늘은 북한을 위해서 간절한 마음으로 기도드리오니, 무엇보다도 북한에 복음이 전해지게 하시고 하루 속히 신앙의 자유가 보장되게 하여 주옵소서.

형식적인 교회와 기구들이 아닌 진정한 교회가 세워지게 하시고, 성경이 자유롭게 반포되고, 원하는 때 원하는 곳에서 찬송을 소리 높여 부를 수 있는 곳이 되게 하여 주시옵소서.

아직도 복음을 듣지 못해 구원받지 못한 북녘땅의 수많은 영혼을 기억하시고 긍휼을 베푸시옵소서. 그들이 복음을 통해 기쁨과 소망을 얻게 하여 주시며, 마침내 복음으로 통일의 역사를 이루게 하옵소서. 전능하신 하나님께서는 홍해를 가르시고 바로와 느부갓네살의 마음을 바꾸시는 분임을 믿고 기도하오니, 너무 지체하지 마시고 이루어주옵소서.

우리에게 해방을 주신 하나님, 세계 유일의 분단국이라는 수치가 속히 씻어지게 하여 주옵소서. 북한에서 탈출하여 남한에 들어온 북한이탈 주민들이 남한 사회에 잘 적응하며 살아가도록 도우시며 신앙의 자유가 있는 땅에 왔사오니 예수 그리스도를 영접하고 복음의 삶을 살 수 있도록 인도해주옵소서.

예수님의 이름으로 기도하옵나이다. 아멘.

수요예배 기도문

감사 수요예배를 허락하신 하나님, 찬양을 통해서 마음이 열리게 하시고 마음 밭이 하나님 말씀을 받을 준비를 하게 하심을 감사드립니다.

은혜받는 예배 되기를 위해 오늘 감사한 마음으로 말씀을 듣겠사오니 이 말씀이 싹이 나고 자라서 열매를 맺게 하옵소서. 예배드리기에 힘쓰는 성도들에게 기쁜 일과 보람 된 일이 많아지게 하여 주옵소서. 기도는 영혼의 호흡이요 맥박이오니 기도로 우리 영혼이 건강함을 증명하게 하시며 기도의 기쁨을 깊이 체험하게 하여 주옵소서.

나라와 민족 이 민족을 사랑하시는 하나님, 이 민족이 하나님의 은혜와 사랑을 감사할 줄 아는 민족이 되게 하여 주옵소서. 이 땅에는 한때 강성한 힘을 자랑하다가 역사의 무대 저편으로 사라져버린 강대국도 많은데 이 작은 나라를 반만년 가까이 존속시켜주시고 놀라운 경제 성장과 민주화가 이루어지게 하신 것을 감사하게 하옵소서. 무엇보다도 복음을 주시고 그 복음이 잘 자라서 마을마다 십자가가 세워지게 하시고, 많은 선교사를 파송하게 하심을 감사하게 하옵소서.

이와 같이 감사할 때 경제발전의 발목을 잡고 있는 노사 간의 갈등과 다음 세대의 일꾼을 길러내는 교육 현장의 갈등, 세대 간의 갈등, 계층 간의 갈등과 지역감정까지도 극복할 수 있음을 믿습니다.

이 나라를 위해 목숨을 바친 순국선열 앞에 부끄럽지 않은 나라를 이루고 후손들에게 자랑스러운 유산을 물려주게 하옵소서. 우리의 교회가 이와 같은 일을 감당할 수 있도록 도와주시기를 바라오며 예수님의 이름으로 기도합니다. 아멘.

감사 하나님, 지난 3일 동안 지켜주시고 인도해주심을 감사드립니다. 예배하는 저희를 찾아와 만나주시고 저희를 향한 하나님의 소리를 듣게 해 주옵소서. 그리고 하나님께 응답하는 저희 되게 하옵소서.

예배 이 예배를 통해 저희 영이 힘을 얻게 하시고, 맑아지게 하여 주옵소서. 여러 가지 고난 중에 있는 성도들에게 이 예배가 문제 해결의 열쇠가 되게 하시고 다시 한번 도전할 수 있는 힘이 되게 하여 주옵소서.

교회와 성도를 위해 데살로니가교회의 교인들을 향해 "너희는 우리의 영광이요 기쁨이니라"고 하신 말씀을 기억합니다. 저희 교회도 그와 같은 말씀을 들을 수 있는 교회가 되기를 원하오니 믿음의 역사와 사랑의 수고와 예수님께 대한 소망의 인내로 그와 같은 성도들, 그와 같은 교회가 되게 하여 주옵소서.

또한 주님께서 저희를 향하여 세상의 빛이요 소금이라고 하신 말씀을 기억합니다. 이 땅의 교회와 성도들이 주위를 밝게 하지 못하는 빛, 짠맛을 잃은 소금이 되어가고 있는 것이 아닌가 두렵기만 합니다. 교회들의 불빛이 다시 한번 밝아지게 하시고 짠맛을 회복하여 썩는 것을 막는 소금이 되게 하여 주옵소서. 교회가 세상의 소망이 되게 하시고, 모범이 되게 하시고, 지친 영혼에게 안식의 항구가 되게 하여 주옵소서.

믿음 얻기를 위해 하나님, 저희에게 믿음을 더해주옵소서. 주님을 의지하고 주님을 바라보며 나아가는 믿음을 더해주옵소서. 믿음이 있어 흔들리지 않게 하시며, 믿음이 있어 항상 기뻐할 수 있게 하여 주옵소서.

예수님의 이름으로 기도합니다. 아멘.

수요예배 기도문

감사 저희의 예배드리는 모습을 기뻐하시고, 저희 기도 소리에 귀를 기울이시는 하나님, 곳곳에서 불협화음과 마찰음이 들리는 어지러운 세상에 예배드리는 집, 기도하는 집, 찬양하는 집인 교회를 주시어서 오늘 수요예배를 드리게 하심을 감사합니다. 주님을 찬양하고 하나님의 말씀에 귀를 기울이고, 마음을 합하여 기도할 수 있는 것이 얼마나 감사한 일인지, 얼마나 큰 은혜인지 알게 하여 주옵소서.

간구 예배드릴 때 우리 영이 맑아지고 마음의 풍랑이 가라앉고 나를 얽어매고 있던 근심과 염려의 끈이 다 풀어지며, 마음에 기쁨의 강물이 흐르게 하시고 영적인 눈과 귀가 열리게 하옵소서. 오늘의 예배를 마칠 때, 우리 속에 있는 어두움의 근심이 사라지고, 하늘의 평화로 우리의 마음이 지배받기를 소원합니다.

하나님, 우리는 이 땅에서 나그네이며 우리 모두에게 영원한 고향이 있는 것을 알게 하시고 하늘에 있는 영원한 도성을 사모하게 하옵소서.

가정 복음화 가족과 일가친척의 복음화를 위해 기도하오니 주여 도와주시옵소서. 어두움 가운데 있는 혈육들을 생각할 때마다 안타까운 마음 금할 수 없습니다. 혹여 우리의 그릇된 행실로 인해 구원받아야 할 영혼들 실족시키지 않게 하옵소서. 성령의 역사하심으로 굳어진 영혼들의 마음 문이 열리게 하시고 예수 그리스도를 영접하고 구원 얻는 복을 누리게 하옵소서. 모두의 가정이 사철에 봄바람 불어 잇는, 주님 모신 가정이 되게 하여 주옵소서.

예수님의 이름으로 기도드립니다. 아멘.

감사 저희를 소망의 항구로 인도하시는 하나님, 이 예배를 통해 그 항구의 불빛을 볼 수 있게 하여 주실 것을 믿고 감사합니다.

기도와 전도 우리의 구원이신 주님의 사랑은 갈구하는 만큼 은혜를 누리게 하시는 줄 믿습니다. 뜨거운 마음으로 주의 전에 나아온 저희를 기억하시고 믿음으로 구하게 하옵소서. 잘못 쓰려고 정욕으로 구하지 않게 하옵소서. 기도는 은혜를 받는 통로요, 믿음은 은혜를 담는 그릇이오니 기도와 믿음의 지경을 넓혀주옵소서.

주님은 잃은 양 한 마리를 찾기 위해 많은 수고를 아끼지 않으시며, 죄인 한 사람이 회개하는 것을 크게 기뻐하시는 분임을 생각하며, 전도를 위해 집중적으로 기도하고 또 나가서 전도에 힘쓰는 사람 되기를 소원합니다.

환경 보호 하나님께서는 천지를 만드시고 보시기에 좋았더라고 하셨고 피조 세계를 잘 관리하는 책임을 저희에게 주셨는데 그 책임을 다하지 못해 환경 문제가 날로 심각해지고 있습니다.

우리나라가 무서운 태풍, 유난히 잦은 비, 부족한 일조량, 적조, 이상 기후, 이와 같은 자연재해와 여러 가지 재난을 겪는 것도 우리의 허물과 부족 때문이오니 용서해주옵소서. 창조의 선하심을 회복하는 데 힘쓰게 하여 주옵소서.

이 예배가 하나님이 기뻐하시는 합당한 예배가 되기를 바라오며 예수님의 이름으로 기도하옵나이다. 아멘.

수요예배 기도문

간구 구원을 베푸시는 전능자이신 하나님, 이 땅에서 하나님의 뜻이 이루어지게 하여 주옵소서. 하나님의 뜻은 사랑과 평화와 공의이오니 미움이 있는 곳에 사랑이 넘치게 하시고, 분쟁이 있는 곳에 평화가 깃들게 하여 주시고, 불법이 있는 곳에 공의의 강이 흐르게 하여 주옵소서.

통일과 인류를 위해 특별히 남북으로 분단된 한반도가 하나님의 뜻에 따라 하나가 되기를 원합니다. 하나님은 인류를 하나의 가족으로 지으신 분이오니 인류가 힘을 합하여 협조하며 일하는 역사가 있게 하옵소서. 그러나 인류가 힘을 합하여도 감당하기 어려운 문제가 많습니다. 환경 보존 문제, 식량 문제, 인구 문제, 에이즈와 여러 가지 질병 문제, 그 밖의 문제들이 많습니다. 그뿐만 아니라 인류는 지금 전쟁과 갈등에 시달리고 있습니다.

오 하나님! 세계의 여러 나라, 여러 민족이 믿음과 희망으로 튼튼하게 뭉쳐서 이 어두움을 뚫고 나아갈 수 있게 해 주시기를 원합니다. 나라 안에서는 국민이 계층과 세대와 이념의 차이를 넘어서 손을 잡고 여러 가지 복잡한 문제들을 해결해 나아가게 하여 주옵소서.

예배 모든 성도가 수요예배의 중요성을 잘 깨닫도록 도와주시고 더 많은 성도가 참석하여 예배하는 은혜를 누리게 하옵소서. 모이기에 더욱더 힘쓰는 교회와 성도들이 되기를 원합니다. 수요예배를 통해서 해갈의 기쁨이 있게 하시고 만나를 맛보게 하시며 다시 한번 경건의 허리띠를 조이게 하여 주시옵소서.

예수님의 이름으로 기도합니다. 아멘.

감사 하나님 아버지! 지난 주일 예배 후 우리 성도들이 하나님의 보내심을 받아 세상에 나아가 세상 중에서 하나님을 섬기다 오늘 다시 하나님 앞에 나아와 경배와 기도를 드릴 수 있는 은혜 주셔서 감사를 드립니다. 이 시간 여기 오셔서 우리 예배를 받으시고 우리 기도를 들어주시옵소서. 우리를 만나주옵소서.

아버지의 이름을 위해 살았습니다 저희가 유혹받고 분주한 세상 중에서 살다 보니 부족한 것, 죄지은 것도 많았음을 이 시간 고백하오니 우리 죄를 사하여주옵소서.

그러나 주님! 부족한 중에도 하나님의 이름을 위해 살았으며 주의 영광을 위해 살았나이다. 세상에서 주의 이름을 높이기 위해 열심히 수고했으며, 주의 이름을 위해 손해도 기꺼이 감수했나이다. 주의 영광을 위해 기도를 쉬지 않았으며, 주의 명을 따라 항상 기뻐하며 살려고 애를 썼나이다. 때를 얻든지 못 얻든지 복음을 전했나이다. 이 모든 것이 주님의 은혜인 줄 믿고 감사드립니다.

아버지의 이름을 위해 살도록 이 시간 구하옵는 것은 죄악을 이기는 경건의 능력과 성결의 능력을 주옵소서. 자비의 능력을 주사 우리 주님을 닮아 거룩한 백성, 자비를 베푸는 백성 되게 하옵소서. 세상에 살지만 세상을 이기는 믿음을 주옵소서. 빛과 소금으로 세상을 섬기게 하옵소서. 주께서 우리에게 주신 사명을 감당하도록 깨어 있게 하여 주시고 성령의 권능을 주옵소서.

우리의 영원한 목자 되시며, 세상을 사는 데 조금도 부족함이 없도록 공급하시는 예수님의 이름으로 기도드립니다. 아멘.

수요예배 기도문

감사 하나님 아버지! 지난 3일 동안 하나님께서 주신 가정과 일터에서 힘써 일하다가 오늘 은혜 받으려고 이 자리에 나왔나이다. 우리에게 사랑하고 안식하며 보호받을 수 있는 가정 천국을 주신 은혜를 감사드립니다. 우리에게 좋은 부모 주시고 사랑하는 아내와 남편을 주셔서 감사합니다. 좋은 자녀들을 주셔서 감사합니다. 3일 동안 성도들의 가정을 지키시고 은혜 주셔서 감사드립니다.

성도들의 가정을 위해 하나님 아버지! 성도들의 가정을 위해 기도합니다. 부모님과 연로한 어른들을 잘 섬기지 못한 것 회개하며, 아내를 더욱 사랑하지 못한 것과 온전히 남편에게 순종하지 못한 것을 회개합니다. 자녀들을 복음으로 양육하기 앞서 공부에만 매달리게 했음을 회개합니다. 교회 안에 어려움 당하는 가족을 돌아보지 못함도 회개합니다.

가정들에 은총 베푸시기를 하나님 아버지! 가정을 하나님의 집으로 바로 세울 수 있도록 은총 베푸시기를 기도합니다. 교회가 앞장서서 부모와 어른들을 섬기는 본을 보이게 하옵소서.

집집마다 행복한 부부, 존경받는 부모, 효도하는 자녀 되게 하옵소서. 교회가 앞장서 결손가정들을 보듬을 수 있도록 은총을 베풀어주옵소서. 우리 영아들을 해외로 보내기보다는 우리가 기르도록 은총을 베풀어주옵소서. 교회가 가정을 적극적으로 돌보고 세워가 모든 집이 구원을 얻게 하옵소서. 온 땅 위의 가정들이 주님 기뻐하는 가정들 되게 하옵시며 이 일에 우리를 쓰시옵소서. 가정마다 천국 이루게 하소서.

예수 그리스도의 이름으로 기도드립니다. 아멘.

감사 주님! 저희가 하나님의 이름을 위해 가정과 직장에서 일하게 하시고 은혜 주시려고 여기 부르심 감사드립니다. 우리 가정에 생업을 주신 하나님께 감사드립니다. 생업을 통해 삶의 보람을 얻게 하시고 교회와 가정과 이웃을 섬길 수 있는 재물을 공급해주심을 감사드립니다.

감사치 못한 것을 회개 하나님 아버지! 그동안 우리에게 주신 생업의 터전인 직장을 하나님 주신 곳으로 여기지 못했던 것을 회개합니다. 주신 직장에 만족하지 못한 것과 직장 일에 소홀한 것과 전문지식 연마를 게을리한 것을 회개합니다. 직장 동료들을 사랑으로 섬기지 못해 직장 선교사로서의 사명 감당에 부족했던 것을 회개합니다. 용서해주옵소서.

일터 선교사 되기를 목수 일을 하면서 가정을 섬기고 이웃을 섬기셨던 주님! 우리도 주님 주신 직장에서 기쁨으로 직장을 섬겨 직장 선교사로서의 사명을 다하게 하옵소서. 성실하게 일하게 하옵소서. 전문지식을 쌓도록 지혜를 주옵소서. 동료들과 함께 살아가는 이웃을 복음으로 섬기고 사랑으로 섬겨 동료들이 구원에 이르도록 수고할 수 있는 은혜를 주시옵소서. 성도들의 생업에 더욱 풍성하게 복 주시옵소서. 영혼이 잘됨같이 생업도 잘되게 하여 주시옵소서. 특별히 직장을 잃어 어려움 당하는 이들에게 직장을 주사 주님 섬기는 일과 생업의 터전 삼을 수 있는 은혜를 주시옵소서. 목수의 아들로 세상을 섬기며 우리를 구원하신 주 예수 그리스도의 이름으로 기도드립니다. 아멘.

- 절기예배 기도문
- 헌신예배 기도문
- 교회예식 기도문
- 장례예식 기도문
- 부흥회 기도문
- 전교인 수련회 기도문

절기예배 기도문

(신년주일)

감사 새해를 주신 하나님, 참으로 부끄러운 삶을 살았던 저희에게 이처럼 새해를 주시오니 감사드립니다. 주님의 뜻을 이루기 위하여 살기를 원하였으나 그렇지 못하였습니다. 그럼에도 생명을 연장해주시고, 한 해의 삶에 대하여 포부를 갖게 하시니 감사드릴 뿐입니다.

회개 저희가 지나간 한 해를 뒤돌아볼 때, 허락하신 시간과 물질, 생의 온갖 은사를 허비하였습니다. 또한 게으름과 불충성으로 일 년을 보냈음을 고백합니다. 어리석게도 육신의 생활에만 골몰하고 세상일에만 분주했습니다. 하나님의 뜻을 멀리하고, 말씀을 저버린 일이 너무 많았습니다. 이 시간 저희의 모든 죄와 허물을 용서해주시옵소서.

결단 은혜와 사랑이 풍성하신 하나님, 허락하신 새해 아침에 새 결심을 하게 하옵소서. 새 희망 속에서 주님께 영광이 되는 일들을 계획하게 하옵소서. 먼저, 예배하는 생활을 바로 세워주시기를 원합니다. 무너진 신앙을 회복시켜주시고, 하나님 중심으로 살도록 이끌어주옵소서. 이 거룩한 아침처럼 저희의 모든 생활이 새롭게 되기를 원합니다. 올해에도 정녕 믿음에서 믿음으로 이르는 삶을 이루게 하옵소서.

교회를 위해 이 한 해도 교회에 복 주옵소서. 교회를 중심으로 성도들의 삶이 풍성해지는 은혜를 허락해주옵소서. 아버지께서 친히 저희의 기업이 되어주시고, 모든 성도의 가정 위에 풍요한 성장을 허락하셔서 믿음과 신앙으로, 물질과 건강으로 풍요함을 얻고 더욱 뜨겁게 주님을 사모하게 하옵소서.

예수님의 이름으로 기도드립니다. 아멘.

(신년주일)

찬양 새해 아침의 주인이 되시는 하나님, 영광을 받으시옵소서. 지난 한 해 동안도 저희 교회를 지켜주셔서 건강하게 성장하게 하시고 주의 백성과 각 가정을 지켜주셔서 믿음으로 승리케 하신 하나님을 찬양합니다. 올해에도 이 교회에 여러 모양으로 역사하실 하나님께 찬양을 드립니다.

회개 자비로우신 하나님, 새해 아침의 거룩함에 못 미치는 저희를 봅니다. 온갖 죄와 추함으로 더럽혀진 심령을 봅니다. 하나님의 영광을 제 것으로 탈취하며 살았던 날들을 고백합니다. 성령의 깨달음으로 죄악을 회개하게 하시고, 깨끗함의 은총을 누리게 해 주시옵소서.

간구 소망이 되시는 하나님, 지난해 어려웠던 모든 것을 씻어내고 새로 시작하는 복을 주시니 감사드립니다. 올해에는 하나님께서 베풀어주신 시간과 물질로 하나님께 드리는 삶을 살고 싶습니다. 아버지께서 기뻐하시는 뜻대로 사용되어지기를 원합니다. 하나님께서 도우셔서 다짐으로 그치지 않고 믿음으로 승리하게 하옵소서. 그리하여 늘 아버지 하나님과 함께하는 생활이 되기를 원합니다.

성도들을 위해 교회에 속한 주의 권속들이 주님의 말씀을 기억하며 신령한 일과 하나님 나라를 위해 힘쓰고 애쓰는 헌신이 있게 하여 주시옵소서. 또한 교회의 각 기관들도 교회를 세워가는 일에 아름답게 쓰임받게 하시고, 새로 임원의 직책을 맡은 이들에게 힘을 주셔서 허락하신 직분을 충실히 감당하게 하옵소서. 올 한 해도 사람마다 말씀의 능력이 넘치게 하시고, 영육 간에 강건하게 하옵소서.

예수님의 이름으로 기도합니다. 아멘.

절기예배 기도문

(고난주일)

찬양 독생자까지도 아끼지 않으신 하나님, 온 인류를 위해 갈보리에서 고통의 십자가를 지신 주님을 기억하며 찬양을 드립니다. 주님의 고난과 대속의 은혜를 생각할 때마다 죄인 되었던 우리를 사랑하신 주님의 사랑이 감격스러울 뿐입니다.

은총을 간구함 많은 사람이 각기 자기를 위하여 분주할 때, 주님께서는 저희를 위하여 스스로 고난을 원하셨습니다. 겟세마네 동산에서 핏방울을 흘려 기도하셨던 결단의 밤을 기억합니다. 고난주일을 맞이하는 저희 마음속에 진실로 고난의 의미를 깨우쳐주옵소서. 주의 자녀로서 빛이 되고 소금이 되게 하시어 주님께서 보이신 삶을 살게 하시고 주님의 고난을 저버리지 않도록 도와주시기를 원합니다.

결단 이 시간, 마가의 다락방에 모여 기도하고 예루살렘 거리로 풀어져 나갔던 제자들을 기억합니다. 저희가 바로 그들처럼 살아야 하겠사오니 도와주시옵소서. 슬픔에 젖어 낙심한 채 군중 속에 뒤섞여 눈치 보며 따라가는 비겁한 자가 되기보다는 주님의 십자가를 대신 지고 따라간 구레네 사람 시몬이 될 수 있는 용기를 주시옵소서.

이웃을 위해 사랑의 하나님, 고난의 현장인 갈보리에서 하나님의 일을 완성하신 예수님을 생각합니다. 이 예배의 시간에 예수님의 뒤를 따라 고난을 즐거워해야 할 저희의 실체를 깨닫게 하옵소서. 아직도 저희 이웃 중에는 많은 형제가 고통당하고 있습니다. 그들이 질병과 가난이라는 고통의 멍에를 지고 살고 있사오니 도와주옵소서. 우리 대신 십자가에 달리신 예수님을 바라보며, 그리스도의 남은 고난을 내 몸에 채워가는 삶을 살게 하옵소서.

예수님의 이름으로 기도드립니다. 아멘.

(고난주일)

감사 하나님 아버지, 거룩한 고난주일 아침에 십자가에서 나타난 주님의 사랑을 다시금 감사드립니다. 죽음을 아시고도, 죄인들의 구원을 위해 그 죽음을 향해 묵묵히 걸어가신 주님이셨습니다. 죄인 된 저희에게는 주님의 고난이 저희를 향한 그 크신 사랑이기에 오직 감사한 것뿐입니다.

경배 긍휼이 풍성하신 하나님, 흠이 없으신 하나님의 독생자 예수님께서는 불의의 재판을 받으셨습니다. 죄의 값으로 용서를 받아야 할 죄인이 오히려 무죄하신 주님을 재판하였습니다.

갖은 고초를 겪으시고 채찍을 맞으셨던 주님을 경배합니다. 야유와 침 뱉음 속에서, 무거운 형틀인 십자가를 지고 골고다까지 걸어가신 주님께 영광을 드립니다.

은총 받기를 위해 오직 주님께서 고통을 당하심은 저희를 위함이셨습니다. 간절히 바라옵기는 주님의 십자가가 주시는 은혜를 누리기 원합니다. 골고다 언덕, 갈보리의 보혈이 저희에게 허락하신 하나님의 은총인 것을 깨달아 알게 하옵소서. 이 세상 온 인류의 죄를 대속하시고자 행하신 하나님의 크신 사랑과 은총이 저희 것이 되게 하옵소서.

결단 구원의 역사를 쉬지 않으시는 하나님, 주님의 고난은 하나님의 일을 이루심이었습니다. 이 고난주일의 예배를 통해서 저희에게 결단의 은혜를 허락해주옵소서. 부족한 저희이지만, 교회를 통해서 주님이 앞서가신 길을 뒤따르게 하시고, 그리하여 하나님의 뜻을 이루어 드리기 위해 무엇에든지, 어떤 일에든지 순종으로 섬기게 하여 주옵소서. 온몸과 온 마음을 드려 하나님의 일을 이루어 드리게 하옵소서.

예수님의 이름으로 기도드리옵나이다. 아멘.

절기예배 기도문

(부활주일)

영광 할렐루야! 십자가에 달리셨던 예수 그리스도께서 죽음을 이기시고 부활하게 하신 하나님께 영광을 드립니다. 믿는 자들의 생명이 되시는 예수님의 승리는 하나님의 승리였습니다. 부활하신 생명의 이 아침에 영광과 찬미를 하나님께 드립니다.

회개와 다짐 용서의 하나님, 주님의 부활이 성경대로 이루어진 사실임을 입으로는 말하지만, 저희는 성경대로 살지 못하였음을 고백합니다. 성경대로 이루실 하나님을 기대하기보다는 저희의 생각에 따라 행동해왔음을 고백합니다. 믿음보다는 인간의 의지를 더 따랐던 저희의 불신앙을 용서해주옵소서. 간절히 간구하오니, 부활절을 맞아 저희의 옛사람을 죽이고 십자가에 장사지냄으로 새 형상으로 거듭나게 하여 주옵소서.

간구 불신앙의 자세에서 담대한 믿음을 갖게 하시기를 원합니다. 성경대로 살아가는 용기로 충만케 하시고 부활의 확신과 구원의 감격으로 날마다 살아가게 해 주옵소서. 오늘부터 새롭게 주님을 증거하는 생활이 되도록 인도해주시며 남을 미워하고 질투하는 모습에서 서로를 용납하고 사랑하는 마음으로 새로워질 수 있도록 도와주시옵소서.

이웃을 위해 연약한 이들을 세우시는 하나님, 저희 중에는 아직도 고단한 삶을 사는 이들이 있습니다. 슬픔에 잠긴 성도, 여러 가지 문제로 고민하는 성도에게 인내를 선물해주시고, 이기게 도와주시옵소서. 아울러 믿음이 약하여 흔들리는 성도들이 부활하신 주님을 영접하여 온전히 새롭게 지음 받게 해 주시옵소서.

죽음의 권세를 이기신 예수님의 이름으로 기도드립니다. 아멘.

(부활주일)

찬양 자비로우신 하나님, 그 한없는 사랑에 감사드립니다. 예수님의 부활을 기념하는 예배로 저희를 불러주신 하나님을 찬양합니다. 주님의 부활은 하나님께서 저희에게 주신 최고의 선물입니다. 저희의 신앙이 승리할 것을 보증해주시니 찬양을 드리지 않을 수 없습니다. 저희 모두가 환희와 소망으로 주님을 찬양합니다.

예배 예배하는 이 시간에 홀로 영광을 받아주시기 원합니다. 구원받은 사실 하나로 감사와 찬양의 삶을 살아야 함에도 불구하고 쉽게 잊고 배반하는 우리를 거룩한 보좌 앞에 예배하게 하시니 감사합니다. 드려지는 예배가 하나님 받으시기에 기뻐하시는 온전한 예배가 되게 하시고, 예배하는 모든 심령이 신령한 은혜를 누리는 복된 예배가 되게 하여 주옵소서.

주님의 죽으심은 저희를 위함이셨고 주님의 다시 사심도 저희를 위함이셨습니다. 이제, 부족한 저희를 하나님 나라를 위하여 헌신하는 삶을 살도록 이끌어주시옵소서.

나라 이 나라와 민족을 위하여 기도합니다. 어두워진 이 나라의 형편을 아시는 하나님께서 복음의 능력으로 이 어려운 위기를 이겨나갈 수 있도록 도와주옵소서. 나라를 사랑하여 희생하는 국민이 되게 하옵소서. 부활의 기쁨과 주님의 은총이 온 나라에 가득하게 하옵소서.

은총 받기를 위해 이기게 하시는 하나님, 아버지께서 허락하지 않으시면 우리는 아무것도 할 수 없는 연약한 인생들입니다. 이 좋은 아침에 함께 예배해야 할 지체들이 여러 가지 형편 때문에 함께하지 못하였사오니, 그들을 불쌍히 여기사 모든 문제를 해결해주시옵소서.

예수님의 이름으로 기도드립니다. 아멘.

절기예배 기도문

(부활주일)

감사 예수님을 죽음에서 다시 살리신 하나님, 주님의 다시 사심으로 우리에게 부활의 소망을 주시오니 감사드립니다. 영광의 부활절을 맞이하는 이 아침에 주의 이름을 찬양합니다.

회개 자비로우신 하나님, 연약한 저희가 부활의 주님께서 저희와 함께하심에도 불구하고 주님이 없는 삶을 살았습니다. 이 모든 것이 주님에 대한 의심과 두려움으로 말미암았사오니 용서해주옵소서. 간절히 바라옵나니, 믿음이 부족함을 불쌍히 여겨주시고, 굳건한 믿음을 갖게 해 주시옵소서.

결단 부활절로 인하여 이제 일어나 의심과 두려움을 떨쳐버리고 부활의 증거자로 나설 수 있게 하옵소서. 오직 주님만이 인간의 죄를 해결해주실 수 있음을 고백하게 하시고 주님의 십자가에 죄의 본성과 고집스러운 자아를 못 박아 새로운 영으로 거듭나게 하시옵소서. 여기에 모인 주님의 자녀들이 진정한 부활의 감격을 누리는 자가 되게 하여 주시옵소서.

예배 영광 가운데 계신 하나님, 주님의 부활을 찬양하는 예배를 드립니다. 예배의 진행되는 순서순서에서 받으실 영광을 누리시옵소서. 예배를 통하여 성도들 각자에게 주신 은사로 더욱 하나 되게 하시며, 하나님의 뜻에 꼭 합한 교회가 되기 위해 헌신하는 저희가 되게 하옵소서.

공동체 사랑이신 하나님, 주님의 권속들이 주님의 음성에 민감하게 반응하게 하시옵소서. 그리하여 세상과 타협하지 않으며, 주님의 발자취만 따라감으로써 제자의 삶을 살게 하옵소서. 이 민족도 부활의 주님을 만남으로 신실하고 정직한 백성이 되게 하옵소서.

다시 사신 예수님의 이름으로 기도드립니다. 아멘.

(어린이주일)

찬양 전능하시고 위대하신 하나님, 푸른 하늘이 더욱 푸르게 보이는 5월 아침, 저희에게 자녀를 낳고 기르는 복을 주신 하나님께 감사의 찬양을 드립니다. 어린아이를 키우는 일이 때로는 힘들고 어렵기도 하였으나, 하나님은 아이들로 즐거움을 누리게 하셨습니다.

예배 가정을 허락하시고, 자녀들에게 복 주신 하나님을 온전히 높여드리는 예배가 되기를 원합니다. 예배의 진행 가운데, 자녀를 주신 하나님의 은혜를 기억하며, 그들을 바로 보는 지혜를 허락해주옵소서. 말씀을 전하기 위해서 단 위에 세우신 목사님을 장중에 붙잡아주시고, 하나님의 말씀이 온전하게 선포되게 하여 주시옵소서. 그 말씀에 저희는 '아멘'으로 화답하게 하시고 그 말씀으로 저희 가정이 다스림 받게 하시옵소서.

어린이들을 위해 어린아이를 사랑하시는 하나님, 주님께서 저희에게 선물로 주신 귀중한 자녀들을 주의 계명과 법도로 잘 교육하게 하셔서 저희 자녀가 하나님 나라의 역군으로 성장하게 하시기를 원합니다. 참으로 원하옵기는 죄악과 방탕의 유혹이 범람하는 이 험한 세상에서 저희 자녀를 지켜주시고, 주의 지팡이와 막대기로 인도해주소서.

저희 교회에서 자라는 어린이들의 마음 밭에 주님의 복음과 진리의 씨앗을 뿌려주시고, 성령의 크신 능력으로 가꿔주시어 그들의 영과 육이 건강하게 성장할 수 있도록 도와주시옵소서. 저희 부모들이 자녀를 보살피고 교육할 때 신앙적인 분위기 속에서 자라날 수 있도록 신앙의 모범을 보이는 부모들이 되게 하옵소서.

어린이들을 사랑하시는 예수님의 이름으로 기도드립니다. 아멘.

절기예배 기도문

(어버이주일)

영광 소중한 가정을 허락해주신 하나님, 우리의 각 가정을 지켜주신 하나님께 영광을 드립니다. 하나님은 가정의 참 주인이십니다. 이 땅에 가정 제도를 세우시고, 가족을 위하여 헌신하는 부모들을 있게 하심을 감사드립니다.

회개 어떤 사람이든지 부모의 헌신과 사랑 없이 자라지 않은 사람이 없음을 고백합니다. 그러나 자녀 된 우리가 부모의 사랑을 모르고 분주하다는 핑계로 부모의 은혜를 잊고 살았던 죄를 고백합니다. 저희의 어리석음을 용서하여주옵소서. 어버이 주일을 지키면서 잊었던 부모님의 사랑과 헌신을 바로 보게 하옵소서.

예배 경배를 받으셔야 할 하나님, 예배드리러 모인 성도들 모두가 하나님을 찬양하게 하옵소서. 저희 모두가 서로 사랑하는 가운데 하나님의 이름만 높이는 예배가 되기를 원합니다. 예배의 순서순서에서 영광을 받으시고 저희에게는 가정과 가족의 소중함을 깨닫게 하여 주옵소서. 예배를 통해서 주님의 사랑과 복이 날마다 더하는 가정들이 되게 하여 주시옵소서.

축복 우리 자녀들에게 부모를 더욱더 공경할 수 있는 마음을 주옵소서. 늘 자녀를 위하여 기도하는 이 땅의 부모들의 기도를 들으시고 속히 응답해주옵소서. 특별히 영육의 건강을 주시고 모든 일에 복을 주시어 주님의 은혜와 평강 속에 살아가게 해 주옵소서. 가족들이 믿음으로 하나 되어 주님의 사역에 동참하여 하나님의 사랑을 받고 칭찬받게 하옵소서.

예수님의 이름으로 기도드립니다. 아멘.

(성령강림주일)

감사 거룩하신 하나님, 오순절 성령강림의 역사를 허락하시고, 교회를 세워주신 은혜와 성령을 통하여 교회 위에 역사하시고 섭리하신 은총을 감사드립니다.

회개 사죄의 은총을 허락하시는 하나님, 성령의 감동하심을 따라 순종의 삶을 살지 못한 저희의 연약한 믿음을 용서해주옵소서. 성령의 인도보다는 저희의 고집으로 살아왔던 지난 시간이었습니다. 미혹의 영에 이끌려 탐욕스럽고 방자하기 그지없을 때, 성령의 도우심으로 멸망에서 벗어났음을 깨닫습니다. 이후에도 성령께서 저희를 떠나지 마옵시고 길이길이 함께하사, 죄의 종노릇 하지 않게 하옵소서. 의의 종이 되게 해 주옵소서.

예배 성령강림 주일을 맞이하여 온전히 드려지는 예배가 되기를 원합니다. 찬양으로 시작된 예배의 진행을 하나님께서 친히 주관해주옵소서. 그리하여 저희에게서 받으셔야 하는 영광을 거두시기를 원합니다. 이 시간에 말씀을 전할 목사님에게 성령의 기름을 부어주시옵소서. 선포되는 말씀으로 저희의 굳은 심령을 찔러 쪼개어, 치료와 위로와 변화가 임하는 놀라운 시간이 되게 하여 주옵소서. 예배의 진행을 위하여 여러 모양으로 충성하는 귀한 일꾼들을 붙들어주옵소서.

은총 받기를 위해 좋은 것으로 채우시는 하나님, 성령의 밝은 빛으로 저희 심령을 채워주시옵소서. 주님의 뜻을 온전히 분별하며 세상의 악한 권세를 이기는 선한 싸움의 승리자가 되게 하여 주시옵소서. 눈동자와 같이 지키시는 성령님께서 모든 고통에서 자유함을 얻게 하시고, 기쁨으로 주님을 찬양할 수 있는 삶이 되게 하여 주옵소서.

예수님의 이름으로 기도드립니다. 아멘.

절기예배 기도문

(종교개혁주일)

영광 우주 만물에 충만하신 하나님, 홀로 한 분이신 하나님의 영광을 온 세상에 나타내주옵소서. 이 시간 온 교회와 성도들이 드리는 영광의 찬양을 받으시옵소서.

회개 우리의 더러워진 심령을 주님 앞에 내어놓습니다. 성령의 깨끗게 하시는 은혜로 죄악을 씻어주옵소서. 오늘, 지난 시간의 종교개혁을 말하기 전에, 저희가 개혁되어야 함을 고백합니다. 고쳐져야 할 것을 알면서도 고치지 못하는 어리석은 저희입니다. 하나님이 앉으셔야 할 자리에 앉아 영광을 도적질하고, 섬겨야 하는 직분을 오히려 명예를 누리는 것으로 착각하며 살아온 죄를 고백하오니 새로워지는 은혜를 주옵소서.

예배 주님의 전에 나아와 살아계신 주님을 찬양하며 영광을 돌리게 하신 은혜를 감사드립니다. 주님의 교회를 성령의 권능으로 세우셨사오니, 이 예배도 성령께서 인도해주시어 예배를 드리는 심령마다 순서의 흐름에서 나타나는 하나님의 영광을 보게 하시며, 성령의 능력을 체험케 하여 주옵소서. 설교하는 목사님을 붙잡아주시고, 찬양대원들에게도 한 성령으로 역사하옵소서. 그리하여 주의 은혜를 사모하는 사람마다 성령의 충만함을 받게 하시고 주님의 크신 은총을 깨닫게 하옵소서.

성도들을 위해 자비로우신 하나님, 종교개혁 기념 주일을 맞이하여 세속과 죄악에 찌든 저희 심령이 성령의 능력으로 깨끗해지고 새사람 되기를 원합니다. 주님의 영광을 위해 창조된 저희는 주님 안에서만 살 수 있으며 주님 안에서만 안식이 있는 줄 고백합니다. 주님을 나타내기 위해 철저히 자신을 죽이는 삶을 살게 해 주옵소서. 예수님의 이름으로 기도합니다. 아멘.

(추수감사주일)

찬양·감사 만물로 풍성하게 하시는 하나님, 우주와 만물을 창조하신 하나님의 이름을 찬양합니다. 땅의 모든 것들과 땅 아래, 물속의 모든 것들로 저희를 먹이시고, 입히시며, 땅의 풍성한 소산을 허락하심을 감사드립니다.

회개 때를 따라 추수기를 주셔서 우리의 생활을 도우시며 풍성하게 하시니 주의 은혜에 언제나 감격할 따름입니다. 아버지께서는 철을 따라 땅의 소산을 값없이 허락하셨으나 저희는 주님 앞에 떳떳하게 내놓을 만한 결실을 맺지 못했음을 용서해주옵소서. 능력이신 하나님, 우리의 부족함을 아시오니 열매 맺는 삶을 살 수 있도록 인도해주옵소서.

예배 이 시간 하나님의 베푸신 은혜를 감사하며 드리는 예배의 순서에 복을 내려주시기 원합니다. 이날을 위하여 미리 예물을 준비한 자녀들에게 예비하신 복을 허락하옵소서. 예배드리는 성도들의 손길에 복을 주셔서 신령과 진정으로 예배드리게 하여 주시옵소서. 정성을 다하여 드리는 예배를 기뻐 받아주옵소서. 목사님의 말씀에 성령께서 함께하시기를 원합니다. 말씀의 능력이 나타나 예배하는 이들이 위로받게 하시고 순종하는 믿음을 갖게 하옵소서.

영적 추수 땅에 심긴 씨앗이 싹터 자라나 풍성한 열매를 맺듯이 저희의 믿음 또한 크게 자라고 번창하여 충실하고 풍성한 열매를 맺어 추수하게 하옵소서. 그동안 땀 흘려가며 가꾸고, 노력하고 수고한 결실을 거두는 이 좋은 절기를 맞아서 육의 양식은 물론 영의 양식도 풍성히 추수할 수 있는 은혜를 내려주시옵소서.

예수님의 이름으로 기도드립니다. 아멘.

절기예배 기도문

(추수감사주일)

경배 은혜로우신 하나님, 온 들이 오곡으로 풍성하고, 나무마다 과실이 열리게 하심을 감사드립니다. 산천초목이 하나님의 은혜로 풍성한 열매를 거두어들이고 있습니다. 땅을 기름지게 하사 곡식을 주시고, 시절을 좇아 열매를 맺게 하심은 저희를 향하신 하나님의 인자하심입니다.

회개 날마다 은혜로 살기에 감사가 풍성해야 하건만 그렇게 하지 못했던 저희의 삶을 용서해주옵소서. 이 아침에도 사실은 죄로 얼룩진 마음을 갖고 주님의 전에 나아왔습니다. 하나님을 영화롭게 해드리지 못하고, 자신의 만족함을 위해서 분주했던 어리석음을 용서해주시고, 저희를 성결케 하사 예배드리기에 합당한 심령이 되게 하여 주시옵소서.

예배 감사제로 예배하게 하신 하나님, 인색한 마음에 감사를 느끼게 하심을 정말로 감사드립니다. 눈을 뜨고 일어나는 것부터 감사한 일인데, 그것을 잊고 살았습니다. 오늘의 예배로 감사의 삶이 이어지게 하옵소서. 순서에 따라 말씀을 전할 목사님을 붙잡아주옵소서. 그리하여 하나님의 말씀이 선포될 때 능력이 나타나게 하옵소서. 찬양대원들이 심령을 다해 드리는 찬양으로 영광을 받으시옵소서. 이 예배를 위하여 여러 일꾼이 섬기고 있사오니 그들과 함께하시옵소서.

간구 아버지 하나님, 성령의 인도하심 속에서 저희의 신앙도 살찌게 하시고 주님의 거룩하신 뜻을 실현할 수 있는 복된 삶이 되게 하시기를 원합니다. 저희의 생각과 계획을 미리 아시는 성령께서 철저하게 이끌어주시고 주관하여주시옵소서.

예수님의 이름으로 기도드립니다. 아멘.

(추수감사주일)

감사 우리의 삶을 인도하시는 하나님, 부족한 저희에게 감사절을 구별하여 예배하게 하시니 참 감사드립니다. 때마다, 일마다 함께하시며 이렇게 풍성한 열매를 보게 하신 하나님께 감사의 찬양을 드립니다.

예배 오늘은 특별히 정한 날에, 추수를 감사하는 추수감사예배를 드리오니 열납해주옵소서. 이 시간 예배에 참석한 저희 모두가 주님의 은혜를 충만히 받는 시간이 되게 하옵소서. 말씀을 증거하는 목사님을 성령의 능력으로 지켜주시고, 주님이 친히 임재하시는 복된 예배가 되게 하옵소서. 저희는 아직도 연약하오니 달음박질하여도 곤비치 않는 신앙을 소유할 수 있도록 성령의 능력으로 채워주시옵소서. 어떠한 시련 속에서도 굴하지 않고 능히 이기고 나갈 수 있는 믿음을 심령 가득히 채워주옵소서.

나라를 위해 역사를 통치하시는 하나님, 이 나라와 이 백성을 위해 간구합니다. 고난과 역경만을 거듭해온 이 민족을 기억해주시기를 원합니다. 어서 속히 삼천리강산이 복음으로 물들게 하시고, 사람들의 가슴마다 주님의 사랑으로 불타게 하시기를 원합니다. 이 민족의 가슴마다 하나님의 사랑과 평화가 넘치는 복된 나라가 되게 하옵소서.

교회를 위해 저희 교회의 성도들에게 복을 주시옵소서. 그리하여 주님을 믿고 따르는 놀라운 역사가 있게 하시기를 원합니다. 저희 교회에 속한 어린이로 시작하여 어르신에 이르기까지 순간순간을 하나님 앞에서 온전한 모습으로 살아갈 수 있는 은혜를 주옵소서.

예수님의 이름으로 기도드립니다. 아멘.

절기예배 기도문

(성서주일)

영광 만유를 다스리시는 하나님, 오늘은 이 땅의 모든 그리스도인이 성서주일로 지키는 날입니다. 저희에게 생명의 말씀을 책으로 주신 날을 기념하며 하나님께 예배하려 합니다. 이 아침에, 성경으로 말미암은 영광을 하나님 홀로 받으시옵소서.

회개 말씀을 주신 하나님, 하나님의 계획하심대로 말씀을 가까이하지 못했던 저희를 용서해주시기를 원합니다. 이 말씀을 저희의 글로 주기 위해서 참으로 많은 종이 헌신했건만 저희는 이 말씀을 소중히 여기지 못하였습니다. 성경을 읽고, 묵상하는 일을 좋아하게 하옵소서. 성경을 통해서 하나님을 영화롭게 해드리는 저희가 되게 하옵소서.

예배를 위해 사랑이 많으신 아버지, 말씀이 우리 가운데 거하게 하시려는 하나님의 은혜가 충만한 주일입니다. 이제 신령과 진리로 예배드리게 하시며, 이 자리에 모인 성도들이 성경책의 귀함을 깨닫게 하여주옵소서. 드려지는 예배가 마칠 때까지 하나님의 권세와 능력이 나타나기를 원합니다. 설교하는 목사님을 비롯한 예배를 위해 헌신 된 일꾼들이 하나님의 원하심에 따라 수고하게 하옵소서.

간구 우리 글로 말씀을 주신 하나님, 세계 성서주일에 새로운 결단이 있게 하시기를 원합니다. 우리에게 주신 말씀을 만나를 먹듯이, 메추라기를 대하듯이 가까이하여 생명의 삶이 풍성하게 되도록 인도해주옵소서. 저희의 예배 가운데 하나님의 영광이 성령으로 함께하옵소서. 죄인의 구원을 위해 생명의 말씀을 책으로 주셨음에 감사와 영광을 드리는 예배가 되게 하시고, 성경을 주신 하나님만이 영광을 받으시옵소서.

예수님의 이름으로 기도드립니다. 아멘.

(성탄절)

감사 사랑의 하나님, 독생자 예수님을 세상에 보내주신 은혜를 감사드립니다. 예수님이라는 생명에 이르는 길을 선물로 받았사오니 감사로 하나님 앞에 나아가게 하옵소서.

회개 이 시간 부족한 저희가 주의 전에 나아와 자신을 돌아봅니다. 예배할 만큼 거룩하지 못한 삶이었습니다. 빛과 소금으로 살아야 하는 세상에서 오히려 자신의 유익만을 추구하는 데 급급했습니다. 이웃을 섬기지 못하고 섬김받기를 바랐던 부끄러움을 고백합니다. 용서해주시옵소서.

예배를 위해 이 자리에서 예배하는 모든 심령의 마음과 뜻이 하나님께 합당하게 하소서. 오늘도 생명의 말씀을 듣고 단 위에 선 목사님을 성령의 능력으로 붙들어주시기를 원합니다. 목사님이 대언하는 하나님의 말씀이 주님의 안식과 평안을 맛볼 수 있는 은혜의 말씀이 되게 하여 주옵소서.

공동체를 위해 우리의 머리털까지 세시는 하나님, 이 시간에도 근심 중에 있는 성도들과, 병고로 고생하는 형제들에게 위로와 치유의 은총을 허락해주옵소서. 신앙의 회의로 주저하는 이들에게는 성탄의 믿음을 주시고, 이런저런 어려움 중에 있는 성도들을 각기 그 형편과 처지대로 위로하시고 격려하시며 인내하는 소망을 갖게 하시옵소서.

이웃을 위해 일터를 잃고 방황하는 이들이 많습니다. 가난함 때문에 올겨울이 유난히 추운 이들도 있습니다. 그들이 성탄의 기쁨이 맛보게 하옵소서. 이 일을 교회가 감당할 수 있게 하옵소서.

평화의 왕이신 예수님의 이름으로 기도드립니다. 아멘.

절기예배 기도문

(성탄절)

찬양 구원의 은혜를 베푸신 하나님, 온 인류를 위하여 이 땅 위에 아들을 보내신 하나님의 은혜를 감사드립니다. 구원 얻은 모든 이로부터 감사의 찬양을 받으시옵소서. 성탄절 예배를 드리는 마음이 감사로 가득 차게 해 주옵소서.

회개 주님께서는 저희의 죄악으로 인하여 하늘과 땅의 통로가 막힌 절망의 역사 속에 오셨습니다. 주님의 오심은 새 소망의 길을 열어 만인의 구세주가 되심이며, 사망의 길로 내려가던 인생에게 새로운 진리를 가르치사 천국 길로 인도하심입니다. 그러나 저희는 아직도 죄악에서 헤매고 있습니다. 이 시간 다시 한번 저희에게 임하시어 주님을 가장 높고 귀한 보좌에 모시고 살게 하옵소서.

예배를 위해 예배의 주인이신 하나님, 베들레헴의 낮은 말구유에 가난하게 오신 주님을 기리려고 이렇게 모였습니다. 여기에 함께한 성도들의 마음 문을 열어 주님의 탄생을 축하하게 하여 주옵소서. 그 옛날의 목자들처럼, 동방의 박사들처럼 새 왕의 오심을 맞이하는 예배를 드리기 원합니다. 하나님은 성탄절의 주인이십니다. 영광을 받으시옵소서.

교회를 위해 주님을 경배한 저희를 다시 세상으로 보내주시기 원합니다. 아직도 어두움 속에 있는 뭇 영혼들에게 저희를 보내주옵소서. 선한 사마리아 사람처럼 고통당하는 이웃에게 진정한 이웃으로 다가갈 수 있는 주의 백성이 되게 하옵소서.

그리하여 이번 성탄절은 하늘의 영광 보좌를 버리시고 죄로 인해 고통받는 인간을 구원하시기 위하여 성육신하신 주님의 사랑이 곳곳에 스며드는 기쁜 성탄절이 되게 해 주옵소서.

사랑의 실천자이신 예수님의 이름으로 기도합니다. 아멘.

(성탄절)

경배 성탄의 은총을 주신 하나님, 하나님께서 비천한 몸으로 오신 그 사랑이 얼마나 큰가를 우리로 하여금 기억하게 하시옵소서. 지금은 하늘에서 생명의 구주로서 저희를 다스리고 계신 주님을 기억합니다. 이 백성이 주님의 사랑을 신뢰하고 그의 현존 속에서 살게 하시고, 그의 영광에 동참케 하시옵소서.

예배를 위해 경배받으실 하나님, 첫 번 성탄절의 그 새벽이 되기를 원합니다. 저희가 드리는 이 예배가 황금과 유향과 몰약처럼 진실하고 값진 정성으로 하늘 보좌에 상달되게 하옵소서. 주님이 탄생하신 성탄절에 잠들어 있던 베들레헴을 주의 천사들이 일깨웠듯이 잠들어 있는 저희의 생명을 이 시간 일깨워주시기를 간절히 원하옵고 기도합니다.

이웃을 위해 이 성탄의 기쁜 소식이 온 세상에 널리 퍼지게 하시기를 원합니다. 아직도 암흑과 죄악에서 신음하고 있는 북한의 형제들에게도 임하셔서 그들에게도 생명의 소식이 전해지기를 원합니다. 간절히 바라오니 동토에 하나님의 성령이 속히 임하도록 역사해주옵소서. 그리하여 온 나라와 백성이 한마음으로 드리는 찬송과 감사가 온 세상에 퍼져나가게 도와주시옵소서.

공동체를 위해 성탄절을 위하여 애쓰고 헌신한 많은 손길 위에 크신 은혜를 내려주시고 이 예배를 기쁘게 받아주시옵소서. 이 기쁜 성탄에 온 성도들 가정에 놀라운 복을 내려주시고 참여하지 못한 성도들에게도 함께하옵소서. 아직도 이 성탄의 기쁨을 모르는 저희 이웃에게도 구주께서 임하셔서 밝은 빛으로 그들을 비추어주옵소서.

다시 오실 예수님의 이름으로 기도드립니다. 아멘.

절기예배 기도문

(송년주일)

영광 시간의 주인이 되시는 하나님, 처음과 나중이 되시는 하나님의 영원하심을 찬양합니다. 세초부터 세말까지 도우시며, 때마다 순간마다 인도해주신 하나님께 감사와 영광을 드립니다.

예배 한 해를 보내며 12월 마지막 주일을 송년 주일예배로 드리오니 받아주옵소서. 지나온 날들을 돌아보며 감사할 조건을 찾아 감사의 마음으로 예배하게 하시고, 흠 없는 온전한 예배를 드릴 수 있게 하여 주옵소서.

소원의 간구 올 한 해를 살아오면서 남겨 놓은 부끄러운 모습들을 용서해주옵소서. 하나님 앞에 다짐했던 일들이 많으나 게으름으로 인해 못다 한 일들이 있습니다. 모든 일에 최선을 다하는 성실함을 허락해주옵소서. 새로운 해에는 더 새롭게 되어 주님의 일에 열심을 갖게 하옵소서. 올해 기도한 것 중에서 응답받지 못한 것들은 다시 기도하게 하시고 올해 열매 맺지 못한 일들을 내년엔 꼭 열매 맺게 하여 주시옵소서.

북한 동포를 위해 자비로우신 하나님, 이 민족이 아직도 분단의 아픔을 겪고 있습니다. 오랜 공산 정권의 압제하에서 영육 간 기갈에 처한 북한 동포들을 불쌍히 여겨주시고 그들을 구원해주옵소서.

나라를 위해 이 사회에도 주님의 통치가 속히 이루어지기를 원합니다. 개인적으로나 국가적으로 부정과 불의와 온갖 죄악 된 일이 하늘을 뒤덮고 있사오니, 속히 이 사회를 성령의 권능으로 치료해주셔서 건전하고 바른 가치관이 정립될 수 있도록 은총을 허락해주시옵소서. 예수님의 이름으로 기도드립니다. 아멘.

(송년주일)

감사 위대하고 크신 하나님, 복된 삶으로 한 해를 살게 하신 은혜를 감사드립니다. 한 해를 보내는 아쉬움도 있지만 새로운 해를 허락하신 주님께 감사드립니다. 새로운 해에는 주님이 어떻게 인도하시고 은혜 내려주실까 기대하며 살게 하옵소서. 한 해를 보내는 이들의 마음을 주님께서 인도해주옵소서.

결단 우리로 하여금 남은 기간도 감사하며 보내게 하시고 새 술은 새 부대에 담는다고 하셨으니 새해를 기도로 준비하게 하옵소서. 해가 바뀌면 우리의 믿음도 더욱더 성장하기를 원합니다. 새로운 해에는 주님의 사랑과 섭리를 더욱더 깨달아 주님의 일에 열심을 내게 하여 주시옵소서.

예배 예배로 한 해를 시작하였고, 오늘의 예배로 한 해를 마감합니다. 지난 일 년을 돌아보면서 신령과 진리 가운데 예배를 드리게 하옵소서. 예배당 가득히 주님의 영광이 채워지기를 원합니다. 오늘도 성령을 의지하고 말씀을 선포하시는 목사님을 권세 있게 하시옵소서. 그리하여 귀 기울여 말씀을 듣는 모든 자들이 성령의 역사하심을 체험하고 은혜받는 시간이 되게 하옵소서. 예배를 돕는 손길들이 있습니다. 성령을 의지하며 말씀에 순복하고자 하는 아름다운 믿음을 받아주시고, 주님 앞에 더욱 귀하게 쓰임받는 종이 되게 하여 주시옵소서.

성도들을 위해 우리와 함께하시는 하나님, 가정의 화목을 원하시는 주님께서 함께하시기를 소원하고 기도합니다. 모든 가정마다 복을 내려주옵소서. 어려움에 처한 가정들을 더욱더 주님의 사랑으로 붙들어 주시고 잘 이겨 나아갈 수 있게 하옵소서.

예수님의 이름으로 기도드립니다. 아멘.

헌신예배 기도문

(제직회)

찬양 거룩하신 하나님, 하나님의 은혜로 구별된 자들이 주의 전에 나아와 찬양과 영광을 드립니다. 저희에게 특별히 성일을 주시어 주님을 경배하며 주님 품 안에서 지내게 하시고, 제직들이 헌신을 다짐하여 예배드리게 하심을 감사드립니다.

회개 전능하신 하나님, 저희가 주님 앞에서 부끄럽게 지냈던 모습을 용서해주옵소서. 주님의 일을 맡은 일꾼이라 하면서도 하나님의 뜻을 헤아리는 데 부족하였습니다. 하나님께는 영광이 되고, 교회는 부흥이 되어야 하는데 그렇게 헌신하지 못했습니다. 일할 기회는 많았건만 그때마다 핑계를 대며 충성을 다하지 못하였던 죄를 용서해주옵소서.

예배를 위해 교회를 이끄시는 아버지 하나님, 여전히 부족한 저희를 다시금 제직으로 삼아주심을 감사드립니다. 충성하라고 다시 한번 기회를 주신 줄 아오니 헌신예배를 통해서 좋은 일꾼으로 세워지게 하옵소서. 하나님께서 친히 예배를 주관해주시고, 순서를 담당한 이들에게 지혜 주시기를 원합니다. 말씀을 전하러 오신 강사 목사님을 은혜와 진리로 이끄시고, 저희를 위하여 준비한 말씀을 증거하게 하옵소서.

결단 저희에게 더욱 믿음을 주셔서 주의 보좌 앞에 나아가도록 이끌어주시기를 원합니다. 큰 사명을 지고 교회의 기둥답게 교회의 살림을 꾸려가는 것을 기쁨으로 삼게 하시기를 간절히 기도드립니다. 부족한 종들이지만 저희의 기도와 헌신으로 말미암아 교회의 사명을 완수하도록 믿음 주시고 구제와 봉사, 복음 전파 등의 일을 잘 감당할 수 있도록 함께해주옵소서.

예수님의 이름으로 기도드립니다. 아멘.

(남전도회)

감사 사랑의 하나님 아버지, 남전도회를 세워주시고, 우리를 남전도회 회원으로 봉사하게 하시오니 감사드립니다. 이 교회와 하나님 나라 확장을 위해 남전도회를 사용하시려는 하나님의 계획이 있음을 감사드립니다. 하나님 나라를 위하여 남전도회가 앞장서고, 모든 제직과 성도님들이 뜻을 합하는 교회가 되게 하시기를 원합니다. 남전도회 회원 모두가 주의 선한 사업에 동참할 수 있도록 인도해주시옵소서.

회개 그동안 하나님께서 저희 남전도회 회원들에게 일을 맡겨주셨건만 저희는 그 소임을 다하지 못하였습니다. 하나님 앞에 서기에 심히 부끄럽습니다. 저희 죄를 용서하시고, 이 시간의 헌신예배로 말미암아 새로워지는 은총을 허락하옵소서.

말씀 은혜로우신 하나님, 오늘 이 헌신예배를 위해 주님께서 귀히 쓰시는 목사님을 보내주셔서 말씀으로 은혜받을 기회를 주시니 감사합니다. 이 시간 강단에서 주의 말씀이 선포될 때, 성령으로 함께 역사하셔서 남전도회원들과 성도들에게 새 힘을 불어넣는 은혜와 능력의 말씀이 되게 해 주옵소서. 예배의 순서가 진행되는 가운데 남전도회원들이 은혜로 충만해져서 더욱 헌신을 다짐하는 감동이 있게 하옵소서.

남전도회와 교회를 위해 오늘의 헌신예배를 통하여 마음이 무장되게 하시고 이 결단이 올 한 해 동안 변하지 않도록 지켜주옵소서. 남전도회원이 온 교회 앞에서 예배와 봉사와 선한 사업의 본이 되게 하시고, 남전도회가 해야 할 모든 사업이 하나님의 영광을 드러내게 하옵소서. 남전도회를 통해 교회가 뜨거워지고 크게 부흥하는 역사가 있게 해 주옵소서.

예수님의 이름으로 기도드립니다. 아멘.

헌신예배 기도문

(남전도회)

감사 하나님의 놀라운 사랑과 은총에 감사와 찬송을 드립니다. 죽을 수밖에 없는 죄인들을 불러 하나님의 귀한 백성을 삼아주신 사실을 잊지 않게 하여 주옵소서. 그리하여 죄 가운데 방황하는 저희에게 구름 기둥과 불기둥으로 인도하여주신 극진한 사랑에 깊이 감사드리는 삶을 살게 하옵소서. 하나님의 의로운 오른손으로 우리를 돌보시어 죄악이 만연한 세상 가운데서 신앙의 힘으로 승리할 수 있도록 도와주옵소서.

예배를 위해 하나님 아버지, 지금은 남전도회원들이 마음과 뜻과 정성을 모두어 일꾼으로 부름을 받은 사명을 다짐하는 헌신예배를 드립니다. 이 시간 드리는 예배가 하나님께는 큰 영광을 돌리며 저희에게는 한없는 은혜의 시간이 되게 하여 주옵소서.

간구 이 시간 헌신을 다짐하는 귀한 복음의 역군들에게 성령의 능력과 지혜와 명철을 허락해주옵소서. 주님의 몸된 교회를 위하여 봉사하며 또한 무슨 일을 하든지 하나님의 영광을 위하여 일하는 귀한 존재가 될 수 있도록 인도해주옵소서. 오늘도 예배 속에서 흡족한 은혜의 단비를 내려주시고 이 은혜를 간직하고 증인으로서의 사명을 다하는 모든 회원이 되게 하옵소서.

나라와 민족을 위해 이 민족을 향하신 아버지 하나님의 뜻이 온전히 이루어지게 하옵소서. 이를 위하여 남전도회 회원들이 선하게 사용되기를 원합니다. 이 땅의 복음화와 통일을 위해서, 나라와 교회를 위해서 썩어지는 밀알이 되게 하옵소서. 그리고 꿋꿋이 전진하는 신앙인으로 승리하게 하옵소서.

예수님의 이름으로 기도드립니다. 아멘.

(여전도회)

경배 크고 위대하신 하나님의 이름 앞에 무릎을 꿇게 하시고, 그 이름에 합당한 경배를 드리게 하옵소서. 헌신하기로 다짐한 여전도회원들이 하나님의 이름을 경배하는 예배가 되게 해 주옵소서.

회개 은혜가 풍성하신 아버지, 하나님의 교회를 위해 여전도회의 회원으로 부르심에 응답하기 위해 여러 가지 사업을 계획해 놓았으나 제대로 이루지 못하였음을 고백합니다. 가정을 돌보며 아이들 키우는 일에 분주하여 하나님의 일에 소홀했음을 고백합니다. 주님의 일을 등한히 여긴 믿음 없음을 용서하시고 이 예배를 통해 우리의 우선순위가 바뀌게 하시옵소서.

예배를 위해 오늘의 여전도회 헌신예배를 인도하는 회장님에게 주님의 능력을 덧입혀주셔서 주님의 귀하심을 그대로 나타내 보이게 하시며, 설교하는 목사님에게는 지혜를 주시고 주님의 장중에 붙들어주셔서 능력의 말씀을 전파하게 하시옵소서. 이 예배를 통해서 그동안 주님을 위해 충성치 못한 나태한 저희 여전도회원들의 심령이 변화 받아 새로워지게 하옵소서.

결단 이 땅에 세우신 교회를 통하여 택한 자들을 부르시고 또한 구원 얻은 이들 가운데 다시금 선택하셔서 일하게 하시는 하나님, 여전도회의 회원으로 부름받았사오니 숨은 봉사와 헌신을 통해 부르시고 세우신 주의 뜻을 이루어드리게 하옵소서. 저희는 연약한 여성이지만, 땅끝까지 이르러 내 증인이 되라고 하신 말씀대로 저희가 복음을 들고 국내는 물론 온 세계 땅끝까지 갈 수 있는 담대한 믿음을 주옵소서.

예수님의 이름으로 기도드립니다. 아멘.

헌신예배 기도문

(여전도회)

영광 주의 날을 구별하여 한자리에 모이게 하신 주님의 성호를 찬양합니다. 저희 연약한 여전도회원들이 드리는 헌신예배가 이 시간에 주님의 이름을 크게 나타낼 수 있게 해 주옵소서.

하나님의 이름과 권위에 맞는 영광을 드리는 예배이게 하옵소서.

예배 우리에게 예배받으시기에 합당하신 하나님, 헌신을 다짐하며 드리는 이 예배가 하나님께 상달되게 하시고 하나님께 충성하기로 거듭 다짐하는 시간이 되게 하시옵소서. 결코 한 사람의 회원도 주님의 일에 게을리하다가 책망받지 않도록 일깨워주옵소서. 이 시간 함께 예배드리는 온 성도의 심령 속에 주님을 찬양하는 은혜로 가득 채워주시옵소서.

공동체를 위해 저희와 언제나 동행하여주시는 하나님의 사랑에 감사드립니다. 온 성도가 하나님의 백성으로 부족함 없이 지내게 하시옵소서. 이를 위하여 저희 여전도회원들이 성도들을 섬기게 하시옵소서. 그리고 저희 기관에서 계획한 모든 사업이 차질 없이 믿음으로 실행되기를 원합니다.

간구 좋은 것으로 응답해주시는 하나님, 저희가 한 아내로서 한 어머니로서 믿음으로 남편을 내조하고, 자녀를 양육하며 가정에 충실한 여인으로서 그 본분을 다하게 하시고, 여전도회 회원으로서, 교회의 봉사자로서 주님의 일에 충성하는 지혜로운 여인들이 되게 하옵소서. 주께서 제자들의 발을 씻어 섬김의 본을 보여주신 것같이 주님을 본받아 겸손함으로 다른 사람을 위하고 섬기며 사랑하게 하옵소서.

예수님의 이름으로 기도하옵나이다. 아멘.

(구역장 · 권찰)

감사 주인이신 하나님, 주님을 따르는 이들이 끝까지 온몸을 바쳐 한 길로 나아가기 원합니다. 주님을 섬길 수 있는 시간을 주시오니 감사와 찬송과 경배를 드립니다.

구역장·권찰 자비로우신 하나님, 구역장과 권찰로 세우신 저희를 복음의 기수로서 청지기의 사명을 다하게 이끌어주옵소서. 사랑이 메마른 이 땅 위에 사랑을 실천하고자 하는 뜨거운 심정을 품게 해 주시옵소서. 특별히 저희에게 귀한 달란트를 주셔서 일꾼으로 봉사할 수 있도록 이끌어주시니 주님의 그 크신 사랑에 응답하여 충성으로 섬기게 하옵소서.

사명을 감당하기 위해 하나님 아버지, 비록 한 달란트가 우리에게 주어졌더라도 불평하지 않게 하옵소서. 또한 핑계하지 않고 바로 선용할 줄 아는 책임감과 성실함으로 주님을 섬기게 하옵소서. 미련한 저희가 하나님의 원리를 바로 터득하여 예리한 분별력으로 하나님의 사랑을 알게 하옵소서. 이로써 작은 일에 충실하며, 그것이 귀한 것임을 알도록 이끌어주시옵소서.

미천한 저희를 불러서 주님의 자녀 삼아주시고 이전에 세상과 마귀를 찬양하던 입술을 정케 하사 주님을 찬송하는 새 노래, 구원의 노래를 부르게 하신 은혜를 감사드립니다.

저희 각자에게 주신 사명을 온몸과 마음을 다하여 성실히 수행하므로 하나님을 기쁘시게 하는 삶이 되게 하시옵소서. 그리하여 가정과 사회와 세계를 향하여 하나님의 진리를 외치게 하여 주옵소서.

예수님의 이름으로 기도합니다. 아멘.

헌신예배 기도문

(교사)

찬양 영광의 주가 되시는 하나님, 날마다 우리의 짐을 지시는 구원의 하나님을 찬양합니다. 하나님을 영화롭게 해드리기를 사모하며 살게 하심 또한 감사와 찬양을 드립니다. 하나님께서 저희를 지으신 목적을 따라 찬송을 부르며 살게 하옵소서.

회개 사랑이 풍성하신 하나님, 먼저 저희의 죄를 고백합니다. 저희를 충성되이 여기셔서 가르치는 일을 맡겨주셨음에도 불구하고 제대로 가르치지 못하였습니다. 올바른 가르침을 위해서 준비된 교사가 되었어야 했건만 게으름으로 그렇게 하지 못한 죄를 고백합니다. 이 시간에 저희의 잘못된 가슴을 제단 숯불로 뜨겁게 하시어 좋은 일꾼으로 바뀌는 교사들이 되게 하옵소서.

예배를 위해 오늘의 헌신예배를 주관하시는 하나님, 이 한 시간의 예배 순서에서 주님께 영광을 드리게 하여 주옵소서. 간절히 바라옵기는 예배의 순서가 진행되는 가운데 성령 하나님의 감동으로 저희가 새롭게 세워지기를 원합니다. 저희를 격려하기 위해서 말씀을 들고 단 위에 선 목사님을 능력에 능력으로 덧입혀주셔서, 선포되는 말씀에 무릎 꿇는 저희가 되게 하시옵소서.

교사들을 위해 저희를 특별히 구별하여 하나님의 말씀을 가르치는 교사의 직분을 주셨사오니 저희가 말씀을 가르치는 소리를 발할 때, 어린이들의 심령이 살아나게 하옵소서. 주님께서 맡기신 어린 생명들을 섬기고 수고하는 일에 기쁨을 갖게 하시며, 충성을 다하여 사명을 감당하도록 이끌어주옵소서.

좋은 교사의 본이 되신 예수님의 이름으로 기도드립니다. 아멘.

(찬양대)

감사 전능하신 하나님, 주님을 찬양할 수 있는 찬양대원으로 세워주심을 감격하며 하늘의 영광을 가슴에 담아 헌신을 결단하는 마음으로 예배하려 합니다. 찬양대원들이 뜻을 같이하여 주님께 헌신과 충성을 다짐하는 예배에 기쁨으로 참여케 하시니 감사드립니다.

결단 이 예배를 드리면서 주님이 저희에게 맡기신 사명이 얼마나 중요하고 귀중한 것인지를 다시 한번 깨닫게 하시고, 찬양의 도구로 새롭게 거듭나는 시간이 되게 하옵소서. 모든 대원이 언제나 구속받은 은총의 감격과 특별한 은사를 받은 데 대한 기쁨을 갖고 찬양하게 하옵소서. 찬양할 때, 저희의 모든 것이 다 주님께 드려지게 하시고, 형식적이거나 가식적인 찬양이 되지 않게 하여 주시옵소서. 항상 향기로운 제물을 주님께 드린다는 정성 된 마음으로 찬양하게 하시며, 오직 하나님을 사랑하고 감사하여 주님을 찬양하게 하옵소서.

예배를 위해 예배자를 찾으시는 하나님, 이 시간 찬양대원뿐만 아니라, 모든 성도가 헌신을 다짐하는 예배로 드리기를 원합니다. 찬양대 헌신예배를 통하여 온 교회가 주님께 헌신을 새로이 결단하게 하옵소서. 함께한 성도들이 예배할 때, 하나님께 영광이 되기를 간절히 원합니다. 이 시간 사회를 맡은 장로님, 말씀을 증거하는 목사님, 여러 순서를 맡은 이들에게 하늘의 능력을 덧입혀주옵소서.

찬양대원들을 위해 찬양대원들이 항상 경건에 이르는 연습을 게을리 하지 않게 하시고, 예배 생활도 흐트러짐이 없게 하여 주시옵소서. 더욱 주님의 말씀을 가까이하고 기도할 수 있는 믿음을 주시옵소서. 예수님의 이름으로 기도합니다. 아멘.

헌신예배 기도문

(청년 · 대학부)

경배 위대하고 강하신 하나님, 주님의 이름 앞에 새벽이슬같이 여기시는 청년들이 헌신예배를 드립니다. 저희에게서 받으셔야 하는 경배를 받아주옵소서. 진심으로 하나님 앞에서 새벽이슬처럼 맑고, 힘차게 살아 주님을 경배하는 젊은이들이 되게 하소서.

회개 헌신을 결단하는 예배 앞에서 저희의 죄를 고백합니다. 새벽이슬과 같아야 할 젊은이의 모습을 잊고 지냈던 것을 용서해주옵소서. 청년의 고결함과 용기를 잊고, 적당함을 즐기며 지냈습니다. 이 시간의 예배를 통해 죄악 된 길에서 떠나게 하여 주시옵소서.

예배 사랑의 하나님, 부족한 저희의 헌신을 받아주시기를 원합니다. 드려지는 예배로 하나님은 영광을 받으시고, 저희는 주님의 일꾼으로 새롭게 세워지게 하옵소서. 하나님의 사람들을 세우셨던 것처럼, 저희가 이 시대에 하나님의 사람으로 세워지게 하옵소서. 주님의 청년들에게 기름 부음이 있기를 원합니다.

오늘, 단 위에 세우신 목사님을 붙잡아주셔서 준비한 말씀을 마음껏 전할 수 있도록 도와주시옵소서. 특별히 마련된 여러 순서도 하나님의 영광을 나타내는 도구가 되게 하옵소서.

청년들을 위해 이 땅을 향하신 하나님의 소망이 젊은이들을 통해서 나타나게 하옵소서. 이제 저들은 겸손히 머리를 숙여 하나님 앞에 나아와 주님을 찾는 가슴이 되게 해 주옵소서. 그리하여 하나님을 아는 일에 힘써 참된 것을 보게 하여 이 땅에 그리스도의 새로운 문화를 만들게 하시옵소서.

예수님의 이름으로 기도합니다. 아멘.

(중 · 고등부)

찬양 신실하신 하나님, 혼란스러운 시대를 사는 저희 중,고등부 학생들이 하나님을 알아 섬기는 믿음을 주셔서 세속에 물들지 않고 하나님께 마음을 두고 살게 하심을 찬양합니다.

우리에게 귀한 배움의 기회를 주시고 좋은 교회와 귀한 믿음의 선배들과 늘 기도하는 모든 성도를 허락하신 하나님을 찬양합니다.

간구 어린 시절부터 지금까지 하나님께서 보호하시고 인도하심으로 신앙생활을 하게 하셨사오니 이 믿음 변치 않게 하옵소서. 우리 교회로 하여금 우리의 신앙을 잘 지도받게 하셨사오니 우리도 하나님 나라의 일꾼으로 바로 서게 해 주옵소서.

저희를 위하여 기도하는 모든 이의 기도의 힘이 있음을 알고 더 열심히 배우고 성장하기 위해 노력하게 하옵소서. 그리하여 교회를 통해서 온전한 기독 학생으로서의 자리를 지켜가게 하옵소서.

결단 오늘 드리는 중,고등부 헌신예배에 복을 내려주시기 원합니다. 이 예배로 말미암아 주님의 자녀 된 저희에게 거룩한 결단이 있게 하옵소서. 저희가 키와 몸이 자랄 뿐만 아니라 믿음도 자라고 생각하는 마음도 자라서 하나님께서 원하시는 인물이 되겠다는 소망을 품게 하여 주옵소서.

소망의 하나님, 저희에게 밝고 아름다운 꿈을 허락해주시기를 원합니다. 주님께서 주신 꿈을 위해 노력하고 인내하게 하시옵소서. 이로써 그 꿈이 이루어질 때 하나님께는 영광이 되고, 교회는 부흥하며, 우리 모두에게는 진실된 기쁨이 넘치게 하옵시고, 새 일을 일으키는 믿음을 허락하여 주옵소서. 예수님의 이름으로 기도드립니다. 아멘.

교회예식 기도문

(세례식)

감사 생명의 주 하나님, 저희를 죄악 가운데서 건져주시고, 믿음으로 살게 하심을 감사드립니다. 하나님의 사랑을 입어 택함받은 주의 백성이 주님을 영접하고 양육받아 오늘 세례를 받게 되었습니다. 주님의 놀라우신 사랑을 인하여 감사드립니다. 하나님의 자녀들이 신앙을 고백하고 세례받을 때, 하나님의 기름 부으심이 있게 하옵소서.

예식을 위해 세례식으로 하나님께 영광 돌리기를 원합니다. 이 예식을 성삼위 하나님께서 집행하여주시고, 집례하는 목사님에게 권능을 더하여주시기를 원합니다. 세례받는 지체들은 물세례만 받는 것이 되지 않게 하시고, 성령의 충만함을 받게 하여 주옵소서. 그리하여 육에 속했던 옛사람은 예수님과 함께 죽게 하시고, 그리스도와 함께 새사람으로 다시 살게 하옵소서.

결단 좋으신 하나님, 교회에 세례식을 허락하시고, 이 예식으로 온전한 성도가 되게 하심을 감사드립니다. 오늘 세례에 임하는 이들이 교회 앞에서 하나님의 자녀가 되었음을 공표할 수 있는 믿음을 주시니 감사드립니다. 이들에게 오늘의 예식을 통해서 새로운 결단이 있게 하시고 죄의 병기로 살지 않게 하시고 의의 병기로 온전히 하나님께 드려지게 하옵소서. 과거의 삶을 청산하고 주님 안에서 새로운 삶을 시작하게 하옵소서.

공동체를 위해 오늘 세례를 받는 지체들이 앞으로 살아가면서 의의 핍박도 수없이 만날 텐데 그때마다 주님의 도우심으로 승리하게 하옵소서. 온 성도들은 이들을 사랑하고 신앙이 아름답게 성장하기를 위하여 계속해서 기도로 돕고 살필 수 있게 하옵소서. 저희와 함께 주님의 몸을 이루게 하옵소서. 예수님의 이름으로 기도하옵나이다. 아멘.

(유아 세례식)

찬양 어린아이에게 복을 주시는 하나님, 귀한 생명을 선물로 주시고 특별히 이들에게 세례를 베풀 수 있는 은혜 주시니 찬양과 영광을 돌립니다.

유아세례를 받는 이들을 위해 사랑의 하나님, 오늘 세례받는 어린이들에게 복 내려주시기를 원합니다. 부모의 신앙을 통하여 오늘 세례를 받는 어린아이들이 주님의 품에서 자라게 하옵소서. 육체적으로도 건강하게 하시고, 하나님의 은혜가 그 위에 머무르게 하옵소서. 부모의 신앙고백에 따라 세례받는 어린이들이 성장하여 자신의 의식과 신앙으로 직접 예수님을 구세주로 영접하기까지 하나님을 떠나지 아니하도록 보호해주옵소서.

어린이의 부모들을 위해 어린 생명을 선물로 주셔서 이제까지 키우느라 수고한 부모들에게 복을 주시옵소서. 자녀를 키우면서 하나님 앞에서 자기 자녀 이전에 주님께 영광을 드리기를 소망하는 부모들에게도 이 예식이 거룩한 기쁨이 되게 하옵소서. 하나님께 위탁받은 자녀들을 하나님 나라의 귀한 일꾼으로 양육시킬 수 있는 믿음을 주시고 자녀들을 위해 무릎으로 살게 하옵소서.

교우들을 위해 교회를 인도하시는 하나님, 저희에게 어린 생명을 맡겨주시니 참으로 감사합니다. 유아세례를 받는 모든 아이를 믿음 안에서 자녀 삼는 교회가 되기를 원합니다. 모든 성도가 그들에 대한 신앙적 양육을 돕게 하옵소서. 내일의 하나님 나라를 위하여 오늘 저희에게 허락하신 사명을 다하게 하시옵소서.

교회의 머리가 되시는 예수님의 이름으로 기도드립니다. 아멘.

교회예식 기도문

(성찬예식)

감사 아들을 주신 하나님, 성찬을 제정하시고 주께서 재림하실 때까지 믿는 자들로 하여금 이 예식을 지켜 행하게 하심을 따라 이 예식을 거행합니다. 거룩한 성찬예식으로 주님의 몸에 참예하게 하심을 감사합니다. 이 시간에 저희가 성찬을 나눌 때 죄인 된 우리를 위해 몸과 피를 아낌없이 내주신 주님의 그 크신 사랑을 기억하고, 그 일의 증인이 되기를 다짐하게 하옵소서.

예식을 위해 감사의 성례전을 베푸신 하나님, 오늘 저희가 성찬 예식으로 구속의 위대한 사역을 베푸신 하나님의 놀라운 은총에 참여하게 하시옵소서. 구속하신 주의 사랑에 대한 감사의 성례가 되게 하옵소서. 또한 이 예식이 하나님께서 인류의 창조와 구속을 위해 이루신 모든 아름다운 행위에 대한 감사와 찬양의 제사로 치러지게 하옵소서. "나를 기념하라"고 하신 주님의 말씀대로 예수님을 기념하게 하옵소서.

간구 자비로우신 하나님, 이 거룩한 예식을 통하여 십자가의 수난을 당하시고 부활하신 주님의 희생을 회상하기 원합니다. 주님 부활의 승리와 성찬에 담긴 귀하신 교훈을 되새기게 하옵소서. 더 이상 죽음을 통한 희생 제사를 드릴 필요가 없게 된 저희, 자기 몸을 거룩한 산 제사로 드리며 살게 하옵소서.

교우를 위해 하나님 아버지, 온 성도가 떡과 잔을 나누면서 하나님의 자녀로 인침을 받는 역사를 체험하게 하옵소서. 주님의 자녀가 된 계약을 확인하는 의식이 되게 하옵소서.

예수님의 이름으로 기도하옵나이다. 아멘.

(목사 안수식)

영광 사람을 세우시는 하나님, 저희의 목자장이신 주님을 따라 헌신하려는 이들의 생애를 받으시옵소서. 오늘 거룩하고 복된 목사 안수식에 하나님은 영광을 받으시고, 안수받는 종들에게는 하늘의 능력을 덧입혀주옵소서. 그동안 소정의 기간을 통해서 종으로 연단을 받고, 목사의 직분으로 기름 부어 세워주시는 것을 생각할 때 영광을 하나님께 드립니다.

감사 하나님 나라를 위하여 일꾼을 세우시는 하나님께서 이 땅의 많은 사람 가운데 선택하여 하나님의 자녀가 되게 하시고, 특별히 성별해서 훈련받게 하셨습니다. 저들이 오늘에 이르도록 이끌어주신 놀라우신 은혜와 사랑 그리고 그 섭리에 대하여 감격할 수밖에 없습니다. 귀한 종들을 기름 부어 세우시는 이 시간 성령으로 뜨겁게 역사하여주옵소서.

안수받는 이들을 위해 거룩하신 하나님, 오늘 안수를 받음으로 목사가 되는 이들의 생애에 함께하옵소서. 저들이 목사라는 이름으로 사역할 때, 하나님의 마음에 합한 종이 되게 하옵소서. 저들의 삶을 통하여 하나님의 선하시고 온전하시고 기뻐하시는 뜻을 이루어드리게 하옵소서. 주님과 같이 양 무리를 아끼고 사랑하는 선한 목자가 되게 하옵소서.

교우들을 위해 하나님께서 주님의 나라와 교회를 위해서 새롭게 일꾼을 삼으셨으니, 온 성도는 주님의 보내심으로 새로 안수받은 목사를 영접하게 하시고, 지도받기를 기뻐할 수 있게 하옵소서. 바울과 같이 주께서 맡겨주신 복음 전파 사업을 위해 생명까지 아끼지 않는 충성된 종이 되기를 위해 성도들의 기도가 끊이지 않게 하옵소서. 예수님의 이름으로 기도합니다. 아멘.

교회예식 기도문

(목사 위임식)

감사 전능하신 하나님, 오늘까지 저희 교회를 지켜주시고, 복음을 위해 사용해주심을 감사드립니다. 저희에게 OOO 목사님의 위임식을 허락하시니 감사드립니다. 온 성도들이 겸손하고 사랑하는 마음으로 목사님을 위임목사로 받게 하여 주시옵소서. 이 예식을 통하여 하나님은 영광을 받으시고 저희 교회는 굳건해지도록 복을 내려주시옵소서.

예배 교회를 사랑하시는 하나님, 하나님 나라의 잔치인 위임식 예배를 영화롭게 해 주시옵소서. 저희에게 기쁨을 허락해주옵소서. 특별히 순서를 맡은 목사님들에게 하늘의 능력을 입혀주시고, 그 순서들의 진행으로 영광을 드리는 예배가 되게 하옵소서. 이 위임식을 위하여 여러 모습으로 섬기는 이들이 있습니다. 그들의 봉사를 받아주시고 더욱더 하나님을 위하여 헌신하는 일꾼들이 되게 하시옵소서.

위임받는 목사를 위해 이 예식으로 말미암아 위임을 받으시는 OOO 목사님이 하나님 능력의 오른팔에 꼭 붙들려서 사용되는 도구가 되게 하여 주옵소서. 이 교회를 지도하는 동안, 그의 눈을 주님께 고정하고 살든지 죽든지 그리스도만 존귀케 하는 종이 되게 하옵소서.

교회를 위해 하나님 아버지, 저희 교회가 더욱 힘 있는 교회가 되게 하여 주옵소서. 오늘 위임받는 OOO목사님의 지도를 받으며 살아갈 때 복을 누리게 하시기를 원합니다. 주님께서 늘 저희 교회를 붙잡아 주시고 약해질 때 새 힘 주시기를 원합니다. 그리고 하나님의 힘 있는 손에 붙들려서 일하는 성도들의 공동체가 되게 하시옵소서.

예수님의 이름으로 기도드립니다. 아멘.

(목사 은퇴식)

찬양 영광 중에 계신 하나님, 오늘 OOO 목사님의 은퇴식 예배를 드리게 하심을 감사드립니다. 존경하는 목사님이 맡은 사역을 아름답게 감당할 수 있음은 하나님의 은혜입니다. 오늘 은퇴하시는 OOO 목사님이 하나님 나라와 주님의 몸된 교회를 위하여, 하나님의 뜻을 이루기 위하여 오직 한평생을 선한 목자로서의 삶을 살 수 있도록 도우신 하나님의 그 크신 은혜를 찬양합니다.

감사 교회를 인도하시는 하나님, 교회를 위하여 자신의 삶을 바치신 목사님의 지도 속에 이 교회가 부흥되어 왔음을 감사드립니다. OOO 목사님의 삶이 저희 성도들의 모습 속에 녹아있음을 감사드립니다. 이제, 목사님의 은퇴 이후에도 저희가 배우고 은혜를 누렸던 그 신앙으로 살아가도록 이끌어주옵소서.

은퇴하시는 목사님을 위해 사랑하는 OOO 목사님이 거룩한 은퇴식으로 말미암아 더욱 능력을 덧입는 종이 되게 하시며, 남은 생애를 더 아름답게 살아 드리게 하옵소서. 눈물과 기도로 사역해오던 교회에서 뒤로 물러나 주님께서 주시는 더 큰 일을 하는 종이 되게 하시기를 간절히 원합니다.

예배를 위해 아버지 하나님, 거룩한 시간을 허락하셔서 예배드릴 수 있게 하시니 감사드립니다. 이 예배로 하나님은 영광을 받으시고 은퇴하는 노 목사님에게는 위로의 시간이 되게 해 주옵소서. 이 시간에 예배 의식을 통해서 하나님과 신령한 교제를 갖게 해 주시기를 원합니다. 거짓 없는 진실된 마음을 주사 신령과 진정으로 예배하게 하옵소서. 이 한 시간의 예배가 하나님께만 영광이 되기를 원하오며 예수님의 이름으로 기도드리옵나이다. 아멘.

교회예식 기도문

(원로목사 추대식)

경배 영원히 영광을 받으실 하나님, 저희 교회와 저희를 위하여 OOO 목사님을 주신 하나님을 경배합니다. 저희를 아버지의 형상대로 지으시고 하나님의 지혜와 능력과 자비로 세워주셨습니다. OOO 목사님은 부족한 저희를 목양하며 한 평생을 드렸습니다. 충성스러운 종의 섬김을 통해서 오늘 저희 교회가 든든히 서 있습니다. 하나님은 영광을 받으시고, OOO 목사님은 위로받게 하옵소서.

예배 OOO 목사님을 원로목사로 추대하면서 예배를 드립니다. 하나님 나라를 위하여 목회의 현장에서 평생을 바친 목사님입니다. 참 아름다운 종을 저희 교회에 허락하시고, 그의 헌신으로 교회가 부흥된 것을 생각할 때, 감격할 따름입니다. 이 예배를 하나님께서 주장해주시고, OOO 목사님의 원로목사 추대식이 교회에는 큰 기쁨이 되게 하옵소서.

추대되는 목사를 위해 하나님 아버지, 주님의 귀한 종이 하나님 나라를 세워가는 일에 삶을 드리며 살아오게 해 주심을 감사드립니다. 원로로 추대받는 OOO 목사님이 남은 생애를 참 원로로서 저희 뒤에 있기를 간절히 소망합니다. 교회를 돌보느라고 그동안 소홀했던 자신을 돌아보아 건강을 유지하시는 일에 힘을 기울이게 하시며, 개인적으로 꿈을 성취하시는 삶을 허락해주시기를 원합니다.

교회를 위해 좋으신 하나님, 이제는 교회의 현장에서 뒤로 물러나 하나님의 더 큰 일에 몰두할 수 있는 은혜를 주옵소서. 그리하여 저희와 교회의 위치를 바로잡아주시고, 목사님이 목회 현장에서 하시던 성업을 이어가게 하옵소서.

예수님의 이름으로 기도드립니다. 아멘.

(장로 장립식)

찬양 우주 만물을 다스리시는 하나님, 이 시간에도 우리의 반석이 되시는 여호와 하나님을 찬양합니다. 하나님의 그 손으로 이 교회가 보호함을 받아 부흥되었습니다. 여기까지 인도해주신 하나님을 찬양합니다.

감사 여호와 하나님, 오늘처럼 좋은 날을 주시니 감사드립니다. 하나님의 교회를 든든히 세우기 위해 헌신된 주의 종들을 택하여 장로로 기름 부음 받게 하심을 진심으로 감사드립니다. 여기에 모인 모든 성도가 새 노래로 노래하며 주님을 찬양하게 하옵소서. 이 교회에 복을 주시고 장립 받는 장로님들은 받은 직분을 신실하게 감당하게 하옵소서.

장립자들을 위해 기름 부으시는 하나님, 새로 장립 받는 이들이 교회를 돌보며 교우들을 살피는 일에 힘써야겠사오니 그들의 가정과 사업을 하나님께서 책임져주옵소서. 이전보다 더욱 산업이 풍성해져서 하나님의 일을 하는 데 어려움이 없게 하시고 하나님 허락하신 형통한 삶으로 하나님의 영광을 드러내게 하옵소서. 간절히 바라오니, 성령으로 충만하고 사랑이 넘치는 장로님으로 세워주옵소서. 모든 양 무리의 본이 되게 하옵소서.

교회를 위해 은혜로우신 하나님, 주님의 몸된 교회를 사랑하여 장로님들을 세워주심을 감사합니다. 기름 부어 세우신 장로님들로 인하여 우리 교회가 더욱 생동하며 전진하고 빛을 발하는 교회 되게 하여 주시옵소서. 이들이 세워짐으로 교회는 부흥하고, 하나님의 영광이 더 크게 선포되기를 원합니다. 오늘 장립 받는 장로님들이 그 영광 된 이름에 합당하게 살아 모든 성도에게 본이 되게 하시며, 기도의 자리를 지켜 성도들의 힘이 되게 하옵소서.

예수님의 이름으로 기도합니다. 아멘.

교회예식 기도문

(장로 은퇴식)

감사 사랑의 하나님, 예수님의 피로써 세워진 교회를 지켜주시는 은혜를 감사드립니다. 젊은 날부터 하나님의 교회를 위해서 충성해온 ○○○ 장로님이 시무를 마치고 은퇴하게 되었습니다. 무엇보다도 장로님이 흠 없이 시무하도록 함께하신 하나님의 은혜를 찬양합니다. 주님께서 저희 교회를 사랑하셔서 조금도 부족함이 없이 오랫동안 교회의 부흥을 위해서 ○○○ 장로님이 헌신해온 것을 자랑스럽게 생각합니다.

결단 거룩하신 하나님! 지금도 살아계셔서 교회의 역사를 주관하시며 감찰하시는 아버지 하나님을 기억합니다. 이 교회와 오늘 은퇴하는 ○○○ 장로님을 향해서 그동안 섭리하셨던 하나님의 손길을 찬송합니다. 이제, 시무에서 은퇴하는 장로님의 신앙을 본받아 충성을 다하는 성도들이 되게 해 주옵소서.

은퇴하는 장로를 위해 역사를 주관하시는 하나님, 참으로 여러 가지 문제가 많았으나 장로님은 기도와 봉사로 이 교회를 평안하게 했습니다. 주님의 오른팔에 붙들려서 목사님을 잘 보필하며 교회를 섬겨왔습니다. 그동안 수고를 다했사오니, 이제는 충성된 자에게 내리시는 하나님의 즐거움을 누리게 하시옵소서. 장로님과 그의 가족을 지켜주시고, 예비하신 은혜를 허락해주옵소서.

교회를 위해 오늘로써 ○○○ 장로님이 시무직에서 은퇴하지만 앞으로도 있는 곳에서 신앙의 본을 보여 아름다운 교회를 만들도록 이끌어주기를 원합니다. 장로님이 이름 없이 빛도 없이 하나님의 나라를 위하여 수고한 것을 기리게 하시고, 그 마음을 본받아 저희도 하나님께 충성하게 하옵소서.

예수님의 이름으로 기도하옵나이다. 아멘.

(원로장로 추대식)

감사 전능하신 하나님, 사랑과 은혜가 풍성하신 하나님의 이끌어주심 속에서 OOO 장로님이 원로로 추대받게 되었습니다. 장로님이 참으로 긴 시간을 주님의 교회를 위하여 수고할 수 있었던 것은 하나님의 전적인 은혜입니다. 이 시간 그 은혜를 진심으로 감사드립니다.

예배 저희에게 원로장로님을 모실 수 있는 기쁨을 주셔서 더욱 감사드립니다. 오늘 이 좋은 시간에 OOO 장로님을 원로로 추대하여 예배를 드리니 받아주옵소서. 하늘의 문을 여시고 하나님께 영광이 되는 축제가 되게 해 주시옵소서.

간절히 바라옵기는 이 예배가 신령과 진정으로 드려지게 하시고, 온 성도가 함께 기뻐하는 자리가 되게 해 주시기를 원합니다. 이 특별한 예식에 말씀을 전하는 목사님을 붙들어주셔서, 그 권면이 원로로 추대되는 장로님에게는 상급의 말씀이 되고, 저희에게는 격려의 말씀이 되게 하옵소서.

교우들을 위해 은혜가 충만하신 하나님, 원근 각처에서 흩어져 생활하다가 이 예식에 참여한 성도들의 마음을 주관하사 기쁨과 감사로 OOO 장로님을 원로로 모시는 것을 감사하게 하시옵소서. 예배당을 드나들 때마다 장로님이 시무하는 동안에 수고하던 모습을 기억하게 하시고 원로로 추대했으니 배나 존경하게 하소서.

원로장로로 추대받은 장로님은 평생 시무하시는 것과 같은 마음으로 교회를 돌볼 수 있도록 하옵소서. 이 거룩한 예식으로 하나님께 영광을 드릴 수 있도록 인도하여주시기를 간절히 원하오며 예수님의 이름으로 기도드립니다. 아멘.

교회예식 기도문

(집사 안수식)

찬양 교회의 주인이신 하나님, 영광과 감사와 존귀를 돌립니다. 주님의 피로 이 교회를 세우시고 오늘까지 인도하셨음을 감사드립니다. 지역 사회에서 빛과 소금의 역할을 감당하면서 교회가 이만큼 이르게 하신 주님의 도우심을 감사하며 찬양합니다.

감사 교회를 이끄시는 하나님, 오늘은 아주 특별한 날입니다. 이 교회로 하여금 더욱 큰일을 감당하도록 일꾼을 세우는 날입니다. 오늘 집사 안수식(집사 안수식)을 통하여 하나님께서 영광을 받으시옵소서. 이처럼 하나님의 귀한 종들을 주님의 몸된 교회의 집사로 안수하게 하셨음을 감사드립니다. 이 교회를 굳게 해 주시려고 집사를 세워 주신 은총을 생각할 때 감격을 금할 수가 없습니다.

안수받는 집사를 위해 사랑하는 하나님 아버지, 집사로 기름 부어 세움을 받는 여러 종에게 복을 내려주옵소서. 안수받는 집사님들에게 믿음 위에 믿음을 더하여주시고, 은혜 위에 풍성한 은혜를 베풀어주시기 원합니다. 그리하여 주님의 교회를 섬기는 일에 조금도 부족함이 없도록 은총 내려주옵소서. 특히, 주님께서 주신 세상에서의 생업도 형통케 하시며, 가정에도 은혜를 내려주셔서 일심으로 협력하며 귀한 사명 잘 감당하게 하여 주옵소서.

교회를 위해 오늘의 예식을 통해서 더욱더 믿음과 지혜가 충만한 이들이 되게 하옵소서. 초대교회의 처음 집사들처럼 성령이 충만한 이들이 되게 하시옵소서. 진실로 칭찬받을 수 있는 일꾼이 되어 자신에게 기쁨이 되게 해 주시고 더 많은 복을 받게 하시고 더 큰 영광을 하나님께 돌리게 하옵소서.

예수님의 이름으로 기도드립니다. 아멘.

(집사 은퇴식)

경배 영광의 하나님, 우러러 주님의 귀하신 이름을 높입니다. 교회에 모인 주님의 자녀들이 찬송과 존귀와 영광을 세세 무궁토록 하나님께 드립니다. 홀로 찬양받으시기에 합당하신 하나님께 영광과 감사를 드립니다.

감사 이 시간 집사 은퇴식을 하기까지 아무런 대과 없이 지나올 수 있게 도와주신 하나님의 사랑을 감사드립니다. 이제, 사랑하는 집사님께서 정해진 기간의 일을 훌륭히 마치고 사면하게 되었습니다. 귀한 직분을 주시고 그 직분을 통해 하나님께 영광을 드릴 수 있도록 인도해주심을 감사드립니다.

은퇴하는 집사를 위해 신실하신 하나님, OOO 집사님을 사랑하시고, 그가 한평생 주님의 일을 위해 사용되게 하셨음을 감사드립니다. 그가 하나님 앞에서 교회를 통해서 살아온 시간은 저희 모두에게 즐거움이었고, 감사였습니다. 이 교회공동체 구석구석에 그의 손때가 묻어 있습니다. 교회의 크고 작은 일에 언제나 앞장섰던 귀한 일꾼이었습니다. 맡겨주신 집사의 일을 잘 감당할 수 있도록 지금까지 함께하신 하나님께서 은퇴 후에도 함께하셔서 아름다운 삶이 되게 해 주옵소서.

교우들을 위해 자비로우신 하나님, 저희는 참으로 좋은 집사님을 가슴에 모십니다. 그는 집사로서의 시무를 마치지만 언제까지라도 저희와 같이 교회를 섬기게 하옵소서. 오히려 시무할 때보다 더욱 충성을 다하는 종이 되어 저희와 함께 하나님 나라를 넓히게 하시기를 원합니다. 현재 직분을 받은 여러 종들도 OOO 집사님의 수고와 헌신을 기억하며 교회를 섬기게 하옵소서.

예수님의 이름으로 기도드립니다. 아멘.

교회예식 기도문

(권사 취임식)

감사 거룩하신 하나님, 하나님 나라에 소망을 둔 지체들이 주의 이름으로 모였습니다. 오늘에 이르기까지 저희 교회를 지켜주신 은혜를 감사드립니다. 주의 이름으로 세워진 교회에 복 주시고, 구원의 방주로써의 사명을 감당할 수 있는 은혜 주시니 감사드립니다. 하나님께서 구별하여 세우시는 권사님들에게 기름 부음이 있는 예배가 되게 하옵소서.

교회를 위해 자비로우신 하나님, 오늘 권사님들의 취임으로 저희의 신앙공동체가 든든한 반석이 되게 하옵소서. 교회에 일꾼이 세워질 때마다 그들을 통하여 부흥하게 하시고, 하나님의 뜻이 이 땅에서 이루어지게 하셨던 사실을 기억합니다. 성도들의 마음을 헤아려 권사님들을 세워주시니 감사드립니다. 이들의 헌신으로 교회가 더욱 부흥되기를 원합니다.

예배를 위해 이 시간에 성령으로 임재하옵소서. 저희의 마음과 뜻과 정성을 다하여 하나님께 예배하는 시간이게 하옵소서. 이 예배를 통해서 저희에게 부어질 큰 은혜를 사모하는 심령이 되게 하옵소서. 예배의 순서를 맡아 진행하는 종들을 성령의 충만함으로 붙잡아주시고, 주님의 영광을 위하여 수종 드는 시간이 되게 하시옵소서.

취임하는 권사를 위해 오늘 취임하는 권사님들에게 영력을 더하여주옵소서. 하나님께서 그들의 삶에 기름을 부으셔서 교회와 성도들을 위해 기도하는 아름다운 종들이 되게 하시기를 원합니다. 권사의 위치에서 본분을 다하여 모든 성도에게 교훈이 될만한 모습을 보이게 하옵소서. 그리고 성도들의 존경과 사랑 속에서 위로받게 하시기를 원합니다. 예수님의 이름으로 기도드립니다. 아멘.

(권사 은퇴식)

찬양 만물의 주인이신 하나님, 주님의 교회를 인도해주심을 감사하며 그 손길을 높이 찬양합니다. 이 교회를 지켜주시는 하나님의 이름에 합당한 영광을 드리게 하시고, 입술로 찬양하게 하옵소서.

감사 하나님, ○○○ 권사님이 오늘 은퇴식을 맞기까지 최선을 다하여 교회를 아름답게 섬길 수 있도록 도우신 은혜를 생각할 때 감사드립니다. 일찍이 구원의 은혜를 입고, 교회를 위하여 충성하는 종으로 살아오게 하셨습니다. 오늘 노종의 은퇴를 생각할 때 예배당 곳곳에 그의 자취가 있음을 감사드립니다. 언제나 기도의 무릎 꿇기를 좋아하던 권사님의 기도로 교회가 여기에까지 이른 것을 감사드립니다.

은퇴하는 권사를 위해 전능하신 하나님, 하나님께서 여종을 권고하사 이처럼 아름답게 섬기게 하셨습니다. 권사님은 정년이 되기까지 아무런 흠도 없이 직분을 감당하였습니다. 그의 섬김과 기도의 흔적이 뒤를 잇는 젊은이들에게 모범이 되게 하시옵소서. 여종은 지금 일선에서 물러나지만 이제까지 보다도 갑절로 하나님의 영광을 위하여 헌신하게 하옵소서. 여종의 나이 듦으로 말미암은 연약함을 돌아보시며, 강건하게 하옵소서.

교회를 위해 하나님 아버지, 간절히 비오니 성령의 능력으로 ○○○ 권사님의 뒤를 따르는 저희가 되게 하옵소서. 권사님께서 시무의 자리에서 하던 주님의 일을 저희가 이어받아 더욱 충성하게 하시며, 이로써 이 교회가 더욱 든든히 세워져 가게 하옵소서.

예수님의 이름으로 기도하옵나이다. 아멘.

교회예식 기도문

(성전 기공식)

감사 전능하신 하나님, 천하의 범사에 때가 있고 모든 일에 시작과 끝이 아버지의 장중에 있습니다. 저희에게 예배당을 건축할 수 있는 기초를 허락하신 하나님께 감사드립니다. 성전 건축을 시작하게 하신 하나님, 이 거룩한 일에 저희가 먼저 봉헌되기를 원합니다. 하나님 나라가 확장되는 거룩한 방법으로써 성전을 짓게 하옵소서. 기도와 사랑, 감사와 드림으로 아름다운 성전을 짓게 하옵소서.

건축을 위해 저희에게 아름다운 성전을 지으려는 마음을 허락해주옵소서. 원컨대 저희가 예배당의 건축을 위해서 계획하는 공사의 모든 과정이 주님의 뜻대로 이루어지기를 원합니다. 그리고 주님의 뜻을 살펴서 건축하는 일에 모든 성도가 즐거이 참여하게 하옵소서.

아버지의 뜻에 합당한 것이 되게 하시어 공사 기간 안에 모든 일이 아름답게 마치게 하시기를 원합니다. 이 일이 시종 아버지의 손안에 있었음을 모든 사람이 알게 하여 주옵소서.

공사의 과정을 위해 좋으신 하나님, 공사가 시작되면 교회 주변의 이웃들에게 여러 가지로 불편한 일이 생기게 될 것입니다. 건축하는 과정에서 일어나는 불편에 대하여 우리가 지혜롭게 대처할 수 있게 하옵소서.

또한 하나님의 은혜로 소리 높이고 얼굴 붉히는 일이 없게 해 주옵소서. 너그러운 마음으로 불편함을 견디게 하는 역사에까지 이르게 하여 주시옵소서. 건축에 참여하는 모든 사역자를 그 능력의 오른팔로 붙드시어 한 생명이라도 공사 기간에 다치거나 상하는 일이 없도록 지키시고 보호해주옵소서. 예수님의 이름으로 기도하옵나이다. 아멘.

(성전 준공식)

영광 교회를 다스리시는 하나님, 이스라엘 백성들의 영광중에 계셨던 것처럼, 이 교회의 영광 가운데 계심을 믿습니다. 예배할 수 있는 거룩한 집을 허락해주신 하나님을 찬양합니다. 새로 지어진 예배당으로 말미암아 이 땅에 주의 영광이 드러나게 하옵소서. 저희의 기도와 헌신으로 주님의 집을 지어 준공하게 하신 하나님, 영광을 받으시옵소서.

감사 이 땅의 많은 교회가 성전을 건축하는 동안 어려움 겪는 일을 자주 보았습니다. 새로운 예배당의 공사를 통해서 하나님께서 성도들을 연단시키는 것도 보아왔습니다. 그러나 저희에게는 성전을 짓는 과정이 오히려 부흥의 시간이었습니다. 건축 중에도 말씀이 더욱 왕성하게 하시고, 불신자들이 주님께로 돌아오는 역사가 있었습니다. 주님의 자녀들은 건축을 위한 재정의 마련에 힘을 다하여 헌신하였습니다. 이로써 성장하는 교회가 되게 하시니 감사합니다.

결단 여기까지 인도하신 하나님, 바라옵기는 새로운 예배당에서 이 지역 사회를 향한 주님의 일이 불타오르기를 원합니다. 진실로 기도하오니, 담임목사님을 붙들어주시고, 그에게 보여주시는 비전에 따라 온 성도가 열심을 내게 하옵소서. 예배하는 일과 복음을 전파하며 가르치는 일이 더욱 흥왕하게 하시옵소서. 그리하여 든든히 서가는 교회 되게 하옵소서.

시공사를 위해 오늘 준공하게 된 새로운 예배당의 건축을 담당한 시공사를 기억하시고 함께해주옵소서. 새 예배당의 설계와 공사의 실무를 맡아 수고한 종들에게 복 내려주시기를 원합니다. 예배당을 건축하기 위하여 수고한 모든 이에게 크신 은혜를 주옵소서. 예수님의 이름으로 기도드립니다. 아멘.

교회예식 기도문

(성전 입당식)

감사 전능하신 하나님, 모든 영광과 찬양을 받으시기에 합당하시오니 영광과 찬양을 받으시옵소서. 새롭게 성전을 지을 수 있도록 시작과 끝을 주관해주심을 믿고 감사드립니다. 여러 형편이 있었으나 성전을 완성할 수 있게 된 것은 전적으로 주의 은혜였음을 다시 한번 고백합니다. 나약하고 부족한 저희를 세우사 힘닿는 대로 드려서 주님의 전을 아름답게 지을 수 있도록 인도하셨사오니 영광을 받으시옵소서.

수고한 이들을 위해 그동안 애쓰고 수고한 이들을 기억하시고 복을 내려주옵소서. 기도와 물질로 주님의 전을 세운 성도들에게 복 내려주시기를 원합니다. 그리하여 하늘에 심은 자들에게 나타나는 하나님의 영광을 보여주시옵소서.

교회를 위해 일을 이루시는 하나님, 새로운 예배당을 주셨사오니 더욱 예배로 영광을 드리는 교회가 되게 하시옵소서. 이 성전은 하나님의 것입니다. 하나님이 높여지는 교회 되게 하시고, 주의 복음을 전파하는 교회 되어 죽어가는 많은 영혼을 구원하는 구원의 방주가 되게 해 주옵소서.

결단 일을 맡기시는 하나님, 우리 교회가 아름다운 주의 성전을 갖게 되는 은혜를 입었사오니 이전보다 더 많은 일을 감당할 수 있게 하옵소서. 아직도 복음을 모르는 이 땅의 불쌍한 영혼들을 위한 국내 전도와 국외 선교, 특별히 한 형제자매인 북한 동포들을 향한 선교 등 우리가 감당해야 할 영혼을 구원하는 일에 대한 열심이 새 성전, 복된 집에서 불일 듯 타오르게 하여 주옵소서.

예수님의 이름으로 기도드립니다. 아멘.

(성전 헌당식)

감사 거룩하시고 자비로우신 하나님, 온 우주 만물을 다스리시며, 시간의 흐름을 통하여 영광 받으시는 줄 믿습니다. 예수님의 보혈로 말미암아 구원받고 하나님의 자녀가 되어 이제까지 살도록 인도하시고, 아무 공로 없사오나 아버지의 사랑으로 이토록 보호해주시니 더욱 감사드립니다.

예배를 위해 이제 거룩한 예배당이 지어졌습니다. 예배당을 짓고, 이 건물을 하나님께 드리는 예배로 모였습니다. 예배에 임하는 저희가 먼저 감격스럽습니다. 감히 주님의 일에 동참할 자격도 없는 저희였으나 하나님께서 계시는 성전을 짓는 일에 쓰임받게 하셨습니다. 헌당예배로 말미암아 하나님은 영광을 받으시고 이 전은 오직 주님의 뜻대로 쓰여지기를 원합니다. 예배의 모든 순서를 성령 하나님께서 주관해주시고, 저희는 '아멘, 아멘'으로 따르게 하여 주시옵소서. 오늘의 예식을 위해서 여러 종이 자리를 같이하였습니다. 오늘의 이 예식이 서로에게 기쁨이 되게 하옵소서.

공동체를 위해 사랑의 하나님, 이 예배당은 주님을 사랑하는 헌신으로 지어졌으니 온 성도가 마음껏 찬양하고 마음껏 기도하며 하나님께 신령과 진정으로 예배드리게 하옵소서. 간절히 바라오니 주님의 뜻에 따라 은혜 가운데 허락받은 새 예배당을 받아주시기를 원합니다. 주님께서 주신 사명에 따라, 신령과 진정으로 예배드리는 일과 말씀으로 교육하는 일, 그리스도의 사랑을 서로 나누며 섬기는 일을 위해서 사용할 수 있게 하옵소서. 성전 안에 찬양과 기도와 감사 그리고 구원의 말씀이 넘쳐나게 하여 주옵소서.

예수님의 이름으로 기도합니다. 아멘.

교회예식 기도문

(성전 헌당식)

영광 영원 가운데 영원하신 하나님, 주님의 뜻을 받들어 하나님의 처소를 짓게 하시니 감사드립니다. 새로운 성전을 짓기로 다짐하면서 기도를 시작하게 하신 하나님, 이 귀한 사명에 부르심을 입은 모든 성도가 기쁨으로 참여하게 하셨음을 감사드립니다. 모든 이가 자기 집을 짓는 것보다 즐거이 여기며, 헌신된 마음으로 정성을 다하여 완공하게 하시고 이렇게 봉헌하게 하셨사오니 영광 거두어주옵소서.

공동체를 위해 참으로 오랜 시간에 걸쳐 완공을 본 예배당을 봉헌하는 이 예식에 참여하는 모든 이에게 기쁨이 넘치게 해 주옵소서. 이들이 한결같이 하늘의 창고에 보화를 저장하는 마음으로 헌신했사오니 심은 대로 거두게 하옵소서. 이 땅에 사는 날 동안 30배, 혹은 60배, 100배의 결실을 보게 하여 주옵소서. 무엇보다도 돈으로 살 수 없는 하늘의 은혜를 허락하시고, 신령한 열매를 먹게 하여 주옵소서.

하나님, 건축이 진행되는 동안 여러 가지 불편한 점이 있었으나 조금도 불평하지 아니하고 기도하며 간구하는 가운데 오래 참음으로 견디고 서로 섬기며 봉사하는 신앙인의 도리를 다했던 저들에게 복을 내려주옵소서.

간구 은혜의 하나님, 택하신 백성들로 하여금 이 세상의 빛과 소금의 역할을 다하라고 하셨습니다. 이제, 허락하신 새 성전이 하나님을 믿는 우리끼리만 모여서 예배하고 교제하기 위해서 사용되기보다는 믿지 않는 이웃들에게도 활짝 열려서 누구든지 이곳에서 쉼을 얻고 배우며, 좋은 일에 참여함으로 장차 주님을 영접하는 데에까지 이르도록 사용되게 하여 주시옵소서. 예수님의 이름으로 기도드립니다. 아멘.

(교육관 입당식)

감사 오늘 참으로 아름답게 지어진 교육관 입당식을 갖게 하신 하나님께 영광을 돌립니다. 하나님은 진실로 위대하셨습니다. 저희 교회에 허락하신 복인 줄 믿습니다. 하나님의 교회에서 자라나야 할 세대들을 위하여 교육관을 짓도록 하셨사오니, 주님의 사람들이 많이 배출되게 하옵소서. 저희가 내일의 교회를 준비할 수 있는 기회에 동참했던 것을 감사드립니다.

결단 하나님 아버지, 저희 교회가 그렇게도 원했던 교육관입니다. 이제, 이 시설을 사용하여 하나님의 말씀을 배우고 성도들이 신앙훈련을 하는 데 즐거움으로 참여하게 하옵소서. 가르치고 배우는 일이 더욱더 활성화되게 하시며, 하나님의 사람으로 준비되는 데 모자람이 없게 하시기를 원합니다.

성도들을 위해 공사 기간 동안 장소나 시설 등의 모든 점에서 불편이 많았으나 아름다운 건물로 말미암아 기쁨을 누리게 하옵소서. 잠시 겪는 다소의 불편함이 장차 보게 될 놀라운 영광과 족히 비교할 수 없다는 이 한 가지를 깨달았습니다. 모든 성도가 물질에 풍족하지 못하였으나 자기 자녀를 양육하는 마음으로 모두가 믿음 가운데 주님께 드려 이렇게 지어졌습니다. 참여한 손길들을 기억해주옵소서.

간구 교육관의 공사를 위해 헌신한 이들에게 심은 대로 열매를 거두게 해 주옵소서. 저희 교회가 하나님 보시기에 합당한 교회로 성장해 나아가도록 교육의 사명을 맡겨주셨으니 잘 감당하게 하옵소서. 더 힘쓰고 애써서 가르치게 하시고, 배우는 터 위에 꽃 피우고 열매 맺는 교회 되게 하여 주옵소서.

예수님의 이름으로 기도합니다. 아멘.

교회예식 기도문

(교육관 헌당식)

감사 영광을 받으실 하나님, 교육관을 지어 헌당하게 하시니 감사드립니다. 저희가 믿음으로 참여하게 하시고, 소망 중에 물질을 드리게 하시며, 사랑으로 참여하게 하시니 감사드립니다.
 공사에 참가한 모든 이가 인간의 힘과 재주와 기술로 하지 아니하고 하나님께서 인도하시는 대로 그 능력에 의지하여 정직하게 소임을 다 할 수 있게 하셨으니 감사드립니다.

결단 사랑받아 쓰임받는 주의 종들이 주의 자녀들에게 하나님의 법을 가르치는 데 더 충성하게 하시며, 이곳에서 배우는 이들은 기쁨으로 참여하게 하시기를 원합니다. 하나님께서 교육하기에 좋은 환경을 준비해 주셨사오니 이 자리가 인간의 가르침과 인간의 배움을 위해 쓰이는 곳이 되지 않게 하소서. 오직 하나님께 영광을 드리며, 하나님의 선한 군사로 훈련되는 장소가 되게 해 주옵소서.

교육관 사용을 위해 일을 이루시는 하나님, 이 좋은 시설로 말미암아 성도들에게 교육에 대한 은혜를 허락해주시기를 원합니다. 주님의 자녀들이 믿음에서 믿음으로 말씀을 배우는 일에 넉넉히 쓰이는 공간이 되게 하시옵소서. 또한 구역으로 모여서 예배하는 일, 남녀 전도회로 뜻을 모아 활동하는 일 등의 모든 면에 쓰이는 장소가 되기를 원합니다.

교우들을 위해 찬양받으실 하나님, 주님께서 주신 교육관을 통해서 성도들의 신앙에 진보가 있게 하옵소서. 더 슬기롭고 지혜로우며, 다른 사람을 위해 내가 먼저 힘든 일을 감당하는 섬김의 마음을 서로 나누게 하여 주옵소서. 교회가 부흥하며 평안 가운데 든든히 서가고 성령으로 진행하여 그 수가 늘어가게 하여 주옵소서. 예수님의 이름으로 기도드리옵나이다. 아멘.

(교육관 헌당식)

찬양 하나님 아버지, 이처럼 즐거운 때를 주시니 감사와 찬양으로 영광을 드립니다. 저희를 하나님의 자녀로 삼아주시고, 거룩한 일에 쓰임받게 하셨음을 찬양합니다. 부족한 저희에게 교육관을 짓게 하시니 그 은혜와 영광을 찬양합니다.

공사에 참여한 이들을 위해 자비로우신 하나님, 이 교육관은 사람을 위한 건축물이 아닙니다. 하나님께서 기뻐 받으시는 건물을 짓기 위하여 세우심을 받아 수고한 건축위원들에게 복을 더하시기 원합니다. 밤낮으로 기도하며 모든 지혜를 다하여 충성한 저들에게 약속된 복을 내려주시기를 원합니다. 하나님의 건물을 세우는 중임을 맡아 수고가 많았사오니 위로하여주시고, 혹시 육체적으로 연약해진 부분이 있다면 건강의 복도 허락해주옵소서. 아울러, 그들의 가정을 돌아보사 주님의 일에 수고한 대로 각각 더 큰 것으로 채워주옵소서.

예배 예배의 모든 순서에 성령님께서 역사하시며 참여한 모든 심령이 은혜받고 돌아가게 하여 주옵소서. 말씀을 증거하는 목사님에게 성령의 능력을 입혀주셔서 능력의 메시지가 선포되게 하옵소서. 찬양대원들의 성대를 붙잡아주셔서 아름다운 찬양을 부르게 하여 주옵소서.

교우들을 위해 이 교육관을 봉헌한 이들이 더욱더 주님의 말씀을 따르게 하시고, 이로써 생명을 살리는 전도의 역사가 일어나게 하시며, 믿음의 열정을 주사 주님께서 맡겨주신 사명을 잘 감당하게 하옵소서. 이후로 주님의 교회를 찾아 나오는 이마다 구원받게 하여 주시고 하늘의 복을 누리게 하옵소서.

예수님의 이름으로 기도드립니다. 아멘.

교회예식 기도문

(교회창립예배)

경배 만물을 다스리시는 하나님, 예수님의 몸으로 이 땅에 교회를 세우시고 하나님 나라를 이루게 하셨음을 감사드립니다. 하나님께서 이 지역에 죽어가는 영혼들을 위해, 천국 복음을 전파하시려고 저희 교회를 세우셨습니다. 이곳에 교회를 세우신 하나님의 뜻에 따라 저희 교회가 이 지역에 하나님의 백성들을 찾아내는 일을 멈추지 않게 하옵소서. 오늘, 교회창립 기념일을 맞이하여 신령과 진정으로 예배하게 하옵소서.

성도들을 위해 이 시간 예배를 드리는 가운데 모든 성도가 이 교회를 세우신 하나님의 뜻을 깨닫고 성도로서의 사명에 대한 재 다짐을 하게 하여 주옵소서.

결단 거룩하신 하나님, 교회의 역사를 자랑하기 전에 교회의 사명을 제대로 감당하지 못한 죄를 아파하며 회개하는 저희가 되게 하시옵소서. 그리하여 하나님의 은혜로 영육 간에 회복의 기쁨을 누리는 성도들이 되기를 원합니다. 이 교회에 주신 사명을 모든 성도가 바로 깨닫고 그 사명을 감당할 수 있는 믿음을 주옵소서. 저희의 기도와 수고가 교회를 더욱 부흥케 하는 일이 되게 하시옵소서.

예배위원들을 위해 단 위에 세우신 목사님에게 성령 충만하게 하셔서 말씀을 증거할 때 사탄의 권세 틈 못 타게 하옵소서. 찬양대원들의 찬양을 받아주시며, 부르는 이들과 함께하는 이들이 은혜를 누리게 하옵소서. 드려지는 예배를 위해서 여러 자리에서 봉사하는 일꾼들이 있습니다. 얼굴도 드러내지 않고, 이름도 나타내지 않으며 예배를 섬기는 종들에게 복을 내려주옵소서.

예수님의 이름으로 기도합니다. 아멘.

**교회는 그의 몸이니
만물 안에서 만물을 충만하게
하시는 이의 충만함이니라**

_에베소서 1:23

장례예식 기도문

(임종을 앞두고)

　생명의 주인이신 하나님 아버지! 하나님 아버지를 충성되이 섬기던 OOO 성도가 이제 하나님의 부르심을 받아 우리의 곁을 떠나려 합니다. 이 성도의 영혼을 아버지 손에 의탁하오니 받아주옵소서.
　긍휼이 풍성하신 하나님, 이 시간 OOO 성도에게 강하고 담대한 믿음을 주사 모든 두려움을 이기게 하옵소서. 지켜보는 가족들을 위로해주시고 믿음으로 기도하며, 주님만 바라보게 하옵소서. 오랜 동안 병상에 누워있던 OOO 성도의 밤은 때론 슬프고 고통스러우며 때론 두려운 밤이었습니다. 우리의 친구가 되신 하나님! 약한 자를 떠나지 마시고 외로운 자를 돌보아주시옵소서. 죽음의 두려움을 물리쳐주옵소서.
　세리와 강도를 구속하시던 예수님의 피 묻은 손으로 OOO 성도를 어루만지시고, 병자와 가난한 자를 불쌍히 여기고 죄인과 원수를 사랑하신 주님의 사랑으로 삶과 죽음의 사이에서 몸부림하는 OOO 성도를 붙드시고 구원해주옵소서. 죄인을 위하여 겟세마네 동산에서 피땀을 흘리시고, 골고다에서 생명을 내놓으신 주님께서 피의 값을 주고 사신 OOO님의 영혼을 받아주시고 하나님의 품 안에서 안식의 쉼을 누리게 하옵소서. 우리의 부족함으로 병상에 계신 OOO님을 정성껏 간병하지 못했습니다. 이 시간 용서해주옵소서.
　구원자이신 예수님의 이름으로 기도드립니다. 아멘.

(임종)

우리 영혼을 구속하시며 성도들의 힘이 되시는 하나님, 주안에서 세상을 떠난 고 OOO님이 모든 수고와 시련을 끝내고 주님의 품 안에서 영원한 안식을 얻게 된 것을 생각하면서 위로를 받습니다.

우리의 소망이 되시는 하나님, 우리가 주님의 높고 크신 경륜을 다 깨닫지 못하오나 저희로 하여금 주님의 약속과 영생의 복음을 확실히 믿고 이 땅에서 환란과 역경을 이기며 하늘의 소망을 빼앗기지 않게 하여 주옵소서.

"너희는 마음에 근심하지 말라. 하나님을 믿으니 또 나를 믿으라. 내 아버지 집에 거할 곳이 많도다. 그렇지 않으면 너희에게 일렀으리라. 내가 너희를 위하여 거처를 예비하러 가노니 가서 너희를 위하여 거처를 예비하면 내가 다시 와서 너희를 내게로 영접하여 나 있는 곳에 너희도 있게 하리라"(요 14:1-3)고 예수님은 말씀하셨습니다.

또한 말씀하시길 "나는 부활이요 생명이니 나를 믿는 자는 죽어도 살겠고 무릇 살아서 나를 믿는 자는 영원히 죽지 아니하리니 이것을 네가 믿느냐"(요 11:25-26)고 하셨습니다.

허락하신 말씀으로 인하여 죽음의 두려움을 이기게 하시고, 임종한 고 OOO님의 영혼을 받으신 줄 믿고 감사드립니다. 고인이 고달픈 나그네 인생의 여정을 접고, 주님 준비하신 본향 집에 갔사오니 또한 감사합니다. 그동안 간병하느라 병석을 지키며 수고한 유족들을 기억하시고 위로해주옵소서. 어려운 마음들을 살펴주시고 쇠잔한 육신도 강건하게 지켜주옵소서. 부활의 첫 열매 되시는 예수님의 이름으로 기도합니다. 아멘.

장례예식 기도문

(임종)

　우리의 참 소망이신 하나님 아버지, 그동안 질병으로 고통당하던 OOO님이 이 땅에서의 수한이 다하여 이제 그 영혼이 하나님 품에 안식하게 되었습니다.
　영의 눈을 뜨고 바라보면 질병의 고통에서 놓여 영원한 안식처에서 안식하게 되니 더없이 감사할 일이지만 연약한 육신을 입은 우리 인생들은 육신의 정에 이끌려 슬프고 안타까울 뿐입니다.
　이제 고인이 된 OOO님과 그동안 생사고락을 함께한 유족들의 마음은 아직도 고인의 죽음이 믿어지지 않고, 말할 수 없이 아프고 낙망 됩니다. 연약한 우리 인생들의 형편을 주님께서 아시오니 긍휼히 여겨주셔서 유족들에게 하늘의 소망을 주시고 담대한 믿음을 주심으로 너무 아파하지 않게 하옵소서. 또한 따뜻하신 주님의 손으로 어루만져주시며 부활하신 주의 능력을 믿게 하셔서 우리보다 앞서간 고인의 부활도 믿음의 눈으로 바라보게 하옵소서.
　이 시간 함께 모인 우리 모두에게 하나님께서 새 힘을 덧입혀주시고 하늘의 위로를 주옵소서. 주를 의지하는 자가 부끄러움을 당하지 않게 하시기를 원합니다. 고인의 죽음이 초라한 죽음이 아니라 하나님 나라의 시민이 되는 영광을 만인이 보게 해 주옵소서. 유족들의 담대한 믿음을 통해 복음이 확산되게 하시고 믿지 않던 이들이 주님의 품으로 돌아오는 전환점이 되게 해 주옵소서.
　부활의 첫 열매가 되신 예수님의 이름으로 기도합니다. 아멘.

(위로)

인간의 생사화복을 주관하시는 하나님 아버지! 모든 만물이 날 때가 있고 죽을 때가 있음을 가르쳐주신 주님의 말씀에 의지하여 간구합니다. 가족과의 갑작스러운 이별로 슬퍼하고 있는 유족들이 생명이 하나님께 있음을 믿음으로 위로를 얻게 하옵소서. 또한 하나님의 자녀 고 OOO님의 영혼이 하나님의 보호 가운데에 있음도 믿고 위로를 얻게 하옵소서.

어려울 때 피난처가 되시는 하나님! 우리의 언어로는 가족을 잃고 망연자실한 유족들을 무엇이라 위로할 수 없사오니 이 시간 성령께서 친히 임재하셔서 주의 말씀으로 용기를 얻게 하시고 낙망치 않도록 붙잡아주옵소서. 또한 함께 신앙생활을 하던 신앙의 동지를 앞서 보내게 된 우리 교우들의 마음도 위로하시고, 고인의 빈자리를 채워갈 수 있는 은혜를 주시옵소서.

하나님, 아직도 우리의 귓가에 고인의 소리가 들리는 듯합니다. 고인이 못다 한 일을 기도하며 이루어갈 수 있는 능력을 주시고, 고인의 그 뜻을 이어갈 수 있도록 특별히 자녀들에게 믿음과 지혜를 더하여주옵소서.

이제 장례 절차가 남아 있습니다. 장례를 치르는 동안 가족의 소중함을 다시 한번 일깨워주시고 유족들의 건강도 지켜주옵소서. 좋은 일기를 허락해주시고, 모든 순서가 순조로이 진행되도록 도와주옵소서. 이 시간 목사님을 통해 위로의 말씀을 주실 때 큰 은혜가 있게 하옵소서.

예수님의 이름으로 기도합니다. 아멘.

장례예식 기도문

(위로)

사랑이신 하나님! 십자가의 죽음을 이기시고 승리하신 예수님을 기억하며 이 시간 위로받고자 합니다.

우리를 남겨 놓은 채 하나님의 부름을 받고 이 세상을 먼저 떠난 고인을 생각하니 눈물을 멈출 수가 없습니다. 특별히 고인의 생전에 기쁠 때나 슬플 때 늘 함께하면서 아끼고 사랑하던 유족들이 외로이 남아 있사오니 그들 마음속 깊은 곳까지 어루만져주시고 고인의 죽음에 대한 하나님의 비밀을 깨우쳐주옵소서.

생명의 주권이 창조주이신 하나님께 있음을 다시 한번 일깨워주신 하나님, 우리의 힘으로는 단 1분 동안도 우리의 생명을 연장할 수 없음을 고백합니다. 정해진 날, 정해진 시간에 하나님의 계획에 의해 부름받는 것이 유한한 인생인 줄 압니다. 이 자리에 함께한 모두에게 언제 어느 때 찾아올지 모르는 죽음을 지혜롭게 준비하는 예비된 신앙을 갖게 해 주옵소서.

새 생명을 주시는 하나님, 혹 예수님을 영접하지 못한 유족이 있다면 은혜를 베푸셔서 마음의 문이 열리게 하시고 예수그리스도를 구주로 영접하는 놀라운 사건을 일으켜주옵소서. 고인이 된 OOO님을 먼저 보내지만 그로 인해 많은 사람이 새 생명을 얻는 은총을 허락하심으로 이 슬픔 가운데에 위로를 얻게 하옵소서. 고인의 죽음이 안타깝기 그지없으나 고인의 장례 절차를 진행하는 동안 생명의 비밀이 주님께 있음을 고백하는 믿음으로 무장되게 하시고, 우리의 삶을 뒤돌아보는 계기가 되게 해 주옵소서.

장례 절차를 의탁하오며 예수님의 이름으로 기도합니다. 아멘.

(입관)

영원하신 아버지 하나님! 우리와 함께 교회를 섬기던 그 귀중한 생명이 세상을 떠났기에 슬픈 마음으로 입관 예배를 드립니다. 그 생명은 이미 부름을 받아 아버지의 품에 안기고 여기에는 그의 몸만이 남아 있습니다.

아무리 생각해 보아도 고인을 우리보다 먼저 보내는 것이 안타깝고 힘이 듭니다. 입관 예배를 드리며 이 땅에서의 마지막 얼굴을 보게 되오니 더욱 슬프고 마음이 아플 뿐입니다. 이제는 보고 싶어도 다시 만날 수 없기에 더욱 그러합니다.

슬픈 마음을 어떠한 말로도 표현할 수 없으나, 고인이 육신의 장막 집을 쓰고 사는 동안 갖가지 희로애락을 믿음으로 극복하면서 한평생 살다가 하나님의 부르심을 받아 지금은 하나님과 함께함을 믿고, 그 남은 시신을 장례 하기 위해 입관 예배를 드리오니 이 예배를 영광 중에 받으시고, 고인의 유가족들을 위로하여 주옵소서.

입관 예배를 드리며 애통해하는 우리 모두에게 하늘의 평화를 누리게 하시고, 큰 위로를 내려주옵소서. 특별히 유족들이 소망의 주님을 바라보게 하시고 슬픔으로 인하여 마음에 흔들림이 없도록 성령께서 붙들어주옵소서. 이후에 있을 모든 장례의 절차 위에도 함께해주시고 어려운 일 만나지 않도록 도와주옵소서.

장례 예식를 집례하는 목사님과 함께하시고 피곤치 않도록 붙들어 주옵소서. 성령의 능력으로 말씀을 선포할 수 있게 하셔서 장례에 참여한 모든 이에게 은혜가 넘치게 해 주옵소서. 주 예수님의 이름으로 기도드립니다. 아멘.

장례예식 기도문

(입관)

　생명의 주인 되신 하나님 아버지! 귀중한 생명이 하나님의 섭리로 세상을 떠났기에 우리는 애태우며 슬픈 마음으로 입관 예배를 드립니다. 드려지는 이 예배를 받으시고 육신의 정을 잊을 수 없기에 고인의 죽음 앞에서 안타까운 심정으로 예배하는 유가족들에게 새 힘을 주옵소서. 더 이상의 슬픔이 없도록 주님께서 이들을 보호하여주옵소서.
　고인은 이 땅에서의 수를 다하였기에 하나님의 부름을 받은 줄 믿습니다. 너무 오래도록 슬퍼하지 않게 하시고, 세상 근심과 염려를 다 버리고 하나님 나라에서 승리의 면류관을 쓰고 영생의 복을 누릴 것을 믿고 감사하는 신앙인이 되게 해 주옵소서.
　자비로우신 하나님, 고인이 세상에 사는 동안 하나님께서 그를 부르사 예수 그리스도를 믿게 하시고 영원한 후사로 세워주신 것을 감사합니다. 이 시간 고인이 사랑하는 유족들에게 평소에 권면하고 가르치던 교훈들이 생각나게 하시고, 고인의 귀한 신앙과 진실한 생활을 본받게 하시며, 한평생 걸어갔던 믿음의 길을 따라가게 하옵소서. 신앙생활의 모본이 되게 하시옵소서.
　말씀 전할 목사님에게 성령으로 기름 부어주셔서 이 시간이 슬픔의 시간이 아니라 남은 생애를 믿음으로 살아가겠다는 결단과 헌신의 시간이 되게 해 주옵소서. 스데반 집사가 순교의 순간 눈을 들어 하늘을 바라봄으로 큰 위로와 새 힘을 얻은 것처럼 저희도 그러한 은혜를 입게 해 주옵소서.
　예수님의 이름으로 기도드립니다. 아멘.

(입관)

생명의 근원 되시는 하나님! 모든 인생은 죄로 말미암아 영벌을 받을 수밖에 없는 죄인이지만 우리 주님 구속의 은총으로 구원하여주시고, 영생의 소망을 가지고 살게 하시는 은혜를 생각할 때 하나님께 영광과 찬양을 돌립니다.

고인이 세상에서 사는 동안 일찍이 불러주셔서 하나님의 자녀 됨의 은총을 덧입혀주시고 하늘 백성으로 충성을 다하였으니 큰 상급이 있음을 믿고 위로를 받습니다.

이제 고인의 시신을 입관하여 장례를 준비하고자 하오니 성령께서 이 자리에 임재하셔서 슬퍼하는 유족과 친구들을 위로하여주시고, 그들에게 믿음과 소망을 더욱 굳게 하여주옵소서.

예수께서 "너희는 마음에 근심하지 말라. 하나님을 믿으니 또 나를 믿으라. 내 아버지 집에 거할 곳이 많도다. 그렇지 않으면 너희에게 일렀으리라. 내가 너희를 위하여 거처를 예비하러 가노니 가서 너희를 위하여 거처를 예비하면 내가 다시 와서 너희를 내게로 영접하여 나 있는 곳에 너희도 있게 하리라"(요 14:1-3)고 하신 말씀을 기억하며 소망을 갖게 해 주옵소서.

자비로우신 하나님, 이 시간 고인의 입관 예배를 드리는 저희에게 성령으로 감동을 주셔서 다시 한번 신앙의 옷깃을 여미게 하시며 불현듯 우리 앞에 찾아올 마지막 때를 준비할 수 있게 하옵소서. 이후에 있을 장례 순서 절차를 주장해주시고 하나님의 영광이 드러나게 하옵소서.

믿는 자들의 처소를 준비하신다 약속하신 예수 그리스도의 이름으로 기도드립니다. 아멘.

장례예식 기도문

(발인)

인류의 역사와 개인의 생사화복을 주관하시는 하나님! 지금 저희는 이 세상을 떠나 하나님 앞으로 가신 고 OOO 님의 장례식을 거행하고자 합니다. 한없이 연약한 인생들이 슬픈 마음으로 하나님 앞에 머리 숙였사오니 긍휼히 여기시고, 위로를 내려주옵소서.

특별히 고인을 먼저 하나님 나라로 보내면서 슬퍼하고 있는 유족들에게 하늘의 평강을 허락해주옵소서. 고인의 빈자리를 바라볼 때마다 마음 아프고 슬퍼할 가족들에게 더 큰 믿음, 흔들리지 않는 견고한 믿음을 주셔서 잘 견디어 낼 수 있게 하옵소서. 영원히 변치 않고 우리를 사랑하시는 하나님, 그 사랑 다시 한번 확인하며 그 사랑 가운데 거할 수 있는 은혜를 주옵소서.

지금 고인이 된 주의 종이 이 세상에서 신앙생활을 하는 동안 선한 싸움을 싸워 승리하였고, 진실되고 착실한 봉사를 통해 교인들에게 본을 보인 것을 영원히 잊을 수가 없습니다. 우리도 그의 뒤를 따라 하나님의 영원한 나라의 유업을 계승할 그날을 기다리면서 항상 소망 중에 즐거워하며 모든 시련을 극복하며 전진할 수 있는 신앙을 주시옵소서.

죽음의 현실 앞에서 슬퍼하며 울 수밖에 없는 우리 모두에게 하나님의 크신 은총을 베풀어주옵소서. 우리 자신을 하나님의 선하심과 자비에 맡기면서 영원한 삶의 희망을 바라보게 하여 주시옵소서. 육신적으로 잃어버린 것들을 신령한 것으로 회복하게 하시고 하관 예배와 남은 모든 절차를 주관해주옵소서.

사랑이신 예수님의 이름으로 기도드립니다. 아멘.

(발인)

생명의 주인이신 하나님! 고인은 주님을 위해 살고 주님을 위해 죽기를 바라면서 일생을 살아왔습니다. 그러기에 살아도 주님의 것이요 죽어도 주님의 것임을 믿습니다. 또한 그리스도께서는 죽은 자의 주도 되고 산 자의 주도 되기 위해 죽으셨다가 다시 살아나셨음을 우리가 믿고 머리 숙여 기도드립니다.

이 시간이 부활에 대한 소망이 새로워지는 시간이 되게 하시고, 성령께서 이 자리에 임재하사 이 순간이 영원과 이어지는 시간이 되게 하여 주시옵소서. 주의 인자하심으로 위로를 주시고, 먼저 보낸 고인을 천국에서 다시 만날 때까지 믿음의 길에서 벗어나는 일 없도록 인도하옵소서.

전능하시며 영원하신 하나님 아버지! 영원무궁하신 아버지의 뜻에 머리를 숙이오니 주님의 깊은 뜻을 깨닫게 하시옵소서. 죽음 앞에 선 우리가 인간의 생명이 한낱 티끌임을 깨닫고 영원하신 주님을 더욱 사모하게 하옵소서.

인생은 풀과 같은 것, 들에 핀 꽃처럼 한 번 피었다가 스치는 바람에도 곧 사라져 그 있던 자리조차 알 수 없는 존재입니다. 우리에게 우리 날 계수함을 가르치사 지혜의 마음을 얻게 하시고, 세월을 아끼고 주의 뜻을 이루는 일에 온전히 쓰이게 하옵소서. 임종에서부터 지금까지 함께하신 하나님, 장지까지 가는 길에도 동행하시며 하관 예식에도 함께해주옵소서.

사망 권세를 이기시고 부활하심으로 승리하신 예수님의 이름으로 기도하옵나이다. 아멘.

장례예식 기도문

(하관)

전능하신 하나님 아버지, 지금 믿음의 형제를 이곳에 안장하려고 합니다. 흙에서 온 인생이 흙으로 돌아가려는 하관 예식을 지켜보기 위해 믿음의 형제들이 모였습니다. 땅에서 온 몸은 땅으로 돌아가고 생명은 하나님께 받은 것이기에 이미 하나님께로 돌아간 줄을 믿습니다.

오 하나님, 간구하옵기는 사랑하는 이를 이렇게 보내야 하는 유족들과 믿음의 형제들에게 주님의 위로를 내리시며 영원한 소망을 갖게 하옵소서.

썩을 몸이 땅에 묻히지만 썩지 않을 몸으로 다시 살아날 것을 믿습니다. 천한 몸이 이 땅에 묻히지만 영광스러운 몸으로 다시 살아날 것을 믿습니다. 약한 자가 땅에 안장되지만 강한 자로 다시 살아나며, 영적인 몸으로 부활할 것을 믿고 여기에 안장합니다. 하나님 말씀에 따라 주님 다시 오시는 날 마지막 나팔 소리가 울릴 때 눈 깜짝할 사이도 없이 죽은 이들이 썩지 않을 몸으로 다시 살아날 것을 확신합니다. 이 시간 하관 예식을 지켜보는 모든 이에게 부활의 믿음을 주시옵소서.

임마누엘 되신 하나님, 사랑하는 유가족들이 이 땅에서 살아가는 동안에 동행하시며 인도하사 마침내 인간의 손으로 지은 것이 아닌 영원한 천국, 하나님의 장막에 기쁨으로 들어가게 하시고 저희가 지금까지 경험하지 못한 아름다운 천국을 믿을 수 있도록 도와주시옵소서.

다시 오시마 약속하신 예수님의 이름으로 기도합니다. 아멘.

(하관)

　전능하신 하나님! 우리에게 귀한 믿음을 주시고 저희로 하여금 하나님의 변치 않는 사랑으로 인해 현재의 삶 속에서 두려움 없이 살게 하신 은총을 감사합니다.
　인생은 자기의 수한대로 살다가 세상을 떠나야 하는 나그네인 것을 압니다. 나그네와 같은 인생 여정이 잠시 잠깐은 즐거웠으나 수고와 근심과 질병으로 밤잠을 설치며 고통스러워 눈물로 세월 가기를 기다렸던 이들이 헤아릴 수 없이 많사오나, 이곳에 안장될 고인은 예수 그리스도를 주인으로 모시고 본향을 사모하며 소망 중에 살게 하셨사오니 슬픔 중에도 감사를 드립니다.
　고인의 시신은 땅속으로 들어가지만 영혼은 하나님의 품에 거하게 됨을 믿습니다. 또한 믿는 자에게 생명의 부활이 주어지고 믿지 않는 자는 심판의 부활을 하게 된다는 것을 압니다. 이 시간 함께 모여 이 하관 예식을 지켜보는 유족들과 모든 조문객에게 믿음을 새롭게 다질 수 있는 은혜를 주시고, 아직 예수 그리스도를 영접하지 않은 이에게는 영안이 열려 하나님 나라의 비밀을 보게 해 주옵소서.
　장례의 마지막 절차를 거행하는 이 시간 더욱 안타까워 견디기 힘든 유족들이 있습니다. 사랑하는 가족이었지만 고인이 가는 길을 함께할 수 없기에 무력한 인생임을 깨닫습니다. 이 산에 사랑하는 가족을 홀로 놓고 허전한 마음으로 내려가야 하는 야속함을 주께서 아시오니 이 길 힘을 주시옵소서.
　예수님의 이름으로 기도드립니다. 아멘.

장례예식 기도문

(하관)

사랑이 많으신 하나님 아버지, 지금까지의 장례 일정을 도우시고 함께해주신 은혜를 감사드립니다.

이 땅에 하나님의 사람으로 살던 고인이 갑작스러운 부르심을 받아 그 영혼이 주님의 곁으로 갔습니다. 이제 흙으로부터 온 육신이 흙으로 돌아갑니다. 차가운 땅에 묻힌 고인을 보고 애통해하지 않고, 오히려 고통도 사망도 눈물도 없는 안전한 하나님 나라에서 살게 될 고인을 생각하며 위로받게 하옵소서.

외아들을 주시기까지 우리를 사랑하시는 하나님! 독생자이신 예수 그리스도는 부활의 첫 열매이십니다. 그분께서 문둥이의 썩은 살을 만지시니 그곳에 새살이 나고, 절름발이의 부러진 뼈를 주무르신즉 그 몸이 성하여 건강한 인생이 된 것같이 각색 병든 자를 살리시는 주님은 부활의 힘이신 것을 믿습니다. 주님께서 주신 부활의 소망을 잃지 않게 하시고 모든 생명이 하나님께 있음을 알게 하옵소서. 우리 생명을 주님께 의탁하고, 하나님의 섭리와 경륜에 순복하면서 살아가게 하옵소서.

하나님, 혈육의 정을 끊을 수 없어 마음 아파하는 유족들을 따뜻한 손으로 보듬어주시고 앞으로의 삶도 주장해주셔서 어려운 일 만나지 않게 해 주옵소서. 복음을 가진 자로서의 삶을 살게 하시고, 담대하게 복음을 전하는 복된 삶을 살 수 있도록 인도해주옵소서. 말씀을 들을 때에 위로가 있게 하시고 새 힘을 얻게 하옵소서. 슬픔과 이별의 자리가 변하여 환송의 자리가 되게 하옵소서.

죽음의 권세 물리치시고 다시 사신 예수님의 이름으로 기도드리옵나이다. 아멘.

(첫 성묘)

사랑과 은혜가 충만하신 아버지 하나님! 고 ○○○님이 하나님의 부르심을 받고 시신이 잠들어 있는 묘소 앞에 모여 이 시간 추모예배를 드리오니 찬양과 영광을 받으시옵소서.

사랑하는 고인이 우리 곁을 떠났을 때, 그 황망함과 슬픔으로 눈앞이 깜깜했지만, 하나님 나라에 가신 고 ○○○님을 믿음의 눈으로 바라보며 위로받게 하신 것을 감사합니다. 또한 "세상 끝날까지 너희와 함께하겠다"고 말씀하신 주님이 저희 곁에서 힘을 주시고 소망을 주셔서 슬픔을 극복하게 하시니 감사합니다. 장례 기간 동안 좋은 날씨를 주시고 많은 성도와 친지들이 합력해서 장례식을 은혜롭고 정중하게 마칠 수 있도록 도와주심도 감사드립니다.

자비로우신 하나님, 이제 구하옵나니 모든 유가족을 능력의 장중에 붙드셔서 험난한 세상을 믿음 안에서 승리하며 살게 해 주옵소서. 고인의 빈자리를 주님이 친히 채워주시고, 그가 섬기던 교회의 빈자리도 유가족들이 계승해서 메꾸어갈 수 있도록 은혜를 베풀어주옵소서. 여러 자손이 더욱 화목하게 하시고 홀로 남은 어머니(아버지)를 효성으로 섬기도록 도와주옵소서.

고인이 하던 사업도 잘 이어받아 가문을 빛내는 후손들이 되게 하옵소서. 주님 다시 오실 때 기쁨으로 만날 수 있도록 신앙을 새롭게 하여 믿음 안에 거하게 하시고, 고인의 유훈을 다시 한번 되새기는 은혜의 성묘 예배가 되게 해 주옵소서.

부활의 첫 열매가 되시는 예수님의 이름으로 기도합니다. 아멘.

장례예식 기도문

(추모)

　우리의 힘이신 전능하신 하나님, 사랑하는 가족을 잃은 슬픔을 이제 거두시고 다시 평안한 마음을 주시니 감사드립니다. 우리 곁을 먼저 떠난 고 OOO님을 추모하며 예배를 드리오니 영광 받으시고 크신 은혜 허락해주옵소서.
　고인을 잃은 슬픔을 이기기 어려웠으나 하나님을 아버지로, 예수님을 남편으로, 친구로 모시고 위로하시는 성령님과 더불어 살 수 있게 하심을 감사드립니다. 또한 참 좋은 가족을 주셔서 예수 믿게 하시고 화목하게 하셨으니 더욱 감사합니다.
　고인이 이 세상에 있을 때보다 가족들을 더 화목하게 하시고 자녀들에게도 은혜를 베푸셔서 올곧게 성장할 수 있도록 지켜주옵시고 의인의 자손이 걸식하는 것을 보지 못하였다고 했사오니 고인의 후손들도 늘 물질이 풍성하여 나누어주는 삶을 살 수 있게 해 주옵소서. 고인을 다시 만날 때까지 주신 믿음 잃지 않게 하시고 복음의 일꾼으로서의 사명을 충실히 감당하게 하옵소서. 내게 능력 주시는 자 안에서 승리의 삶을 살 수 있도록 도와주옵소서.
　우리를 향한 하나님의 소리를 듣게 하옵소서. 게으르지 않고 부지런하여 종의 도를 다하게 하시고, 기도하기를 쉬지 않게 하심으로 영성 있는 삶을 살게 하옵소서. 고넬료의 가정과 같이 경건한 가정, 예수만 섬기는 가정이 되게 하옵소서.
　섬기는 교회에서 맡겨진 일들도 기쁨으로 감당하게 하시며, 풍성한 열매를 맺도록 함께하옵소서. 말씀을 주야로 묵상하며 사모하게 하시고 듣고 배우며 그 말씀 지키는 행함의 믿음을 허락해주옵소서. 예수님의 이름으로 기도드립니다. 아멘.

내가 진실로 진실로 너희에게 이르노니
내 말을 듣고 또 나 보내신 이를 믿는 자는
영생을 얻었고 심판에 이르지 아니하나니
사망에서 생명으로 옮겼느니라

_요한복음 5:24

부흥회 기도문

부흥회 열게 하심 감사 하나님 아버지! 우리 성도들을 사랑하사 성회를 허락하여주심을 감사드립니다. 저희가 성회에 베푸실 은혜를 사모하게 하여 주심도 감사드립니다. 주님을 사모하고 은혜를 사모하여 이 시간을 기다렸사오니 하늘 문을 여사 큰 은혜를 주시옵소서. 성령 충만하게 해 주시옵소서.

닫혔던 마음을 회개 하나님! 항상 깨어 주님을 섬겨야 하는데 세상에 마음을 빼앗겨 하나님을 향한 마음이 많이 닫혀 있었음을 고백합니다. 교회와 성도들을 돌아보는 마음과 눈과 귀도 많이 닫혔음을 회개합니다. 이번 성회를 통해 닫힌 마음을 활짝 열어주시옵소서. 하늘 문이 열리고 우리 마음도 활짝 열리게 하옵소서.

열어주시기를 구함 이 시간 하늘 문을 여시고 주의 성령께서 우리 가운데 임하사 닫힌 마음을 열어주옵소서. 우리가 이 시간 하나님을 향해 우리 몸과 마음을 다 엽니다. 우리를 불쌍히 여기사 은혜를 더하시옵소서. 은혜받아 그동안 닫아 두었던 봉사의 문이 열리고, 헌신의 문이 열리게 하옵소서. 전도의 문을 열어 성회 중에 믿지 않는 이들에게 전도하여 그들이 하나님 만나 구원에 이르게 하옵소서. 성도들과 이웃을 향해 그동안 닫아 둔 마음을 열어 이웃을 내 몸같이, 성도들을 나보다 더욱 사랑하게 하시옵소서. 교회를 향해 닫힌 마음을 열어 충성하고 교회를 돌보게 하옵소서. 아내와 남편을 향해 닫히고 서운한 마음을 열어 가정 천국을 이루게 하옵소서. 목사님에게 성령 충만함을 주사 전하는 주의 말씀으로 우리 마음을 다 열어주시옵소서.

우리의 마음 문을 두드리시는 예수 그리스도의 이름으로 기도드립니다. 아멘.

우리와 함께하심을 감사 성회를 열어 말씀으로 은혜 주시고 성령으로 우리를 만나주시는 하나님께 감사드립니다. 아버지 하나님! 우리를 고아처럼 버려두시지 아니하시고 항상 우리와 함께하사 우리를 보호해주시고 오늘까지 선히 인도하심을 감사드립니다.

함께하심을 모르고 산 것을 회개함 하나님 아버지! 우리에게 말씀하시는 하나님 말씀을 알아듣지 못하고, 보지 못하여 방황하며 살아가는 저희를 불쌍히 여기시옵소서. 우리 안에 거하시는 성령님을 느끼지 못하고 사는 영적 둔감함을 용서하시옵소서. 주님이 함께하심을 감사하며 누리는 믿음을 주시옵소서.

함께하심을 체험하는 성회 되기를 구함 성회를 통하여 하나님을 만나게 하옵소서. 성령 충만함을 체험하여 영혼과 육신이 고쳐지는 체험이 있게 하옵소서. 하나님을 경험하여 하나님 사랑, 이웃 사랑하는 능력을 주옵소서. 말씀이 생명이 되고 우리 앞길 인도하는 체험을 하게 하옵소서. 온몸과 마음으로 주님을 찬양케 하옵소서. 기도의 문을 여시는 경험을 통해 기도의 능력과 응답의 기쁨도 더하시옵소서. 하나님을 모르는 이웃들을 강권하여 데리고 나와 새신자들로 교회를 채우게 하옵소서. 교회가 부흥되게 하소서.

하나님과 동행하게 하옵소서 성회를 통해 하나님을 깊이 체험하여 하나님 함께하심을 항상 알게 하소서. 하나님과 동행하는 삶을 통해 하나님의 일에 민감하게 하시므로 하나님이 기뻐하는 사람 되게 하소서. 우리 안에 계시는 예수님의 이름으로 기도드립니다. 아멘.

부흥회 기도문

부흥을 주신 하나님께 감사 성회를 통해 은혜 위에 은혜를 더하시는 하나님께 감사드립니다. 우리 교회를 세우시고 오늘날까지 부흥케 하심을 감사드립니다. 무지하고 가난했던 민족을 복 주사 교회와 더불어 나라도 부강케 하심을 감사드립니다.

전도를 게을리함을 회개 많은 교회가 부흥을 경험하지 못하고 있습니다. 뜨겁게 부흥했던 교회가 부흥이 정체되고 후퇴함을 우리의 책임으로 알고 회개합니다. 그동안 우리는 성령의 역사를 제한하고 믿음의 조상들의 열심을 잃어버렸습니다. 교회가 세상으로부터 지탄받으며 젊은이들이 사라졌습니다. 우리 죄를 용서하시고 다시 전도의 문을 열어 부흥의 역사를 일으켜주옵소서.

부흥을 구함 성회를 통해 부흥되게 하옵소서. 성령이여 우리에게 임하시옵소서. 성도들의 가정이 영적으로 부흥되며 생업도 부흥케 하옵소서. 말씀에 큰 힘을 얻어 교회가 부흥의 불길로 타오르게 하옵소서. 전도의 문을 열어주사 죄인들이 주님을 찾게 하옵소서. 어린 영혼과 젊은이들이 돌아오게 하옵소서. 교회가 가난한 이들의 따뜻한 이웃이 되게 하옵소서. 병든 이들을 치료하는 성도들 되게 하여 주시옵소서. 사랑이 충만하고 헌신의 열정이 뜨거운 교회가 되게 하여 주시옵소서. 교회의 부흥과 더불어 우리나라도 번영케 하여 주시옵소서. 사람들도 성숙해지고 경제도 성장하며 특별히 젊은이들이 마음껏 일할 수 있는 나라가 되게 하여 주시옵소서. 말씀 전하시는 주의 종에게 성령의 권능을 주사 크신 역사가 나타나고 모든 심령이 부흥케 하여 주시옵소서. 예수님의 이름으로 기도드립니다. 아멘.

하나님의 형상으로 창조하심을 감사 하나님 아버지! 하나님의 은혜를 구하는 성회로 모일 수 있는 은혜를 주셔서 감사합니다. 하나님께서 우리를 하나님의 형상을 따라 창조하사 하나님을 사모하는 마음을 주셔서 감사드립니다. 범죄함으로 하나님의 형상을 잃어버렸으나 우리를 사랑하사 예수 그리스도를 통해 다시금 우리를 하나님의 형상으로 회복시켜주신 은혜를 무한 감사드립니다.

하나님의 형상대로 살지 못한 죄를 회개함 하나님을 따라 살면서 동시에 세상을 따를 때가 많았으며, 은혜를 사모하다가도 썩어져가는 구습을 따랐던 것을 고백하며 회개합니다. 교회에서는 하나님의 자녀임을 내세우다가도 세상에 나가면 쉽게 사탄의 유혹에 빠져드는 연약한 저희를 십자가의 보혈로 용서하옵소서. 이제 회복된 하나님의 형상을 따라 세상을 살기 원합니다.

하나님의 형상을 회복하여 살기를 구함 하나님 아버지! 성회를 통해 우리의 심령까지 하나님의 형상으로 회복되게 하옵소서. 구원의 감격이 회복되게 하옵시며, 첫사랑이 회복되게 하옵시며 성령 충만이 회복되게 하여 주시옵소서. 전도의 열심을 회복하게 하옵소서. 성회 중에 한 사람씩 전도하여 그들로 하나님의 형상이 회복되는 은총을 베푸소서. 찬양을 회복시켜주소서. 성도들이 경건과 영성이 회복되게 하옵소서.

교회 안에 그리스도의 영이 충만하여 성도들이 풍성한 생명을 얻게 하여 주시옵소서. 목사님이 하나님의 말씀을 전할 때 죽은 영혼이 살아나고 하나님께 영광을 돌리게 하옵소서.

예수 그리스도의 이름으로 기도드립니다. 아멘.

부흥회 기도문

비전 주심 감사 하나님 아버지! 성회를 통해 하나님의 은혜를 체험하게 하심을 감사드립니다. 세상에 소망을 두고 살던 우리에게 썩지 아니하고 변치 아니하는 소망을 주셔서 감사합니다. 우리에게 영생하는 생명을 주시고 부활의 소망 주시며 삶에 비전을 주신 것을 감사드립니다.

비전을 상실했음을 회개 하나님 아버지! 주님으로 충만했던 우리가 세상의 꿈만 안고 살아가고 있었음을 고백합니다. 주님! 교회가 세상에 소망을 두다 보니 주께서 세상의 희망마저 차츰 거두어 가심을 봅니다. 많은 가정이 도덕적 경제적 위기에 처해 있습니다. 젊은이들이 교회를 떠나 세상으로 향했으나 세상에서 직업을 찾지 못해 방황하고 있습니다. 성도들이 꿈을 잃고 세상도 소망을 잃었습니다. 우리의 잘못임을 고백하오니 용서하시고 새 희망을 주시옵소서.

하나님 주시는 꿈을 안고 살게 하옵소서 성령이 임하면 젊은이들이 환상을 보고 늙은이들이 꿈을 꾸리라고 하신 주여! 우리에게 성령으로 충만하게 임하시옵소서. 성회를 통해 우리의 비전이 회복되게 하옵소서. 마른 뼈처럼 메마른 우리 영혼이 살아나는 비전을 주옵소서.

청년들이 환상을 보아 교회를 살리고 직장을 살리며 나라를 살리게 하옵소서. 성회 중에 복음 전도의 능력과 비전을 주사 이번 성회에 이웃과 친구들을 데려와 그들을 구원하는 하나님의 권능을 보게 하옵소서. 우리의 소망이신 예수님의 이름으로 기도드립니다. 아멘.

주신 은혜 감사 주님 성회에 베푸시는 크신 은혜를 감사하며, 더욱 크신 은혜 주실 것을 기대합니다. 늘 우리에게 좋은 것 주심 감사드립니다. 우리에게 성령을 주심 감사합니다. 일용할 양식 주심 감사합니다. 함께 하나님 섬기는 교우들 주심 감사합니다.

능력을 상실함을 회개 하나님 주신 좋은 것 대신 썩어 없어질 것을 열심히 구했음을 고백합니다. 성령을 주셨으나 성령의 권능을 상실하고 살았음을 고백합니다. 기도의 능력 상실하고 전도의 열심 잃어버렸음을 회개합니다. 교회에서는 성도이나 세상에 나가면 성도의 능력을 발휘하지 못하고 살았음을 고백합니다. 이번 성회를 통해 새 능력 받기를 간구합니다.

능력 받는 성회 되기를 구함 하나님 성회 중에 우리에게 성령의 권능을 주사 성령의 사람 되게 하옵소서. 성령 받아 땅끝까지 복음 전하는 전도의 문 열어주옵소서. 이번 성회에 이웃을 강청하여서라도 이 전을 채워 복음을 듣게 하옵소서.

사랑의 능력을 부어주사 하나님을 사랑하고 이웃을 내 몸처럼 사랑하여 복음 전하게 하옵소서. 섬기는 능력을 주사 주님처럼 복음으로 세상을 섬기게 하옵소서. 복음을 위해 고난받기를 기뻐하는 능력을 주시옵소서. 성회에 참석한 우리 모두에게 성령의 능력을 부어주사 새롭게 주님을 섬기고 세상에 복음 전하게 하여 주시옵소서. 이 시간 목사님이 전하는 말씀이 성령의 권능으로 우리에게 임하사 성령으로 주님 섬기게 하옵소서.

예수 그리스도의 이름으로 기도드립니다. 아멘.

부흥회 기도문

성령의 은사 주심을 감사 하나님 아버지! 우리를 하나님 자녀 삼아 주신 은혜를 감사드립니다. 항상 좋은 것으로 풍성하게 주심을 감사드립니다. 자녀 삼을 때 성령을 부어주심 감사합니다. 성령 주시고 성령의 은사 주심을 감사드립니다. 우리가 방황할 때도 성령께서 바른길로 인도해주심을 감사드립니다.

은사에 무지함을 회개 하나님 아버지! 우리 중 많은 이가 성령 받은 줄을 알지 못하고, 성령의 은사 받은 줄도 모르고 신앙생활하고 있음을 고백합니다. 우리의 무지함을 용서하여주옵소서. 성령의 은사로 교회를 섬기다가 잠시 쉬면서 이제는 육신의 정욕을 따라 사는 때도 있습니다. 회개합니다. 용서해주옵소서.

은사가 회복되기를 구함 하나님! 금번 성회 중에 받은 은사가 무엇인지 모르는 성도들에게는 은사를 알려주시옵소서. 은사를 알고 있으나 능력을 잃어버린 성도들에게는 성령의 은사가 불일 듯 회복되게 하옵소서. 병 고치는 은사를 주사 병든 이들에게 복음 전하게 하옵소서. 섬기는 은사를 주사 섬김으로 전도하게 하옵소서. 믿음의 은사를 더하사 믿음 충만한 교회 되게 하여 주시옵소서. 방언하고 예언하며 통역하는 은사를 회복시켜 주시옵소서.

주신 은사로 서로를 섬기고 세상을 섬겨 우리 이웃에서부터 먼 곳까지 복음 전해 교회가 주님을 찾아오는 이들로 넘치게 하옵소서. 구원받는 이들이 많아지게 하시고 온 세상이 구원의 은총을 덧입게 하시옵소서.

예수 그리스도의 이름으로 기도드립니다. 아멘.

오직 성령이 너희에게 임하시면 너희가 권능을 받고
예루살렘과 온 유대와 사마리아와 땅 끝까지 이르러
내 증인이 되리라 하시니라

_사도행전 1:8

전교인 수련회 기도문

하나 되게 하심을 감사 하나님 아버지! 하나님의 자녀들이 한날 한 장소에서 한솥밥을 먹으면서 몸과 마음이 하나 되어 함께 하나님 은혜를 사모할 수 있는 수련회를 허락해주심을 감사드립니다. 수련회를 통해 성도들이 주 안에서 하나 되고 성령의 띠로 하나 됨을 실천할 기회 주심을 감사드립니다.

하나 됨을 이루지 못한 것을 회개 우리는 주 안에서 하나이면서도 그동안 하나 됨을 잊고 살았음을 고백합니다. 친한 사람 외에는 성령으로 하나 된 것을 느끼지 못했습니다. 주 안에서 하나 된 형제자매보다 세상 친구들과 더 잘 어울렸습니다. 우리의 무지함을 용서하여주옵소서.

하나 됨을 이루는 수련회 되기를 구함 우리를 하나로 묶는 성령이시여! 수련회 중 우리에게 임하사 우리가 하나 됨을 지키게 하옵소서. 불편했던 형제와 화해하고 무심했던 자매와 어깨동무하는 은혜를 주옵소서. 우리를 통해 온 교회가 하나 되고 세상이 하나 되게 하옵소서. 부부가 하나 되어 가정이 행복해지게 하옵소서. 선생과 학생이 하나 되어 학교가 살게 하옵소서. 노사가 하나 되어 경제가 부흥케 하옵소서. 남과 북이 한나라 되어 우리의 젊은이들이 세계를 누비게 하옵소서.

이번 수련회를 통해 가정에서, 교회에서, 직장에서 하나 됨을 실천하여 우리가 하나 되어 사랑함을 세상이 알고 사람들이 주 앞으로 돌아와 그들도 우리와 하나 되게 하옵소서. 온 나라가 하나 되게 하소서.

온 천하 만민의 한 주님이신 예수 그리스도의 이름으로 기도 드립니다. 아멘.

감사 하나님 아버지! 분주한 삶의 터전을 잠시 떠나 하나님 창조하신 세상 가운데에서 하나님을 뵈올 수 있는 수련회를 주셔서 감사드립니다. 수련회를 통해 하나님을 뵈옵고 우리 주님을 만나며 성령의 세미한 음성을 들려주사 성삼위 하나님을 향한 우리의 영성이 깨어나고 자라게 하여 주시옵소서.

어두워진 영성을 회개함 마음이 청결한 자 하나님을 보리라고 했는데 죄로 더러워져 하나님을 뵙지 못하고 살았음을 고백합니다. 세상 소리에 귀가 멀어 주님의 세미한 음성을 놓치며 살았음을 회개합니다. 진리의 길로 인도하시는 성령님의 인도하심을 모르고 살았음을 회개합니다. 우리의 어두워진 영성을 회개하오니 주의 보혈로 사하여 주옵소서.

영성이 회복되기를 구함 이번 수련회를 통해 우리의 영성이 회복되기를 원합니다. 우리 곁에 계시는 하나님을 뵈옵고 하나님과 동행하기를 원합니다. 우리 안에 거하시는 주님 말씀에 귀 기울이며 순종하기를 원합니다. 우리 앞길을 인도하시는 성령님의 인도로 미래의 비전을 보기 원합니다. 내 말 들어달라고 아우성치지 말고 다른 이들의 목소리에 귀 기울이기를 원합니다.

가족들의 호소에 귀 기울이며, 성도들의 한숨을 듣기 원합니다. 세상의 아픔을 듣게 하사 세상을 치유하는 은혜를 주옵소서. 우리에게 주신 사명을 다하게 하옵소서.

우리 안에 계시면서 우리로 주님 안에 있어 많은 열매 맺기를 원하시는 주 예수 그리스도의 이름으로 기도드립니다. 아멘.

전교인 수련회 기도문

찬양 하나님 아버지! 수련회를 통해 은혜 주심을 감사드립니다. 사방으로 보이는 창조물들이 창조하신 목적에 따라 조화를 이루는 모습이 놀랍습니다. 하늘이 하나님의 위대하심을 노래하며, 산과 그 안의 피조물들이 창조주의 넉넉하심을 찬양합니다. 넓은 들판이 하나님의 풍요로우심을 경배합니다. 여기 있는 아름답고 존귀한 성도들과 천하 만물이 하나님의 영광을 소리 높여 찬양합니다.

우리가 창조의 목적을 잊고 산 것을 회개함 하나님의 영광을 위해 살아야 마땅한 저희가 세상일에 몰두하다 하나님 영광 가리고 살았음을 고백합니다. 항상 깨어 있지 못하고 정신없이 살면서 목표를 잊어 사명은 소홀히 하고 세상일에 열심을 내었습니다. 하나님의 영광을 목표로 살기보다는 내 영광을 위해, 하나님의 일을 염려하기보다는 우리 일로, 진리를 위해 수고하기보다는 육신의 만족을 위해 수고했음을 회개합니다.

사명이 회복되는 수련회 되기를 구함 수련회를 통해 사명을 회복하게 하여 주시옵소서. 자기성찰의 기회가 되게 하여 주옵소서. 나를 구원하신 목적을 가슴에 새기게 하옵소서. 하나님 앞에서 해야 할 일이 무엇인지 확실히 알게 하여 주시옵소서. 사명을 새롭게 하는 수련회가 되게 하여 주옵소서. 수련회 프로그램 하나하나를 통해 우리의 영적 눈이 열리며, 귀가 열리게 하옵소서.

우리 주 예수 그리스도의 이름으로 기도합니다. 아멘.

생명의 근원이신 하나님을 찬양함 하나님 아버지! 생명의 기운으로 충만한 이곳에서 사랑하는 성도들과 수련회를 갖게 하심을 감사합니다. 만물이 생명 주신 하나님을 찬양합니다. 생명이 충만한 이곳에서 미지근해진 우리의 신앙을 소생케 하시니 감사드립니다. 하나님은 생명의 근원이시며 주인이시나이다.

생명을 파괴한 죄를 회개함 하나님 아버지! 얼마 전까지 우리 주변에서 함께 하나님을 찬양하던 벗들이 많이 사라졌습니다. 반딧불이며, 개똥벌레, 소똥구리, 기러기나 왜가리를 보기가 어려워졌습니다.

우리만 살겠다며 농약치고 산 허물고 바다에 쓰레기 퍼부어 금수강산이 많이 오염되었습니다. 피조물들이 많이 사라졌거나 멸종될 예정이라 합니다. 우리의 식탁과 물도 안전하지 않습니다. 자연을 파괴하고 생명을 죽인 것이 우리의 죄입니다. 저희의 죄를 용서하시옵소서.

생명의 소중함을 알기 원함 이번 수련회를 통해 생명의 소중함을 알게 하소서. 생명을 보살피고, 자연을 가꾸며 생명을 살리는 수련회가 되게 하옵소서. 소중한 생명을 죽이지 않게 하소서. 개미 한 마리, 풀 한 포기도 살아있는 생명으로 우리의 벗임을 알게 하옵소서. 온 천하에 하나님의 생명으로 가득 차도록 수고하게 하옵소서.

그리고 주님! 수련회 중에 죽은 영혼 살리는 복음 전도를 위해서도 힘차게 나서게 하옵소서. 교회가 구원받는 새 생명들로 넘치게 하소서. 그리하여 온 천하에 영적 새 생명과 피조물들의 생명이 충만하게 하소서. 생명의 주 예수 그리스도의 이름으로 기도합니다. 아멘.

전고인 수련회 기도문

변화를 감사 하나님 아버지! 야외 수련회를 통해 시간마다 은혜 주심을 감사드립니다. 아침의 고요가 변하여 한낮의 활기를 주심을 감사합니다. 또 저녁 시간에 명상의 은혜와 밤의 침묵 주심을 감사합니다. 죽었던 우리에게 새 생명 주시고 새 마음 주사 주님을 알게 하심을 감사드립니다. 세상 풍습을 좇던 우리가 회개하여 주님을 따르게 하심을 감사합니다.

변화되지 못함을 회개 새 생명 얻은 성도들이 새 생명의 능력으로 살아야 마땅한데 변화된 삶을 살지 못한 부분이 많음을 고백합니다.
죄를 이겨야 하는데 질 때가 많았고, 세상 유혹을 물리쳐야 하는데 세상을 즐길 때가 많았음을 회개합니다. 새사람으로 빛과 소금으로 살지 못했음을 회개하오니 용서하여주옵소서.

변화되기를 간구함 하나님! 이번 수련회가 우리를 성령의 사람으로 변화시키는 출발점이 되기를 원합니다. 세상을 이기는 힘을 기르는 수련회가 되게 하여 주옵소서. 복음으로 변화되는 수련회가 되게 하옵소서. 주의 말씀이 우리를 변화시키사 말씀으로 새 능력 받으며 성령의 능력을 힘입어 세상을 새롭게 하는 사람들 되게 하옵소서.
어두움을 물리치는 빛과 소금으로 살게 하옵소서. 사랑으로 섬기는 삶을 살게 하옵소서. 복음으로 세상을 변화시키게 하옵소서.
우리에게 변화된 새 생명 주신 예수 그리스도의 이름으로 기도합니다. 아멘.

만남을 주신 하나님께 감사 하나님 아버지! 하나님과 원수 된 우리를 사람의 몸을 입고 찾아와 만나주심을 감사드립니다. 죄악으로 가득한 우리를 찾아와 주의 보혈로 씻어주셔서 감사드립니다. 우리 안에 들어와 우리를 거룩한 성전 삼으신 성령님께 감사합니다. 우리에게 아름다운 세상 주심을 감사합니다. 좋은 이웃, 존귀한 성도들 주사 함께 섬기며 살아가게 하심을 감사드립니다.

만남을 소홀히 한 것을 회개함 하나님께서 우리에게 맺어주신 이웃들을 잘 섬기지 못했음을 회개합니다. 한 사람 한 사람을 하나님께서 내게 주신 영혼으로 여겨 섬기지 못한 것을 회개합니다. 우리에게 주신 자연을 잘 다스리고 가꾸기보다는 필요할 때 이용만 하다가 멸종에 이르게 하고, 환경을 파괴한 죄를 고백하며 용서를 구합니다.

만남을 통해 하나님 뵈옵게 되기를 구함 하나님! 이번 수련회에 모인 성도들과의 만남을 복 주시옵소서. 우리가 수련회를 통해 만남에 눈 뜨게 하여 주시옵소서. 모든 만남이 우연이 아니라 하나님의 섭리 속에서 이루어진 복된 만남인 것을 알게 하여 주시옵소서. 그리하여 만나는 사람을 하나님처럼 섬기게 하옵소서. 이곳에서의 만남의 은혜가 가정으로, 이웃들에게, 직장으로 확대되게 하여 주시옵소서. 지경을 넓혀 남과 북이 만나고 아시아와 아프리카가 손잡게 하옵소서. 사람과 자연이 서로 해치지 말고 도우며 살아가게 하여 주시옵소서. 우리에게 영원한 만남을 허락하신 예수 그리스도의 이름으로 기도합니다. 아멘.

전교인 수련회 기도문

주님께 영광 만왕의 왕이신 창조주 하나님께서 죄인들을 섬기시려고 이 땅에 오신 은혜를 감사드립니다. 임마누엘 되신 주께서 우리의 질병을 지사 우리에게 건강 주셨고 징계를 받음으로 우리가 평화를 누리고, 채찍에 맞음으로 우리가 나음을 입었나이다. 주님께서 생명을 다해 우리를 섬겨주심을 감사합니다.

섬기지 못한 것을 회개함 주님을 본받아 섬기며 살아야 할 저희가 섬기기보다는 섬김받기를 기뻐하며 살고 있음을 고백합니다. 하나님을 섬기기보다는 하나님께 은혜만 구하는 저희입니다. 사랑하기보다는 사람들로부터 사랑받으려 하고, 위로하기보다는 위로받기를 원하는 저희입니다. 주여, 우리의 완악함을 용서하시옵소서.

서로 돌아보아 섬기는 수련회 이번 수련회를 통해 섬기기를 기뻐하는 은총을 주시옵소서. 여기 모인 이들부터 잘 섬기게 하여 주시옵소서. 수련회에 참여한 이들을 기도로 섬기고, 격려가 되는 언어로 섬기며, 손을 내밀어 섬기게 하옵소서. 집으로 돌아가 가족을 섬기며, 교회의 성도 한 사람 한 사람의 필요를 따라 섬기게 하옵소서.

주의 이름으로 세상에 나아가 배고픈 이들에게는 쌀을, 병든 이들에게는 병 고침을, 환난당한 이들을 위로함으로 섬기게 하옵소서. 영혼을 구원하는 복음 전도로 섬기게 하옵소서.

우리를 섬기러 오사 생명을 주시기까지 섬기신 예수 그리스도의 이름으로 기도드립니다. 아멘.

나는 주께서 네 심령에 함께 계시기를 바라노니
은혜가 너희와 함께 있을지어다

_디모데후서 4:22

- 경건회 기도문
- 청소년 예배 기도문
- 기도시

경건회 기도문

● **제직회**

일꾼을 찾으시는 하나님, 먼저 저희에게 귀중한 직분을 허락해주신 것을 감사드립니다.

초대교회가 제직을 선발할 때 믿음과 성령의 충만함을 기준으로 삼았는데 저희가 그 기준에 합당한 자들이 될 수 있기 위해 부단히 노력하게 하옵소서. 초대교회의 제직들과 같이 저희도 칭찬받고 인정받는 일꾼들이 되기를 소원합니다.

이 시간 성령님이 이 회의의 의장이 되어주셔서 주님을 기쁘시게 해드리는 일들이 많이 의논되게 하시고 모든 것을 성령님과 함께 결정하는 은혜의 시간이 되게 하시옵소서. 이 제직회가 교회의 부흥과 성장의 출발점이 되게 해 주시기를 원하옵고 예수님의 이름으로 기도합니다. 아멘.

● **공동의회**

예수 그리스도를 교회의 머리가 되게 하신 하나님, 새 일꾼들을 선출하고자 공동의회를 열었사오니 이 일을 간섭해주셔서 주님의 뜻에 따라 합당한 사람이 세워지게 하옵소서.

교회를 위해 기도합니다. 이 민족 앞에 바른 방향을 제시해야 할 책임 의식을 가지고 우리 교회가 이 시대의 등불이 되게 하시며, 바른 방향으로 나아가게 하여 주옵소서. 이 공동의회가 이와 같은 교회가 되는 데 큰 역할을 감당하게 하옵소서.

공동의회를 통해 주님께서 피 흘려 세우신 이 교회를 위하여 더욱 기도하며, 봉사하며, 섬기기를 다짐하는 시간이 되게 하옵소서. 예수님의 이름으로 기도합니다. 아멘.

● **구역장 · 권찰회**

사랑이신 하나님, 저희에게 사랑의 눈을 주셔서 저희에게 맡겨주신 양 떼들을 사랑으로 보살피게 하옵소서. 그러므로 병든 양, 시험에 드는 양, 우리를 벗어나는 양이 없게 하여 주옵소서. 구역에 있는 성도들의 처지와 형편을 잘 알 수 있는 눈을 주시고 그들을 위해 기도하기를 쉬지 않고 위로하며, 낙심한 자들을 돌아오게 하는 일에 저희를 사용하옵소서.

영혼을 돌보는 귀한 직분을 맡은 저희가 봉사와 경건한 삶의 모범을 보일 수 있도록 동행해주셔서 하나님께는 영광을 교회에는 유익을 돌리게 하옵소서.

예수님의 이름으로 기도드립니다. 아멘.

● **교사회**

하나님, 천하보다 귀한 영혼들을 저희에게 맡기셨사오니 무릎으로 살게 하옵소서.

이 세상의 좋지 못한 일들과 잘못된 가치관, 오용되고 있는 인터넷으로부터 아동부 어린이들을 지켜주옵소서. 세상의 유혹에 흔들리기 쉬운 중,고등부 학생들을 주님의 능하신 오른팔로 강하게 붙들어주시고, 기독교 신앙의 가치관을 갖게 하여 주옵소서. 청년들이 창조주를 기억하게 하시고, 귀한 젊음을 주님께 드리며, 진리의 싸움을 힘써 싸우게 해 주시옵소서.

저희가 최선을 다하는 교사, 학생들의 일생에 좋은 영향을 미치는 교사, 평생 기억되는 교사가 되기 위해 배우고 기도하며 준비하게 하옵소서. 예수님의 이름으로 기도합니다. 아멘.

경건회 기도문

● 여전도회

여전도회를 사랑하시는 하나님, 저희가 하나님께 크게 쓰임받는 하나님의 도구가 되게 해 주심을 감사드립니다. 저희에게 사랑의 눈을 열어주셔서 사랑을 필요로 하는 많은 사람을 발견하게 하여 주시기를 소망합니다. 또한 사랑의 귀를 열어주사 상한 영들의 탄식 소리를 들을 수 있게 하옵시고, 그들의 소리에 응답하는 삶을 살게 하옵소서.

하나님, 저희는 세상의 한 가운데 있습니다. 향기 나는 우리의 생활로 주의 복음을 전하는 선교의 삶을 살게 하옵소서. 여전도회의 여러 가지 봉사를 통해 우리의 교회가 더욱 든든히 세워지게 하옵소서.

예수님의 이름으로 기도합니다. 아멘.

● 남전도회

저희를 불러 주신 하나님, 저희가 수동적으로 뒤따르는 자세를 갖지 않게 하시고, 주님이 주신 건강과 시간과 재능을 가지고 봉사와 전도에 앞장서게 하여 주옵소서. 신앙의 선배들에게 부끄럽지 않은 저희가 되게 하시고 또한 저희도 후배들에게 자랑스러운 선배로 기억되게 하여 주시옵소서.

남전도회 회원들을 기억해주옵소서. 서로가 사랑의 교제를 통해 이 세상에서 받은 상처를 치유받게 하시며, 전도에 힘쓰게 하여 주옵소서. 시간 없다, 능력 없다 핑계하지 않고 기도의 능력으로 감당하게 하옵소서. 예수님의 이름으로 기도드립니다. 아멘.

● **찬양대**

찬양받으시기를 기뻐하시며 찬양받으시기에 합당하신 하나님, 저희를 찬양대원으로 택해주심을 감사드립니다. 저희가 드리는 찬양이 신앙고백적인 찬양이기를 소원합니다. 가슴 깊은 곳에서 나오는 찬양, 하나님의 이름을 높이는 찬양이 되게 해 주시옵소서. 경건한 생활에 힘쓰고 그 경건한 생활이 찬양으로 표현되게 하여 주시옵소서.

저희가 부르는 찬양을 통해서 지치고 상한 성도들의 영혼이 위로와 새 힘을 얻게 하시고, 그들 마음속에 있는 근심과 갈등과 염려를 잠재우게 하시며, 마음에 평화를 얻게 하시옵소서.

예수님의 이름으로 기도드립니다. 아멘.

● **청년회**

우리의 소망이신 하나님, 곤고한 날이 이르기 전에 창조자를 기억하라고 하신 말씀을 기억합니다. 저희가 다음 세대의 주인으로 부족함이 없도록 여호수아와 갈렙에게 주셨던 믿음을 주옵소서. 요셉에게 주셨던 경건을 주옵소서.

한국 교회가 젊은이들에게 꿈과 비전을 제시함으로 오늘날과 같은 청년 부재의 현상이 극복되고 오히려 청년들이 넘쳐나는 은총을 허락하옵소서. 저희가 새벽이슬 같은 청년들이 되기를 원하옵나이다. 저희를 통해 교회에 신선함과 새로움이 넘치게 하여 주옵소서.

예수님의 이름으로 기도드립니다. 아멘.

경건회 기도문

● **학생수련회**

좋은 환경 가운데에서 수련회를 갖게 하신 하나님, 이번 수련회를 통해 창조주 하나님의 음성을 듣게 하여 주시고, 공동생활을 하는 가운데 교제가 깊어지게 하여 주옵소서. 또한 나무와 풀들이 이슬과 비와 땅의 영양분과 햇볕 가운데에서 자라는 것과 같이 말씀과 기도의 훈련으로 학생들이 성장하게 하옵소서.

사람의 욕심과 부주의로 환경이 파괴되고 오염되었습니다. 환경보존을 위해 힘쓰는 학생들이 되겠는 다짐으로 주변을 깨끗이 정리하고 돌아가는 실천이 있게 하옵소서.

이 수련회가 평생에 잊지 못할 감동의 시간이 되게 하여 주시기를 원하오며 예수님의 이름으로 기도합니다. 아멘.

● **야외예배**

창조주이신 하나님, 하나님께서 지으신 자연 가운데서 즐거운 시간을 갖게 해 주심을 감사드립니다. 야외에 나와 하나님의 오묘하신 솜씨를 바라보며 예배하는 중에 오랫동안 소홀하였던 성도의 교제가 두터워지게 하여 주시기를 원합니다. 건강 문제와 여러 가지 사정으로 이 예배에 참석하지 못한 성도들에게도 같은 은혜를 베풀어주옵소서.

하나님께서 지으시고 저희에게 맡기신 천지 만물이 저희의 부주의로 아름다운 모습을 잃게 되었습니다. 다시금 피조 세계에 대한 선한 관리자로서의 사명을 깨닫는 시간이 되게 해 주옵소서.

예수님의 이름으로 기도드립니다. 아멘.

● 철야기도회

우리의 기도를 들으시는 하나님, 저희 영혼이 늘 깨어서 하나님을 바라보게 하시고, 파수꾼의 심정으로 이 밤에 기도하게 하여 주옵소서. 이 시대의 파수꾼, 나라의 파수꾼, 양심의 파수꾼, 무엇보다도 믿음의 파수꾼이 되어 기도하게 하여 주옵소서.

철야기도회의 활성화를 위해 기도드립니다. 때때로 밤이 맞도록 기도하심으로 철야기도의 모범을 보이신 주님을 닮아 한국 교회가 철야기도의 열기가 식지 않게 하여 주옵소서. 야곱이 얍복 나루에서 기도할 때에 변하여 새사람이 되고, 새로운 이름을 갖게 되었으며 에서와의 문제가 잘 해결된 것을 기억합니다. 이 밤에 우리가 새로워지게 하시고, 모든 문제가 잘 해결되게 하여 주옵소서.

예수님의 이름으로 기도합니다. 아멘.

● 기업체예배

우리에게 좋은 직장을 주신 하나님, 저희 회사가 예배드리는 회사인 것을 감사드립니다. 직장 신우회 운동이 더욱 활발해져서 모든 사원이 예수 그리스도를 영접하고 구원의 복을 누리게 하옵소서.

저희 회사의 모든 부서가 튼실해져서 많은 수익을 올리게 하시고 하나님 나라와 사회를 위해서 선하게 사용할 수 있도록 도와주옵소서. 믿음을 소유한 모든 직원이 회사를 아끼고 사랑하여 정성스러운 마음으로 일하게 하여 주시고, 회사에 필요한 사람이 되게 하시옵소서.

예수님의 이름으로 기도합니다. 아멘.

경건회 기도문

● **시무식**

알파와 오메가 되시는 하나님, 새해를 맞아 예배드리며 업무를 시작할 수 있게 해 주심을 감사드립니다. 하나하나의 일에 최선을 다하고 정성을 다해 종무 예배를 드릴 때 부끄럽게 되지 않기를 원합니다.

부족한 저희를 하나님의 전능하신 손으로 붙드셔서 작년의 잘못된 일을 반복하지 않게 하시고, 개선하고 변화되고 전진하게 하옵소서. 무사안일주의와 권태에 빠지지 않고 늘 새롭게 도전하게 하여 주옵소서.

함께 일하는 우리의 일터가 기쁘게 일하는 공동체가 되게 하시고, 연약한 저희를 안전하게 지켜주시옵소서. 예수님의 이름으로 기도하옵나이다. 아멘.

● **종무식**

임마누엘이신 하나님, 올해의 수확을 겸손한 마음으로 주님 앞에 들고 나아왔사오니 받아주옵소서.

이 시간 하나님 앞에 서 있는 저희, 믿음이 약하여 계획한 것을 제대로 이루지 못하였습니다. 저희가 한 일이 잎만 무성하고 열매가 없어서 주님의 저주를 받아 말라버린 무화과나무와 같은 것은 아닌지 살펴보게 하여 주옵소서.

이 시간에 올 한 해 동안 일하면서 서로 간에 있었던 여러 가지의 갈등과 허물과 실수들이 깨끗이 씻어지게 하시고, 화해가 이루어지게 하옵소서. 서로 용서하지 못하여, 앙금을 갖고 새해를 맞지 않도록 인도하옵소서.

예수님의 이름으로 기도합니다. 아멘.

● 여전도회 연합회

　형제의 연합을 선하고 아름답다고 하신 하나님, 여전도회 연합회로 모이게 하심을 감사드립니다. 저희 연합회가 봉사의 기쁨을 알고 이름 없이 빛도 없이 봉사하는 가운데 더욱 튼튼하게 성장하게 하여 주옵소서.

　오늘날 세계 여러 곳에서 그리스도를 모르고 죽어가는 영혼이 많습니다. 자주 장사 루디아의 집이 마게도냐 선교의 출발점이 된 것처럼 이 여전도회 연합회가 민족 복음화와 세계 복음화의 출발점이 되게 하여 주시옵소서. 나누기에 힘쓰는 연합회가 되기를 원합니다. 주님의 사랑을 필요로 하는 곳에 도움의 손길을 나누게 하시고, 저희를 통해 더 많은 열매를 거두게 하옵소서.

　예수님의 이름으로 기도드립니다. 아멘.

● 남전도회 연합회

　하나님, 남전도회 연합회로 모이게 하심을 감사드립니다.

　교파와 교파가, 교회와 교회가, 교회 안의 각 기관들이 서로 연합하여 주님의 일을 이루어가게 하여 주옵소서. 또한 보수와 진보가 연합하게 하여 주시고 세대 간의 연합도 이루어지게 하여 주옵소서. 한 사람이 하지 못하는 일을 여러 사람이 모이면 잘할 수 있는 것처럼 연합하여 더 많은 일을 하게 하여 주옵소서.

　저희 남전도회 연합회가 연합운동의 모범을 보이게 하여 주시고, 저희가 출석하고 있는 교회에서도 충성을 다하게 하여 주옵소서. 연합활동의 지도자들에게 능력을 더하여 주옵소서.

　예수님의 이름으로 기도합니다. 아멘.

청소년 예배 기도문

◉ 학생회 부서 활동을 위하여

감사·찬양 고마우신 하나님, 저희 중,고등부를 사랑하셔서 부서가 조직되게 하심을 감사드립니다. 회원들의 신앙생활과 성숙을 위하여 부서마다 활동을 마련하여 운영하게 하시고, 이 부서 활동으로 저희 공동체가 건강한 자치회로 자라게 하시는 하나님께 찬양을 드립니다.

수고하는 이들을 위해 사랑의 하나님, 부서를 맡은 부장님과 부원들의 협력으로 회원들에게 유익을 주는 활동들을 펼치게 하여 주시고 그 활동으로 말미암아 하나님께 영광을 돌리는 저희가 되게 하옵소서. 또한 참여하는 회원들에게도 하나님의 말씀으로 마른 심령이 적셔지는 은혜를 허락하시옵소서. 그리하여 주님의 놀라우신 은혜를 찬양하게 되기를 원하옵나이다. 모든 회원이 저마다 중,고등부를 지키는 기둥이 되게 하옵소서.

영혼 구원 땅끝까지 복음이 전파되기를 원하시는 하나님, 저희에게 베푸신 구원의 은총을 감사드립니다. 이제 저희가 구원받은 기쁨을 갖고 아직도 어두움 가운데 있는 구원받지 못한 수많은 영혼을 주님께로 인도하는 역할을 감당하게 하여 주시옵소서.

결실 좋으신 하나님, 저희는 언제나 주님의 동산에 있는 포도나무의 가지일 뿐입니다. 포도나무에 붙은 가지가 되어서 풍성한 포도를 많이 맺어 주님께 영광을 돌리게 하옵소서.

예수님의 이름으로 기도드립니다. 아멘.

● 교회에서 봉사하기 위하여

간구 사랑의 하나님, 저희에게 그리스도인으로서의 삶에 대한 비전을 주시니 감사드립니다. 임역원들이 하나님 앞에서 남을 섬기는 삶을 살기 위하여 봉사하려 하오니 해야 할 일을 가르쳐주시고 잘 감당할 수 있도록 인도해주옵소서.

봉사하는 삶을 위해 고마우신 하나님, 성경의 진리를 배우는 일의 완성이 생활 속에서 어우러지는 것임을 깨닫게 하심을 감사드립니다. 저희가 지금 살고 있는 삶의 현장에서 봉사하며 세상에 오신 그리스도의 뒤를 따르는 삶을 살기를 원합니다. 도우시는 하나님께서 우리가 세상에 있을 때 세상의 필요를 채우고 세상을 돕는 삶을 살게 하셔서 그리스도께서 친히 실천하시고 본을 보이신 봉사의 삶을 통해 이웃에게 나아가게 하옵소서.

교회 또한 저희의 봉사로 하나님의 교회가 힘을 얻게 되기를 원합니다. 봉사하는 기쁨을 맛보게 하시고 섬기는 손길들이 아름답게 빛나게 하옵소서.

결단 자비로우신 하나님, 저희가 봉사할 일터를 찾을 때, 주님께서 인도해주시기를 원합니다. 성령께서 좋은 곳으로 저희의 마음과 생각을 이끄셔서 사람들 앞에 착한 행실을 나타내게 하시고 그로 인하여 하나님의 영광을 드러내는 중,고등부가 되게 해 주시옵소서.

예수님의 이름으로 기도드립니다. 아멘.

청소년 예배 기도문

● 제자로 헌신 된 삶을 위하여

감사 사랑의 하나님, 친구의 전도로 예수님을 알고 구원에 이르게 하심을 감사드립니다. 하나님께서 아버지가 되어주셔서 그리스도인으로 자라나기를 기뻐하게 하심을 감사드립니다.

변화될 삶을 위해 하나님, 예수님을 믿는다고 입으로만 말하는 것이 아니라 생활 속에서 그리스도인으로 변화되기를 원합니다. 진심으로 예수님의 다스리심을 즐거워하고 언제나 구원의 은혜를 경험하기 원합니다.

예배를 원하시는 하나님, 예배를 통해 저희 영혼이 살아나며 하나님의 은혜를 뜨겁게 체험하게 하옵소서. 이제 하나님의 자녀가 되었으니 마땅히 그리스도인의 성숙한 지식을 갖춤에 대해서도 소망을 품게 하옵소서.

간구 자비로우신 하나님, 하나님께서 주신 날을 하나님의 자녀로 살아 산 제사를 드리는 하루가 되게 하옵소서. 주님의 자녀답게 생각하고 모든 일을 받아들이기 원합니다. 그래서 자신의 영적인 성장을 증진시키는 습관을 기르게 하시며, 하나님의 자녀 된 행동의 기준을 모든 생활의 영역에 적용하도록 이끌어주시옵소서.

행함이 없는 믿음은 죽은 믿음이라는 것을 말씀을 통해 알게 하셨사오니 그리스도의 제자 된 삶을 살 수 있도록 결단하게 하시고 주님과 동행하는 삶을 살게 하옵소서.

예수님의 이름으로 기도드립니다. 아멘.

● 기독 학생으로서의 본분을 다하기 위하여

감사 자비로우신 하나님, 저희에게 은혜를 베푸셔서 공부할 수 있도록 도와주심을 감사드립니다. 또한 저희에게 배우기를 기뻐하는 마음을 품게 하시고, 학년이 바뀔 때마다 좋은 선생님들을 만나서 배울 수 있도록 이끌어주심을 감사드립니다.

은총 복 주시는 하나님, 기독 학생으로서 배우는 일에 성실할 수 있도록 도와주시기를 원합니다. 오늘도 공부할 때 하나님께서 지식을 얻게 하시며, 모든 학문과 재주에 명철하게 하신다는 사실을 깨달아 먼저 기도드리게 하옵소서.

하나님, 학교생활에서 예수 그리스도를 믿는 학생으로서의 본분을 다하기를 원합니다. 모든 친구가 앞다투어 나가기를 원할 때, 선생님의 가르치심을 이해하지 못하여 어려워하는 친구들과 배움을 나누게 하옵소서. 그리하여 예수님의 사랑을 나타낼 수 있도록 도와주시옵소서. 이로써 주위의 친구들이 하나님께 감사드릴 기회가 만들어지게 하시옵소서.

다짐 사랑의 하나님, 선생님들의 가르침이 저희에게 배울 가치가 있는 것이길 원합니다. 또한 저희가 세상 학문을 배우면서 더불어, 하나님을 더욱 깊이 알 수 있는 은혜도 허락해주옵소서.

예수님의 이름으로 기도드립니다. 아멘.

청소년 예배 기도문

● 학교에 주님의 주권이 회복되기를 위하여

영광 복의 근원이신 하나님, 저희 학교를 지금까지 지켜주심을 감사드립니다. 훌륭한 선생님들로부터 가르침을 받게 하시니 참으로 감사합니다.
　사랑의 하나님, 이 학교가 성령의 도우심으로 날마다 발전하게 해주시고, 모든 학생과 선생님들이 힘을 다하여 주님께 영광을 돌리게 하옵소서.

순종 이 학교를 사람에게만 맡기지 마시고 성령의 간섭하심과 다스리심이 있기를 원합니다. 하나님께서 배우는 교실마다 풍성한 은혜를 베풀어주시며 저희는 수업을 통하여 주님의 진리를 성실하게 나타내게 하옵소서. 저희 모두 주님의 진리를 진실되게 받아들이며 하나님의 말씀 앞에서 순종하게 하옵소서.

도우심 선생님들께 이전보다 갑절의 지혜를 허락해주시기를 원합니다. 선생님들의 가슴에 정열과 인내를 부어주옵소서. 오직 진리의 정신과 겸손으로 가르치고 배우는 학교가 되도록 도와주시옵소서.
　저희는 선생님들의 가르침을 받고 훌륭한 사람이 되기를 원합니다. 학문을 배우고 인품을 배우며 세상을 살아가는 바른길을 배우기를 원합니다. 먼저 저희를 가르치시는 선생님께 구원의 진리를 알게 하셔서 배우는 저희에게 좋은 영향을 미치게 해 주옵소서. 저희가 공부하는 가운데 우리 주 예수 그리스도의 은혜로 나날이 자라게 하옵소서.
　예수님의 이름으로 기도드립니다. 아멘.

● 성적이 떨어졌을 때

감사 자비로우신 하나님, 저를 사랑하셔서 학교생활에 함께하시니 감사드립니다. 저보다 어려운 환경 속에서 공부하는 친구들도 많은데, 제게 공부하기에 부족함이 없게 하시니 참 감사합니다.

상한 마음을 위로 아버지 하나님, 제가 이번 학기에 좋은 성적을 얻기 위해 열심히 공부했던 것에 비해 결과가 너무나 좋지 않습니다. 마음속 깊은 곳에 실망감이 찾아와 나를 힘들게 하고 있습니다.

좋으신 하나님, 생각보다 떨어진 점수로 말미암아 지나치게 낙심하지 않도록 붙들어주시기를 원합니다. "우리가 알거니와 하나님을 사랑하는 자 곧 그의 뜻대로 부르심을 입은 자들에게는 모든 것이 합력하여 선을 이루느니라"고 말씀하셨사오니, 좌절하지 않게 하시고 선을 이루시는 하나님을 바라보게 하옵소서. 성적이 떨어질 수밖에 없었던 저의 문제를 살피는 지혜를 주옵소서.

간구 하나님 아버지, 좋은 성적을 위하여 다시 한번 노력 하도록 용기를 주시고 더욱 열심히 하겠다는 결단을 내리게 도와주옵소서. 이번 기회를 통해 똑같은 실수를 되풀이하지 않게 도와주옵소서. 그리고 늘 지혜로운 학생이 되도록 도와주옵소서.

이 일로 인하여 새로운 깨달음을 주옵소서. 성적이 떨어져 실망하고 힘들었지만 신앙을 잃어버리고 두려움 가운데 거하지 아니하도록 붙들어주시고 영적으로 더 무장하고 성숙한 기독 학생이 되게 해 주옵소서.

예수님의 이름으로 기도드립니다. 아멘.

청소년 예배 기도문

● 불신 친구와 갈등이 있을 때

간구 사랑의 하나님, 제가 늘 가까이하며 사랑할 수 있는 친구를 주신 하나님께 감사드립니다. 그 친구가 아직도 주님을 섬기지 않으므로 제게 복음을 전하라고 사귀게 하신 줄 믿습니다. 제가 언제나 그에게 소금과 빛이 되어서 착한 행실을 보이게 하여 주옵소서. 그래서 그가 저로 말미암아 하나님 앞으로 나아오게 하여 주소서.

회개 하나님 아버지, 오늘 저희는 아주 사소한 일로 다투었습니다. 제 마음도 아프지만 상처를 입은 친구의 마음을 성령께서 어루만져주시기를 기도드립니다. 제가 친구에게 예수님의 사랑을 보여주어야 했는데, 저의 이기심 때문에 그렇게 하지 못하였으니 용서해주옵소서.

이 밤에 성령님께서 그에게 찾아가서서 상처 입은 마음을 감싸주옵소서. 내일 만나면 제가 먼저 화해를 구하는 용기를 주옵시고 그 친구의 마음을 열어주셔서 진정한 화해를 이룰 수 있도록 함께해주옵소서.

은혜 제 마음을 아시는 하나님, 주님께서는 진실을 알고 계심을 믿습니다. 저희에게 은총을 내려주셔서 서로가 너그러움을 품을 수 있도록 도와주시고, 이러한 갈등이 이후로는 일어나지 않게 해 주시옵소서.

부족한 저희 행실로 인하여 하나님의 영광이 가려지면 안 되겠사오니 늘 함께하여 주셔서 본이 되는 생활을 하게 하옵소서. 나의 행실이 복음을 가로막는 어리석음을 범하지 않도록 도와주옵소서.

예수님의 이름으로 기도드립니다. 아멘.

● 부모와의 갈등이 심할 때

감사 고마우신 하나님, 저의 생명을 지으시고 부모님으로 말미암아 세상에 나게 하셨음을 감사드립니다. 저를 돌보시기 위해서 사랑이 많은 부모님을 주신 크신 은혜를 감사드립니다.

회개 하나님, 제가 지금 무릎을 꿇은 까닭을 아시지요? 생각하지도 못했는데 부모님과 다투었습니다. 저에게는 더없이 좋은 부모님인데 제가 부모님의 마음을 헤아리지 못하여 부모님께 아픔을 드렸습니다. 이 시간 용서해주옵소서.

간구 나의 하나님, 부모님과의 충돌로 혼란에 빠진 저를 붙잡아주시기를 원합니다. 저로 하여금 이기심을 버리게 하옵소서. 언제나 자식의 자리에서 흔들리지 않게 하시고 부모님에 대한 예의를 잊지 않도록 도와주옵소서.

부모님께 용서를 구하는 용기를 갖게 하옵소서. 순종하는 자세로 부모님 앞에 서게 하옵소서. 그리고 모든 일에 심사숙고하여 부모님의 마음을 먼저 헤아림으로 부모님을 기쁘게 해드리는 자녀가 되게 하옵소서. 저의 좁은 소견 때문에 마음 아파하시는 부모님을 위로해주실 것을 믿습니다. 또한 부모님의 상한 마음을 풀어주셔서 웃는 모습이 될 수 있도록 도와주옵소서. 부모님과의 갈등으로 인한 힘든 마음이 속히 회복되기를 원합니다. 이러한 일이 반복되지 않게 해 주시옵소서. 예수님의 이름으로 기도드립니다. 아멘.

청소년 예배 기도문

◉ 두려움에 시달릴 때

감사 자비로우신 하나님, 날마다 크신 사랑으로 돌보아주시는 은혜를 찬양합니다. 악한 원수가 우리를 쓰러뜨리려고 대적 해올 때, 천사를 보내셔서 지켜주심을 감사드립니다.

강건함을 위해 하나님 아버지, 저는 지금 까닭을 모르는 두려움에 시달리고 있습니다. 이 두려움에서 건져주시기를 원합니다. 혹시 제가 알지 못하는 죄가 우리를 두렵게 한다면 그 죄를 생각나게 하시고, 깨닫게 해서서 회개하게 해 주옵소서. 바라기는 주님을 잊어버리는 것을 제외하고는 아무것도 두려워하지 않기를 원합니다.

"내가 평안히 눕고 자기도 하리니 나를 안전히 살게 하시는 이는 오직 여호와이시니이다"라고 하셨사오니, 성령께서 저를 지켜주시기를 원합니다. 지금부터 두려움보다는 저희를 보호해주시는 주님의 은혜를 생각하며 평안한 마음으로 지내게 하옵소서.

간구 사랑의 하나님, 믿음이 없기 때문에 생기는 두려움을 물리쳐주옵소서. 사랑 안에 두려움이 없고 온전한 사랑이 두려움을 내쫓는 것을 믿습니다. 예수 그리스도께서 십자가의 두려움을 이기신 것은 우리를 사랑하신 까닭입니다. 우리에게 담대한 믿음을 허락하시고, 염려해야 될 일은 이 시간에 주님께 내려놓게 하옵소서. 우리를 죄와 죽음으로부터 구원해주신 예수님의 사랑의 능력으로 평안을 얻게 하옵소서.

예수님의 이름으로 기도드립니다. 아멘.

● 선교에 대한 비전을 품기 위하여

감사 인류를 사랑하시는 하나님, 이 땅의 사람들에게 찾아오셔서 잃어버린 자들을 부르시는 하나님을 찬양합니다. 저를 구원해주신 사랑을 감사드립니다. 이 크고 놀라우신 사랑을 날마다 증거하면서 살아가게 하옵소서.

복음 전파를 위해 소원을 품도록 하시는 하나님, 주님께서 하늘로 올라가시면서 이 땅의 사람들에게 맡기신 선교의 사명을 감당하는 저희가 되게 하옵소서. 복음이 땅끝까지 전해지기를 원하셔서 성령을 보내주신 하나님의 뜻을 깨닫게 하옵소서. "성령의 권능을 받아 예루살렘과 온 유대와 사마리아 땅끝까지 이르러 내 증인 되리라"는 주님의 말씀을 따르게 하옵소서.

도우심 사랑의 하나님, 많은 사람 가운데 특별히 저에게 세상 사람들을 향하여 마음이 열리게 하시니 감사드립니다. 이 마음은 성령께서 주신 것인 줄 믿사오니 그들을 가슴에 품고 기도하게 하옵소서. 잃어버린 자들을 찾기 위해 복음의 일꾼을 보내기 원하시는 하나님의 뜻을 이루기 위하여 기도하게 하옵소서. 참으로 선교사로 부름을 받았다면 자신을 준비할 수 있도록 이끌어주옵소서.

영육 간의 필요를 아시는 하나님, 복음 전하는 일에 쓰임받기를 원하는 주님의 제자들에게 필요를 따라 채워주시옵소서. 마음속에 품은 선교의 비전이 주변 환경으로 인하여 꺾이지 않게 하시옵고, 하나님이 허락하신 환경들이 복음 전하는 곳에 올바로 쓰이게 해 주시옵소서.

예수님의 이름으로 기도드립니다. 아멘.

기도시 (신년)

새싹

하나님,
섣달 매질하듯 모질던 눈보라 잠들고
이 우주에서 제일 먼저
나의 안에 신기한 새싹이 움텄습니다
겨울 잔가지 모냥 바싹 메마른
앙상한 나의 영혼에 이것은
어쩐 싱그러움인지

정성 없이 불러대던
아버지, 아버지가
사랑스런 별꽃 되어 반짝이고
부르면 부를수록
부르는 소리 드높아
가슴이 미어져 옵니다

그지없이 찬양받으실 분
어제의 나 지켜 주시고
오늘의 나 동행해 주시고
감히 생각지도 못할
따스함과 맑은 푸르름으로
야훼를 바라봅니다

바라건대 하나님,
하늘 아래 아직은 추워 떨며 배고파하고
못나고 욕심스럼이 쌓여가는 그곳에
오늘
나의 안에 움튼 이 신기한 새싹이
내일의 나 준비하시니
야훼 하시는 일
크고 크십니다

잔뜩 찌푸리다 못해 어둠에 젖던
내 모습
억한 마음 먹고
쥐어 놓은 고치처럼
다시 풀릴 것 같지 않던
욕심과 가치들 그 심성이

모두 형제 된 그들에게도
당신의 신령한 입김으로 자라나서
무어든 영험을 나타낼 수 있기를
그리하여 영원의 동산에서
모두 다 새꽃으로 피어나기를
푸른 하늘에 가슴 안기듯
두 손 모아 소망합니다

기도시 (고난)

고난에 열려 있는 사람

내 당신을 만난 것은
못 믿을 빈 무덤에서라기보다는
팔목에 못 박고 가슴팍에
시퍼런 창끝 들이대던
눈물나게 어리석은
그러나 그럴 법한 민중들 향하여
소름끼치는 고통의 십자가 위
증오나 원망이나 저주로 답하지 않던 얼굴
그런 사람의 얼굴이 아니었습니다

내가 나의 정의와 욕심스런 자유 위하여
원수 삼은 그들 향하여 독설과
증오의 칼날로 맞서던 것
어제라도 필경은 자랑스러웠습니다

그러나 징그럽도록 잔인한
그 고통의 십자가 위에서
배반과 굴욕과 수모의 따귀질을 당하면서도
용서와, 용서와, 용서의 말
"주여, 저들은 저들의 하는 일을 알지 못합니다."

그러한 당신을 내 잊을 수 없는 것은
바로 그날 나를 향해서도 용서와 사랑의 눈빛 보이시던
사랑으로 더욱더 고난받으시던 당신의 야윈 가슴 때문
사랑은 고통과 괴로움에 열려 있어야 함을
온몸으로 보이셨기 때문입니다

어제의 나의 정의와 자유는 한갓 옹졸한 자존심
당신의 정의와 자유는 고난과 사랑
내 이제사 당신을 알게 되어
그 때문에 고난을 당할지라도
당신이 걸어가신 해골산 좁고 험한 길보다는 덜한 것
정녕 내게 부활이 허락되진 않는다 해도
오, 겨운 눈물로만 바라볼 뿐인 예수여
내가 사랑하고 또 사랑해야 할 예수여
나의 사랑도 고난에 열려 있습니다

기도시 (부활)

살아서 다시 살게 해주오

이대로 살아있는 것은 썩어지는 것이요
이대로 살아있는 것은 죽어가는 것이요
이 썩어지고 죽어가는 날들을
다시 일어나게 해주오
다시 살아서 정말로 살아가게 해주오

저 허공과 나 사이 어둠의
장막을 거두어 주오
이 땅 위의 모든 경계선과 철망과
담장을 거두어 주오
서로를 미워하고 죽고 죽여야 하는
칼부림의 변명거리일 뿐이라면
저 화려하고 고상한 이데올로기들도 잊게 해 주오
사람들의 미움과 탐욕과 차별의식을
거두어 주오
나와 저들의 방관과 무관심한 체념과 절망을
거두어 주오

살아나게 해 주오, 놀람과 눈물과 기도를
살아나게 해 주오, 진리와 두려움을
살아나게 해 주오, 아깝게 죽어간

모든 이들의 꿈과 사랑을
살아나게 해 주오, 파괴의 기계와 이성이 앗아간
자연의 모든 색깔을

그리고 허락하오, 저 바위에게 말을
이 바람에게 모습을
꽃들에게 표정을 허락해 주오
오오, 나에게 순수와 진실의 빛과 소리로
영원히 살 것을 허락해 주오
부활하신 이의 이름으로

그러나 살아있는 동안에
거두어져야 할 것이 거두어지고
살아나야 할 것이 다시 살아난다면
나는 살아있는 동안에 다시 살 수 있으리니
살아서 다시 살게 해 주오

기도시 (추수감사)

감사의 나눔

내 감사의 주님
당신의 사랑 그지없이 하늘에 미치고
당신의 미쁘심 하늘 높이 나타내소서
추수하는 계절
지금 농부들이 기쁨으로 거두는 땀의 단보다
더 기쁜 환희의 단이
너무 눈이 부셔 바라볼 수가 없습니다
이로, 나의 마음이 눈을 뜨고 각자의 지닌 몫으로
옹골찬 열매 맺어 드리게 하고
감사로 기쁨의 나눔 있게 하소서

내 감사의 주님
우리가 다함 없고
가실 줄 모르는 주님의 사랑 날마다 노래하면
님의 자비가 뜨겁게 북돋아
참기쁨은 안에서 자라납니다.
쓰다쓴 찌푸림이 기쁨 웃음으로
용서 없는 마음에 용서가
약한 사람을 손 잡아 주고 가난한 사람을 세워 주고
남의 시련을 나누어 알몸으로 드러낸 평화 속에
감사로 위로의 나눔 있게 하소서

내 감사의 주님

우리의 마음만 받으시고
그 마음과 마음을 담은 그릇에
더 많은 금과 은의 그릇들을 보태어
이 계절에 돌려보내심을 봅니다
이 민족의 땅을 유산한
주신 뜻대로 사는 사람이
슬기를 깨친 사람입니다.
빈 마음으로 나의 주인을 알게 하시고
집착 없는 마음으로
어질고 의로운 사람 되게 하소서
흐려진 눈빛을 밝혀
모든 일을 양심으로 행하고
갇힌 수인이나 걸인들에게 시원한 냉수 한 대접 주는
감사로 사랑의 나눔 있게 하소서

내 감사의 주님
한순간이나마 바라보기 원하오니
마음의 문 열어 주소서
곳간에 추수는 꽉 차 있어도
한 겨울, 그 고독의 공간 두렵지 않도록
찾아오시어 새 생명 넣으소서
우리 존재 가운데 생명 없는 구석구석에
깊은 겨울 스며들지 않도록
믿음을 꽃피울 육신과 정신에
감사로 말씀의 나눔 있게 하소서

기도시 (성탄)

이 밤 오신 이께

하늘아 환성을 울려라
딸아 기뻐 뛰어라
산들아 기뻐 소리 질러라
여보세요, 이젠
모든 말 그치고
가던 발걸음 멈추고
가만히 들어보오

지극히 높으신 이께서
사랑 때문에 사람으로
북극성 큰별처럼
어둠 밝히시러
이 밤 오시니

하늘 높은 곳에서는 하나님께 영광이요
땅에서는 사랑하는 이들에게 평화 되시니
우리 또한 기뻐하심을 입게 하소서

지극히 귀하신 이께서
용서받지 못할 사람 위해
오직 죽으시기 위해
헝클어진 볏단으로 가리어진
구유에 나셨으니

죽어서야 다시 사는
생명의 의미를 알진저
하늘 높은 곳에서
침묵으로 일하시는 하나님
땅에 사는 우리도 낮아지고 낮아져
매일 죽고 다시 사는 연습을 하게 하소서

지극히 겸손하신 이께서
한 처음
천지가 창조되기 전부터 말씀이셨고
모든 것이 말씀으로 생겨 생명을 얻었으니
그 생명은 사람들의 빛이라
이 빛은 하나님께로서 나와
우릴 구원하심이니

하늘 높은 곳에서부터
어리신 하나님으로 태어나신 대로
땅을 딛고 사는 우리에게 겸손한 삶으로 인도하시어
모든 것이 내 탓이요, 모든 것이 내 탓이요 가슴 치며
자비를 구하게 하소서

기도시 (송년)

내 지금 설 자리

지는 해의 검붉은 거울 속
욕된 얼굴 살아난다
하늘이 어두워지고 감출 수 없는 부끄런 마음
가슴이 춥도록 바람에 매맞는다

내 어디에서 왔는가
고난에 다리 절고 진실로서 우뚝 서던
나도 너도 이해 못할 갈릴리 청년 예수
그가 유독 내 등 뒤 그림자를 쫓고 있으니
내 어디로 갈건가
그가 돌아와
바람으로 길을 막고 부끄럼을
공포로 내밀고 섰으니

일년 삼백 육십 오일을
허구헌 날 값싸게 외치던 말
"나도 십자가 지고 가리다. 오 주여, 붙드소서."
낯익은 가책의 가슴팍을 지금사 쿡쿡 찔러대니
나의 십자가는
돌이켜 내 못난 행적을 적시는 눈물

내가 이 땅에서
이기주의로 자유를 빼앗노라
내가 이 땅에서
생명을 값없이 죽였노라
내가 이 땅에서 내 땅덩이 한 줌으로
가난한 입을 틀어막았노라
내가 이 땅에서 갈릴리 청년의 피 묻은 발자국을
침을 뱉고 짓밟아 문지르며 지웠노라
나는 이 땅에서 추잡한 마귀로 살았노라

휘둘러 전율하는 손끝에 닿는 밤빛
까만 눈물로 이밤 가엾이 지새워도
내 지금 설 자리
어디에서 밝히 볼 수 있을는지

자신을 비어 주러 오신
성자 예수의 겸허함을
소리 없이 익어가는 열매처럼
새삼스레 발견하며
우리 또한 남을 위해 익어가리

- 기쁠 때 드리는 기도문
- 어려울 때 드리는 기도문
- 영적 성장을 위한 기도문
- 일상생활에서 드리는 기도문

기쁠 때 드리는 기도문

(출산)

감사 생명의 주인이신 하나님, 해산의 고통을 통해 무엇과도 바꿀 수 없는 새 생명을 선물로 허락하시오니 감사드립니다.

주님의 선하신 예정 중에서 이 귀한 아이를 허락하신 줄 믿습니다. 저희에게 새 생명을 주셨사오니, 주신 생명 하나님께서 위탁해주신 줄 알고 주 안에서 양육할 수 있게 하옵소서.

아기의 성장을 위해 이 아이가 키가 자라고 지혜가 자라감에 따라 우리 주님을 닮아가게 하옵소서. 사무엘처럼 주님의 성전에서 자라게 하시고, 아이가 자라서 주님의 귀한 일을 이루는 복음의 일꾼이 되게 하옵소서.

산모를 위해 산모의 건강을 회복시켜주시고, 온 가내에 평안을 주시고 부모님들이 하나님의 말씀으로 자녀를 양육하게 하옵소서. 이 아이로 인하여 부모의 신앙이 더욱 성숙하게 하시고 하나님의 손길을 구체적으로 체험하는 가정이 되게 하옵소서. 이 아이의 생애가 복 되고 부모들은 더욱 믿음에 부유한 이들이 되게 해 주시옵소서.

장래를 위해 사랑의 하나님, 사람을 땅에 보내심은 이 땅에서도 하나님의 뜻을 이루시려는 하나님의 섭리가 있으신 줄 믿사오니, 이 아이를 통하여 이 땅에 주님의 뜻을 이루시옵소서. 이 아이의 영이 계속 윤택하게 하시고, 이 육신이 강건하여서 온전히 하나님께 드려 하나님만 위하여 살게 하시기를 원합니다. 요셉과 같이 이 아이로 인하여 가정이 복 있게 하옵소서. 일생을 믿음의 사람으로 살게 하시고, 독생자이신 그리스도께서 모든 만물의 주가 되사 세상의 으뜸이 되심을 깨닫게 하옵소서.

예수님의 이름으로 기도드립니다. 아멘.

(생일)

찬양 은혜로우신 하나님, 지난 한 해 동안도 참으로 어려웠던 환난과 재난이 많았습니다. 그럼에도 지켜주시고 도와주신 하나님의 은혜를 찬양합니다. 주님의 전적인 사랑이 오늘을 맞도록 하셨습니다.

감사 주님께서는 사랑하는 형제를 강하게 붙들어주사 죄악의 두려움으로부터 보호해주셨습니다. 또한 저가 비천한 가운데 빠지지 않도록 지켜주시며, 성령의 능력으로 우리에게 은혜를 베푸셨습니다. 이 좋은 날에 하나님의 은혜를 잊지 않도록 하시며, 오직 자신을 주님께 복종시키며 살아가게 하옵소서.

생일 맞은 이를 위해 주 하나님 아버지, 주님의 인도하심을 따라 이제까지 살아오신 OOO님이 생일을 맞이하여 주님께 예배하게 하시니 감사드립니다. 광야와 같은 세상에서 만나와 메추라기로 먹이시며 불기둥과 구름기둥으로 이끌어주신 하나님, 오늘 이후로 더욱 강건케 하시고 가정은 더욱 평화롭게 하옵소서.

마지막 날까지 주님과 동행하는 삶이 되게 하시옵소서. 원하옵기는 주께서 허락하신 생명을 지금까지 인도해주셨사오니 앞으로도 주께서 원하시는 길로 인도해주옵소서.

성도들을 위해 사랑의 하나님, 형제의 생일을 축하하여 가족과 성도들이 한자리에 모였습니다. 비록 육체의 연약함으로 인생의 연수와 자랑이 수고와 슬픔뿐인 험악한 세월을 보내었지만, 그래도 주님의 그 크신 은혜로 지켜주심을 감사하는 저희가 되게 하옵소서. 오늘 생일을 맞은 이와 동행하사 사는 날 동안에 하나님의 빛 가운데 걷게 하옵소서.

예수 그리스도의 이름으로 기도드립니다. 아멘.

기쁠 때 드리는 기도문

(회갑)

감사 찬양받으시기에 합당하신 하나님, 많은 사람 가운데 저희를 부르시사 아버지의 백성으로 삼아주시고, 무한하신 섭리와 은총 가운데서 보호하시고 인도하심을 감사드립니다. 그중에 하나님께서 OOO님을 사랑하시어 오늘 같은 좋은 날을 주셨습니다.

예배 이 기쁜 연회에서 온 무리가 마음을 모아 예배케 하시니 감사드립니다. 이 예배를 통해서 회갑을 맞이한 OOO님이 전심으로 주님께 영광을 드리게 하시고, 함께한 저희도 신령과 진정으로 예배하게 하소서. 특별히 목사님이 준비한 말씀이 OOO님의 생애를 더욱 복 되게 하는 메시지가 되게 하시고, 모든 이에게 갑절의 은혜를 더하여주시옵소서.

회갑 맞은 이를 위해 사랑의 하나님, OOO님의 생애가 야곱의 말년처럼 더욱 복된 시간이 되기를 원합니다. 그의 신앙과 삶을 온 자녀들이 기리게 하시고 믿음의 대를 이어가게 하옵소서. 사실 지금까지 주님을 위하여 산다고 하였으나 자신을 위한 삶이 더 많았음을 고백합니다. 이제부터 남은 생애가 오직 주님만을 위한 삶이 되게 하옵소서. 더욱 건강하게 하시고, 더욱 신령하게 하시어서 독수리의 날개 치며 올라감 같이 그의 믿음과 건강과 용기가 용솟음치게 하시고 이전보다 더 좋은 열매를 맺게 하옵소서.

결단 육십 평생을 하나님의 긍휼 가운데 인도하여주신 하나님이시여, OOO님과 함께하셔서 지나간 삶보다 앞으로의 삶이 더욱 빛나고 복 되게 하옵소서. 또한 가족을 위해, 교회를 위해 기도하고, 사랑을 더하는 삶이 되게 하옵소서.

예수님의 이름으로 기도드립니다. 아멘.

(약혼)

감사 사랑의 하나님, 오늘 두 남녀가 주님의 귀한 뜻과 은혜로 성년이 되어 약혼하게 된 것을 생각할 때 찬양과 영광을 드립니다. 원하옵기는 이들의 약혼 기간이 앞으로의 결혼과 복된 가정을 위한 충실한 준비 기간이 될 수 있게 해 주시옵소서.

결단 아버지 하나님, 주님 앞에서 오늘 약혼식을 치르는 이 두 사람이 손을 잡고 살아가기를 다짐하게 하옵소서. 둘이 한 몸을 이루어 하나님을 더 사랑하고, 주님의 뜻을 받드는 삶이 되게 하옵소서. 순결과 온전함으로 서로를 지켜가게 하시고 모든 사람의 축복 가운데 결혼 예식을 하게 되는 그날까지 더욱 강건하게 해 주옵소서.

약혼하는 이들을 위해 자비로우신 하나님, 여기에 무릎 꿇고 엎드린 두 남녀가 귀하신 믿음의 아들과 딸이 되게 하옵소서.

하나님 여호와께서 택하고 정하여 인도하신 이삭과 리브가의 가정과 같이 모든 민족 위에 뛰어나는 믿음의 가정을 이루게 하시고 처음 만날 때의 조심스러움과 사랑하는 마음이 끝날까지 변치 않게 하시고 이들이 뜻한 모든 것이 서로에게 소중하게 받아들여지게 하옵소서.

양가의 가족을 위해 오늘 약혼하는 두 사람과 모여 앉은 두 집안의 가족 모두 아브라함의 하나님 여호와를 찬송케 하옵소서. 주님의 인자와 성실을 끊이지 않게 하옵시고 두 가정을 하나님의 길로 인도하옵소서. 주님의 빛으로 저들을 감싸주시고, 지켜주셔서 두 사람이 결혼하고, 앞으로 사는 날 동안 아름다운 후견인들이 되게 해 주옵소서.

예수님의 이름으로 기도드립니다. 아멘.

기쁠 때 드리는 기도문

(결혼)

은혜 복의 복이 되시는 하나님, 주께서 주신 사역을 위하여 인생의 동반자가 되기로 한 이 두 사람에게 하늘 문을 여시고 은혜와 복을 충만히 내려주옵소서. 이들의 새 가정에 주님을 호주로 모시고 신앙과 사랑으로 살게 하옵소서. 주님을 모시고 모든 일을 의탁하며 신뢰받는 두 사람 되게 하여 주시옵소서.

결혼예식을 위해 이 어두운 세상에서 하나님의 귀한 백성을 보존하고 그들을 통하여 영광받기를 원하심으로 오늘 이들의 결혼을 허락하신 줄 믿습니다. 부디 이 결혼이 주님 안에서 온전히 지켜질 수 있도록 친히 도우시고, 이 세상을 향한 하나님의 선하신 뜻이 이루어지는 복된 가정이 되게 하옵소서.

새 가정을 위해 좋으신 하나님, 오늘 완전한 사랑으로 맺어져 온전한 생활로 나아가는 이 새로운 가정에 주님께서 친히 오셔서 가나 혼인 잔치에서의 포도주로 가득 차게 하옵소서. 아브라함에게 주셨던 믿음을 이 가정에 허락하여주시고, 다윗 왕에게 베푸셨던 영광을 이 가정에 내려주시며, 솔로몬에게 허락하셨던 지혜를 이들에게 풍성히 허락하옵소서. 이웃과 나라를 위하여 필요한 가정이 되게 해 주시옵소서.

양가의 가족을 위해 양가의 모든 가족을 기억하시옵소서. 서로를 위하면서 하나님의 뜻을 함께 이루어가는 아름다운 관계가 되게 하옵소서. 양가의 식구들이 이 가정을 통하여 즐거워하고 기뻐하게 하옵시고, 좋은 후손도 허락하시어 자자손손 믿음의 뿌리가 깊이 박혀 좋은 열매만이 가득 맺혀지는 가정이 되게 하시옵소서.

예수님의 이름으로 기도드립니다. 아멘.

(입학)

감사 하나님 아버지, 오늘 사랑하는 OOO 성도가 입학하게 되었습니다. 하나님께서 귀하게 길러 주시고 새로운 학문의 세계로 이끌어주시니 참으로 감사드립니다. 공부하는 동안 지식을 쌓게 하시며, 그 지식이 하나님을 아는 지식에까지 이르게 하시기를 원합니다.

간구 또한 주님의 뜻을 이 땅 위에서 실현하며 살기를 원하는 이 젊은 영혼을 살펴주시기를 원합니다. 이 입학의 시간부터 졸업의 그날까지 동행하시며, 선한 경쟁의 마당에서 승리하게 하옵소서. 지금까지 슬기와 명철로 깨우쳐주신 하나님께서 이 젊은이가 학업의 길을 가는 동안 총명과 지혜를 부어주시고 굳은 의지를 허락해주시옵소서.

입학생을 위해 사랑이신 하나님, OOO 성도가 학문의 자리에서 하나님을 경외하는 것이 지혜의 근본임을 깊이 알게 하시고, 배움의 마당에서 먼저 하나님을 섬기는 일을 잊지 않게 하옵소서. 그의 지식의 폭이 넓어져 갈수록 하나님을 아는 지식이 깊어지게 하옵시며, 그의 총명이 밝아짐과 함께 하늘의 지혜를 터득하게 하여 주옵소서.

OOO 성도가 학업을 계속하는 동안에 부모의 기쁨이 되고 스승의 자랑이 되게 하옵소서. 그가 입학하는 이 첫걸음부터 그와 그의 가족을 지키시어, 주님께서 원하시는 목표까지 최선을 다해 걸어갈 수 있도록 도와주시기를 바라옵고 기도합니다. 학업 도중에 낙오하거나 좌절하지 않게 하시고, 주님의 십자가를 바라보면서 인내와 용기로 살아가게 하옵소서.

예수님의 이름으로 기도합니다. 아멘.

기쁠 때 드리는 기도문

(졸업)

찬양 전능하신 하나님, 주님의 선한 손길을 찬양합니다. 마치 아비가 자식을 돌보듯 오늘까지 주님의 한 자녀를 돌보시어 학업의 과정을 마치게 하시니 감사드립니다. 이제 졸업으로 말미암아 새로 전개될 새 땅을 허락하셨사오니, 여호수아가 가나안 땅에 들어가듯 힘차게 들어가게 하옵소서.

결단 하나님 아버지, 그가 배움의 선한 길을 다 달려온 것이 아니라 이제부터 인생의 또 다른 광장에서 선한 일을 위하여 싸워야 할 것임을 인식케 하시고 무엇보다도 믿음을 지키게 하옵소서. 의의 면류관과 영광의 면류관을 위하여 걷는 그의 길이 복 되고 힘차게 하옵소서. 주님께서 제자들을 파송하시면서 하신 말씀이 "내가 너희를 보냄이 양을 이리 가운데로 보냄과 같도다. 그러므로 너희는 뱀 같이 지혜롭고 비둘기같이 순결하라" 하셨사오니 주님께서 주신 말씀을 기억하게 하옵소서.

졸업생을 위해 오늘의 영광된 졸업으로 말미암아 새 길을 가는 OOO 성도가 사람들을 조심할 것이나 두려워 말게 하시고, 오직 하나님 앞에서 생각하고 행동하여 좋은 열매를 맺어 생의 좋은 수확으로 주님께 드리게 하시옵소서. 한 단계 높은 차원의 학문을 연구하거나 사회인으로 발을 옮길 때 두려움에 사로잡히지 않게 하시고 주님의 능력과 명철로 새로운 일이 시작되는 졸업이 되게 하옵소서.

모든 일에 시작이 있으면 끝이 있고, 끝났는가 싶으면 새로운 일이 전개되는 줄을 압니다. 이 새로운 일에 주님이 함께하셔야 하겠사오니 OOO 성도의 보호막이 되어주시고 지혜와 총명과 모략을 선하게 사용할 수 있게 하옵소서. 예수님의 이름으로 기도드리옵나이다. 아멘.

(입사 및 승진)

감사 신실하신 하나님, 이 좋은 날에 하나님을 찬양케 하시오니 감사드립니다. 이제 당신의 아들(딸)을 강한 손에 붙드시어 늘 새롭고 능력있게 하옵소서. OOO님의 삶에서 스치는 모든 사람이 예수 그리스도의 향기를 맡게 하시기를 원합니다.

간구 "내가 나 된 것은 주님의 은혜로라"고 고백한 사도 바울의 믿음처럼 언제나 주님의 은혜 안에서 감사의 삶이 넘치게 하옵소서. 삶의 현장에 찾아오셔서 균형 잡힌 믿음과 인격이 되게 하옵소서. 하나님을 섬기는 것처럼 상사에게 순종하며 지혜로써 잘 받들게 해 주시고 일터에서도 오직 주님의 향기를 발하여 그리스도의 이름을 빛나게 하옵소서.

입사자를 위해 하나님을 아버지로 모시는 OOO님이 맡겨진 모든 일에 진실과 봉사로 충성을 다 기울이게 하시며, 사람 앞에서가 아니라 오직 하나님 앞에서 행하는 부끄럽지 않은 자 되게 하옵소서. OOO님의 입술이 지혜를 말하며, 마음에 하나님의 법을 두게 하시기를 원합니다. 그의 걸음이 실족지 않고 악에서 떠나 선을 행하게 하옵소서. 우리의 모든 경영과 계획을 주께서 아시오니 선하신 뜻 안에서 이루어져 영광스러운 열매를 맺게 하옵소서.

직장생활을 위해 은혜로우신 하나님, OOO님이 열매 없는 무화과나무의 잎이 무성한 것처럼 허울 좋은 사람이 되지 않게 하시고, 알찬 생활로 많은 열매를 맺어 주님의 창고에 드릴 것이 많은 일꾼이 되게 하옵소서. 그를 통하여 하나님은 영광을 받으시고, 그가 수고하는 직장은 그로 인하여 더욱 복 되게 하옵소서.

예수님의 이름으로 기도합니다. 아멘.

기쁠 때 드리는 기도문

(이사 및 입주)

감사 좋으신 하나님, 어제도 오늘도 영원토록 변함없이 동일하게 저희를 사랑해주시고 용납해주심을 감사드립니다. 하나님께서 이 가정의 의식주를 간섭하시어 새로운 보금자리를 마련하고 이사케 하셨으니 진심으로 감사드립니다.

가정을 위해 주님의 이름으로 이 거룩한 가정을 축복합니다. 지금까지 이 가정에 베푸신 주님의 사랑도 크지만, 앞으로 더욱 큰 은혜를 베풀어주셔서 하늘의 영원한 장막을 맞을 때까지 믿음으로 살게 하옵소서. 주님께서 주신 새 장막의 지붕 아래서 이루어지는 모든 일이 주님의 뜻에 합당하게 이루어지기를 원합니다.

간구 자비로우신 하나님, 순간순간마다 이들의 보호자가 되어주시어, 이 가정에 주님의 평안이 깃들 수 있게 하시고, 주님이 주시는 복을 받기에 합당한 가정, 가족들이 머무는 처소가 되게 하시옵소서. 믿음의 조상들이 가는 곳마다 제단을 쌓은 것같이 이곳에 거하는 동안 날마다 제단을 쌓고 주님을 찬양하며 주님의 음성에 귀 기울이게 하옵소서.

가족을 위해 우리의 출입을 살피시는 하나님, 하나님께서는 그 사랑하시는 백성에게 잠을 주신다고 하셨사오니, 이 집에 거하며 살아가는 모든 믿음의 식구들에게 평안히 잠자고 일어나도록 낮과 밤을 지켜주시기를 원합니다. 그리고 이 집에 출입하는 발걸음을 주님께서 인도하여 주시고 나가도 들어와도 복 받는 삶이 되게 하옵소서. 주님의 따스한 햇살을 이 집과 여기 거하는 모든 가족에게 비추어주시옵소서. 서로 사랑하며 아끼고 하나님 나라를 이루는 가정이 되게 하옵소서.

예수님의 이름으로 기도드립니다. 아멘.

(개업)

경배 크고 위대하신 하나님, 그 크신 사랑과 은혜를 감사하여 주님의 이름을 높입니다. 영광과 찬양의 경배를 받으시옵소서. 보잘것없는 저희를 잠잠히 사랑하시며 너는 내 것이라고 지명하여 불러주심을 감사하며 크신 하나님을 찬양합니다.

예배 오늘, 주님께서 사랑하시는 성도 OOO님이 사업을 시작하면서 먼저 하나님께 예배드림으로 감사와 영광을 돌리고자 하오니 이 예배를 받아주시옵소서. 살렘 왕 멜기세덱이 떡과 포도주를 가지고 와서 아브라함을 축복함과 같이 저희도 새로 시작한 이 사업장에 함께 모여 하나님께서 복 주시기를 간구하오니, 아브라함에게 복을 주신 하나님께서 사업을 경영하는 모든 일에 함께하사 창대케 하여 주시옵소서. 모든 일을 주께 맡기고 의지하는 믿음으로 이 일을 경영케 하시고 오직 하나님이 복 주실 때 이룰 수 있다는 신앙을 갖게 하옵소서.

사업을 위해 OOO님이 시작하는 이 사업을 통해 하나님의 영광을 나타내게 하옵소서. 사람이 마음으로 자기의 길을 계획할지라도 그 걸음을 인도하는 자는 여호와이시라 하셨사오니, 사랑하는 성도 OOO님이 계획하고 시작한 일의 한 걸음 한 걸음을 주께서 인도해주옵소서. 그리하여 "네 시작은 미약하였으나 네 나중은 심히 창대하리라" 하신 말씀이, 이 사업에 그대로 임하는 복을 누리게 하옵소서. 우리의 삶을 지키시는 주님을 찬양합니다. 이같이 좋은 날을 주셨사오니 감사하오며, 하늘의 뜻을 구하는 저에게 성실한 인내를 허락하시고 언제나 변함없는 주님의 사랑에 감사하게 하옵소서.

예수님의 이름으로 기도드립니다. 아멘.

기쁠 때 드리는 기도문

(사업 확장)

감사 거룩하신 하나님, 귀하신 사랑과 은혜를 감사드립니다. 우리를 죄에서 해방시키려고 사랑하는 아들 예수님을 보내주시고 그 구원의 은총을 누리게 하심을 감사드립니다. 사랑하시는 OOO님이 사업을 시작한 이래, 지금까지 주님께서 함께하시고 도우셔서 에벤에셀의 은총을 누리게 하심을 감사드립니다.

사업체를 위해 하나님 아버지, 보혜사 성령이 함께하시사 우리를 위로하시고 진리 가운데로 이끄심을 감사드립니다. 사무엘이 돌을 세우며 "여기까지 도우셨다"고 하며 주님 앞에 무릎을 꿇음과 같이, 사랑하는 OOO님이 도우시는 하나님의 은혜를 감사하면서 저희와 함께 믿음으로 무릎을 꿇고 찬송과 기도로 예배의 돌을 세우는 그 중심을 받으시옵소서. 원하옵기는, 이 사업이 더욱 확장되어 번창함으로써 사랑하는 성도가 주의 몸된 교회에서 더욱 힘 있게 봉사하기를 원하오니 복 내려주옵소서.

은총 좋은 것으로 채워주시는 하나님, "너의 지경을 넓히라", "땅을 정복하라" 하신 말씀은, 주님의 택하신 백성들과 그들의 믿음의 영역과 경영하는 사업의 지경을 넓힘으로 하나님 나라 영역을 더욱 넓히라는 은혜의 말씀인 줄 압니다. 또한 이 말씀의 실현은 하나님이 함께해 주셔야만 가능한 줄 믿습니다.

아브라함과 이삭과 야곱에게 복을 주사, 저들의 경영하는 모든 일을 점점 더 창대케 하신 하나님께서 사랑하는 OOO님의 사업도 확장되도록 인도하옵소서. 그리하여 주의 나라 확장을 위해 그가 더욱 힘 있게 봉사하도록 주께서 이끌어주시옵소서.

예수님의 이름으로 기도드립니다. 아멘.

(임신)

감사 천지 만물을 조성하시고 인간의 수한을 정하시는 하나님께 영광을 돌립니다. 하나님의 섭리 중에 한 생명을 주시고 그 어머니를 통하여 찬송하게 하시니 감사드립니다. 더욱 경건에 힘쓰고 깊은 은혜의 자리에 들어가게 하옵소서.

임산부를 위해 인생에게 복을 주시는 하나님, 새 생명을 잉태한 자매가 혹시라도 근심이 있지 않게 하시기를 원합니다. 아름다운 그녀가 평안 속에 출산의 날을 기다리게 하시고 건강을 더하시어 순산의 기쁨을 누리게 되기를 원하오니 날마다 선한 생각 속에 주님과 동행케 하여 주시옵소서.

간구 좋으신 하나님, 그 놀라운 은혜를 인하여 감사드립니다. 베풀어 주신 그 사랑을 인하여 주님을 찬양하오며, 이 기쁨은 주님이 주신 기쁨이오니 모든 영광을 주님께 돌려드립니다. 한나의 기도를 들으시고 잉태케 하신 하나님의 은혜가 이 여종에게도 임하였사오니, 감사와 찬송을 드립니다. 주님께서 이 잉태된 귀한 생명을 돌보시사 건강케 하옵소서. 태중에 있는 생명을 하나님께서 보호하시고, 자매가 모든 것을 하나님께 맡기고 기도하는 시간을 더 갖게 하시어 사무엘같이 하나님의 음성을 들을 수 있는 아름다운 아이를 출산하게 붙들어주옵소서.

가족을 위해 이 가정에 아들을 주시려면 사무엘처럼 성전에서 자라 주께 드려지는 종이 되게 하시고, 딸을 주시려면 에스더처럼 나라와 민족을 위해 봉사하는 귀한 여종이 되게 하옵소서. 경건한 자녀를 주신 것은 경건한 백성을 이 땅에서 창성케 하시고자 하시는 주님의 섭리인 줄 아오니, 경건에 크게 유익하게 하옵소서. 예수님의 이름으로 기도드립니다. 아멘.

기쁠 때 드리는 기도문

(제대)

감사 인생의 생사화복을 주관하시는 하나님, 국가의 부름을 받아 군에 입대한 하나님의 사랑하는 아들이 어려운 일 없이 군 복무를 마칠 수 있도록 보호해주신 은혜를 감사드립니다.

은혜 사무엘이 블레셋 군대를 물리친 후 돌을 취하여 미스바와 센 사이에 세워 "여호와께서 여기까지 우리를 도우셨다" 하고 '에벤에셀'이라 하였음과 같이 사랑하는 아들이 군 복무를 무사히 마치게 된 것은 하나님께서 베푸신 에벤에셀의 은혜인 줄 믿습니다. 또한 군 복무를 마치고 에벤에셀의 하나님께 진심으로 감사하는 그 중심의 믿음을 받으시고 복된 삶이 되게 하여 주옵소서. 이제부터 그가 새롭게 시작하는 생활에도 더욱 큰 믿음으로 승리하도록 주께서 복 내려주옵소서.

제대자를 위해 은혜가 풍성하신 하나님, 주님께서 말씀에 이르신 충성과 인내와 순종의 정신을 그의 군 생활을 통하여 체험적으로 익힌 줄 압니다. 이 정신을 제대한 후에도 교회 생활과 사회생활에 잘 적용함으로써 태산과 같은 어려운 문제 앞에서도 흔들림이 없게 하옵소서.

장래를 위해 사랑하는 아들이 세상적으로는 땅을 정복하게 하시고 교회에서는 작은 일부터 충성하여, 마침내 주의 몸된 교회를 야긴과 보아스와 같이 받들어 섬기는 중추적 인물로 삼아주옵소서. 기드온의 용사가 하나님이 함께하심으로 블레셋 군대를 이긴 것처럼, 사랑하는 아들이 승리의 삶을 살 수 있도록 늘 함께해 주옵소서. 비록 군대를 떠났으나 나라를 위한 충성된 마음 변함없게 하옵소서. 제대와 함께 전개되는 생활에 주님께서 함께해 주옵소서. 예수님의 이름으로 기도드립니다. 아멘.

(퇴원)

찬양 반석이 되시는 하나님, 사랑하는 OOO님이 연약하여지고 넘어질 때에 물결을 밟고 달려오신 주님을 찬양합니다. 그를 어려움에서 도우시어 구원을 베푸신 주님께 감사드립니다. 믿음의 기도는 병든 자를 구원하리니, 주께서 저를 일으키실 것을 믿은 대로 건강을 회복시켜주신 일을 감사드리나이다.

퇴원자를 위해 우리가 나태하여지고 범죄의 길에 들어설 때, 여러 모양으로 깨달음을 주시오니 감사드립니다. 날마다 십자가로 가까이 가게 하시고 생존의 날까지 당신의 형상을 닮아가는 노력을 하게 하옵소서. 주님의 크신 긍휼과 자비의 손길로 사랑하는 OOO님을 붙드셔서 이 기회를 통하여 믿음의 모습을 새로 정리할 수 있게 하시고 새로운 출발을 하게 하옵소서.

돕는 이들을 위해 아버지 하나님, 그동안 수고의 손길로 돌보아준 의사 선생님과 간호사 등 여러 의료진들에게도 주님의 사랑을 허락해주옵소서. OOO님의 건강을 위하여 기도해주신 그 가족과 교회 그리고 주위의 여러분에게도 은혜를 허락해주옵소서. 저가 병든 가운데서도 소망을 갖게 하시며, 고난 중에도 말씀으로 위로받게 하시고, 평안을 주셔서 강한 힘을 얻게 하셨사오니 감사드립니다.

간구 이제 건강을 회복하여 온전한 몸으로 주님의 사역과 주님의 영광을 위해 헌신하게 하옵소서. 악마의 병기가 아닌 의로운 병기로 그 몸을 드리도록 인도해주옵소서. 사람의 몸은 그리스도의 성전인즉, 주님이 임하시는 성전으로써 다시는 영적, 혹은 육적인 병마가 침범치 못하도록 지켜주옵소서.

만병의 의원이신 예수님의 이름으로 기도드립니다. 아멘.

기쁠 때 드리는 기도문

(수상)

감사 사랑의 하나님, 주님의 은총을 힘입어 OOO님이 오늘 수상하게 된 것을 감사드립니다. 저에게 지혜를 주시어 오늘을 위하여 그동안 흘린 땀과 수고가 헛되지 않고 좋은 결과를 맺게 하시고 수상으로 영광을 누리게 하시니 감사합니다.

결단을 위한 중보 좋으신 하나님, 이 수상의 영광이 그의 육체에 머무르지 않고, 신앙의 경주에서도 승리하여 하나님의 영원한 상급을 받을 수 있는 자리에까지 달려가게 도와주옵소서. 그에게 수상의 영광을 먼저 하나님께 돌리는 신앙을 주시오니 감사합니다. 앞으로 모든 일에 더욱 충성하는 주의 일꾼이 되게 하옵소서. 이 세상 살면서 그에게 기쁨을 안겨준 당신의 은혜를 감사하고 그 은혜를 찬양하며 늘 감격의 기쁨에 살도록 도와주시옵소서. 육신의 일은 다 소멸될 것이나 성령의 일은 영원한즉 영원한 주님의 일을 위하여 보다 힘써 영원한 상급을 거두게 하옵소서.

수상자의 장래를 위해 인도자가 되시는 하나님, 수상의 영광으로 말미암아 OOO님을 더욱 붙잡아주옵소서. 좋은 일로 교만하여 자긍하지 말게 하옵시고, 행여나 이 일로 시험에 드는 일 없도록 강하신 손으로 붙들어주시고 보다 큰 면류관으로 그의 진로를 보살펴주옵소서. 죽도록 충성하면 생명의 면류관을 주시겠다고 언약하신 하나님께 영광을 드립니다. 오직 주님만을 위하여 죽도록 충성하는 주님의 자녀가 되게 하옵소서.

간구 OOO님으로 하여금 이번 수상을 진실한 마음으로 감사하게 하시고 육체를 위하여 심는 자가 되어 육체로부터 썩어질 것만을 거두는 자가 되지 않게 하시고 성령을 위해 심고 거두는 자가 되게 하옵소서. 예수님의 이름으로 기도드립니다. 아멘.

주께서 생명의 길을 내게 보이시리니
주의 앞에는 충만한 기쁨이 있고
주의 오른쪽에는 영원한 즐거움이 있나이다

_시편 16:11

어려울 때 드리는 기도문

(환자)

감사 사랑의 하나님, 우리를 죄악 가운데서 건져주시고 하나님의 자녀로 삼아주심을 감사합니다. 하나님께서 우리를 만세전에 택하시고 부르셔서 오늘이 있음을 믿습니다. 죽을 수밖에 없었던 생명이 사망에서 구속함을 받았사오며 주님의 은혜와 사랑을 맛보며 살고 있습니다.

치료받기를 위해 은혜가 풍성하신 하나님, 이 시간에 이웃의 병든 지체를 위해 기도드립니다. 참으로 좋은 이웃인 OOO님이 원치 않는 병으로 이처럼 고생하고 있습니다. 주님께서 저를 만져주시기를 소원합니다. 그가 해야 할 일이 많은데 이렇게 병중에 있으면 어떻게 하겠습니까? 속히 건강을 회복시켜주옵소서. 사랑하는 지체를 불쌍히 여기시고 긍휼함을 베풀어주옵소서.

자비로우신 하나님, 주님의 능하신 팔로 그를 붙드시고 모든 병의 근원을 소멸시켜주옵소서. 믿음의 기도는 병든 자를 일으킨다는 말씀에 의지하여 믿음으로 아버지께 간구하오니 사랑하는 OOO님을 병에서 건져주시어 속히 어두운 날이 지나고 맑고 건강한 날을 맞게 해 주옵소서. 이 병이 육신적으로는 말할 수 없는 괴로움이지만 영적으로는 깊은 하나님의 사랑을 체험하는 기회가 되게 하옵소서.

환자 가족을 위해 굳세게 하시는 하나님, 안타깝게도 육신이 연약해질 때 마음까지 약해지기 쉽사오니 환자를 간호하느라 지친 가족에게 말씀의 평안과 담대함을 허락하시고 믿음을 더하여주옵소서. 하나님이 함께하시는 사실을 꼭 믿게 하시고 주님의 권능의 팔로 일으켜주심을 체험하게 하여 주시옵소서.

예수님의 이름으로 기도드립니다. 아멘.

(입원)

감사 긍휼이 풍성하신 하나님, 사랑하는 우리의 지체가 육신의 연약함으로 입원하여 치료받게 되었습니다. 비록 육신이 병약하여 잠시 병원에 머물러 있어야 하오나 하나님만을 의뢰하는 믿음으로 담대케 하시오니 감사합니다.

병 낫기를 위해 믿음의 기도가 병든 자를 구원한다는 말씀을 의지하여 기도합니다. 언제나 주님의 일에 앞장서고 다른 지체들에게 아름다움을 보여주었던, 주님께서 귀히 여기시는 주의 백성이오니 입원실에 오래 머무르지 않게 하옵소서. 그 크신 하나님의 경륜이 이 병실 안에서 열매 맺도록 역사하옵소서. 비록 육신은 사망의 음침한 골짜기로 다니는 것 같을지라도 조금도 두려워하지 않는 까닭은 주의 막대기와 그 크신 지팡이가 병든 이를 안위하시기 때문인 줄로 믿습니다.

능력의 하나님, 이 시간 주님을 의지하는 마음으로 머리를 숙였습니다. 연약한 육체에 전능하신 하나님의 은혜와 돌보심이 나타나기를 간구합니다. 주님은 연약한 자의 피난처시요 요새시며 의뢰할 하나님이십니다. 이 시간에 주님의 돌보심이 함께하실 때, 살리시는 하나님의 능력이 나타나 건강해질 수 있음을 믿고 감사드립니다.

간구 비록 병약하여 병상에 누워 있지만 사랑의 하나님께서 곤비치 않도록 지켜주심을 감사드립니다. 병상에 있는 동안 주님의 크고 놀라운 사랑을 경험하고 하나님과 더욱 가까워지게 하옵소서. 하나님 사랑의 그늘에서 속한 쾌유가 있기를 간절히 원하오며 예수님의 이름으로 기도드립니다. 아멘.

어려울 때 드리는 기도문

(수술)

찬양 사람의 생명을 주관하시는 하나님, 참으로 사랑스러운 지체와 한 교회 안에서 공동체를 이루어 지내었으나 이렇게 원하지 않는 어려움으로 입원하여 수술을 받게 되었습니다. 저를 회복시키기 위한 수술임을 생각할 때, 주님의 은혜를 찬양합니다.

의사와 간호사를 위해 사랑하는 OOO님을 주님의 이름으로 축복합니다. 의사의 손에 육신을 맡기기 전에 먼저 하나님께서 친히 만져주시기를 기도합니다. 이 시간에 부족한 종의 기도를 받아주시어 OOO님을 주님의 강한 팔로 붙들어주시기를 원합니다. 집도할 의사와 간호사들에게 지혜와 은혜를 베풀어주시고 혹여라도 실수하지 않도록 주장하옵소서.

환자를 위해 아버지 하나님, 이제 한 시간이 지나면 수술실로 자리를 옮기게 됩니다. 마취사를 비롯하여 수술을 위한 모든 과정이 주님의 보호하심 속에 이루어지게 하옵소서. 간절히 구하옵나니, 우리 눈에 보이지 않는 곳까지도 깨끗하게 살펴 수술하게 하옵소서. 온몸이 성별함을 받도록 신령한 은혜의 역사가 일어나게 해 주옵소서. 거듭난 자만이 하나님을 바라본다고 말씀하신 것처럼 마음의 수술대 위에서 OOO님의 영혼까지 맑고 신령하게 고쳐주시옵소서.

수술 이후 회복을 위해 생명을 살리시는 하나님, 하나님께서는 언제나 우리의 마음을 감찰하시고 필요한 덕과 지혜로 모든 일이 합력하여 선을 이루게 해 주심을 믿습니다. 사람의 손이 움직일 때마다 하나님의 손이 함께하심을 믿음으로 바라보면서 마음의 평안과 안식을 얻게 하옵소서.

예수님의 이름으로 기도드립니다. 아멘.

(사업 실패)

감사 인간의 삶을 주장하시는 하나님, 아버지의 사랑을 감사합니다. 이 시간 특별히 사랑하는 ○○○님을 위하여 기도드립니다. 그가 이제까지 성실하게 사업을 해왔으나, 그만 어려움을 당했습니다. 몹시 힘들고 지친 상황이오나 낙심하지 않고 하나님께 기도드릴 수 있는 믿음을 주시니 감사드립니다.

축복 ○○○님의 형편을 아시는 하나님, 저가 잠시 어려운 가운데 있지만 주님의 백성으로서 누리는 은혜의 삶이 풍성해지기를 바라옵고 기도합니다. 저에게 하나님에 대한 소망을 허락하시고, 용기와 인내를 더하셔서 이 어려운 때를 잘 극복할 수 있도록 도와주시옵소서. 하나님을 사랑하는 자, 그 뜻대로 부르심을 입은 자들에게는 모든 것이 합력하여 선을 이루는 것을 믿습니다.

간구 이 시간 ○○○님에게 환난 날에 피난처가 되시는 하나님의 도움이 필요합니다. ○○○님을 도와주시옵소서. 그에게 강한 믿음을 허락하셔서 이 어려움을 이기게 해 주시옵소서. 사방으로 우겨쌈을 당하여도 싸이지 아니하며, 답답한 일을 당하여도 낙심하지 아니하며, 핍박을 받아도 버린 바 되지 아니하며, 거꾸러뜨림을 당하여도 망하지 아니하고 일곱 번 넘어지나 여덟 번 일어설 수 있는 담대한 믿음을 허락해주옵소서.

결단 하나님 아버지, 사랑의 주님께서 저희를 사랑하시는 것을 믿습니다. 이번의 이 어려움이 결국에는 ○○○님에게 큰 유익이 될 줄을 믿습니다. 이 어려움이 전화위복의 기회가 되게 하여 주옵소서. 하나님을 목자로 삼는 사람은 부족함이 없음을 믿습니다.

예수님의 이름으로 기도합니다. 아멘.

어려울 때 드리는 기도문

(불합격)

감사 신실하신 하나님, 실패자의 손을 이끌어주시는 은혜를 생각할 때 감사드립니다. 불합격의 시련을 겪으면서 낙망의 자리에 머물러 있지 않게 하시고 새 힘을 얻어 다시 도전하는 용기를 주옵소서. 다시 한 번 기회 주심을 믿고 감사드립니다.

결단 OOO님이 언제나 하늘의 진실로 땅 위의 삶을 살게 하옵소서. 진리를 위해 살고자 높고 큰 삶의 꿈을 그려 보면서 무엇인가 옹골찬 일을 계획해 보던 때의 열심과 인내를 가족이나 주위의 사람들이 모두 지켜보았나이다. 그러한 중에 어려움을 당한 OOO님의 마음을 하나님께서 위로하시고 넉넉한 은총을 부어주시옵소서.

간구 하나님 아버지, 나를 위해 지식을 얻으려 하고 하나님의 뜻보다는 내 명예와 출세를 위해서 노력하고, 하나님의 지혜와 그 능력보다 나 자신을 믿고 앞날을 계획할 때 실패와 헛수고와 무의미가 자신을 기다리게 되는 것을 깨닫게 해 주시옵소서.

여호와께서 집을 세워주셔야만 쌓아 올린 지식의 탑이 바벨탑이 되지 않고, 여호와께서 우리의 성벽을 지켜주시지 아니하시면 경성하는 파수꾼의 수고가 헛되다는 것을 잘 알게 하옵소서.

가족을 위해 좋으신 하나님, OOO님의 가족을 기억해주시옵소서. 온 식구가 하나님의 은혜를 깨닫게 되는 기회가 되게 하옵소서. 그리고 OOO님이 하나님의 사람이 되도록 기도하게 하시고, 강한 의지와 탐욕으로 인한 부실함 위에 미래의 꿈을 뿌리 내리지 아니하도록 지켜주옵소서. 하나님을 경외하며 그 도에 행하는 일이 지식의 근본 됨을 먼저 깨닫게 해 주옵소서.

예수님의 이름으로 기도드립니다. 아멘.

(취직 낙방)

영광 위대하신 하나님, 주님께서는 높은 산꼭대기에도 나무를 심어 자라게 하시며, 깊은 산골짜기에도 고운 꽃과 싱그런 풀을 나게 하시는 신비의 능력을 소유하신 창조주이심을 믿고 영광을 돌립니다.

우리가 남에게 누를 끼치지 않는 삶을 살기 위해 "일하기 싫거든 먹지도 말라"고 하신 말씀의 의미를 바로 깨닫고, 건강의 복을 주셔서 열심히 일하면서 살 수 있기를 소망하며 기도하게 하시고, 취직하기 위해 노력하게 하시오니 감사드립니다.

축복 열심히 일하기 원하면서도 적당한 일자리를 얻지 못해서 낙심 중에 있지 않도록 그를 붙잡아주시옵소서. 그리고 낙방으로 인해 초조한 일과를 살아가는 힘 없는 자가 되지 아니하도록 지켜주옵소서. 일하는 자의 권리가 언제나 보장되도록 도와주시고, 일하는 자로서의 기쁨으로 가정과 사회와 그리고 하나님의 나라를 평화롭고 행복하게 가꾸어가게 하옵소서.

낙심한 자를 위해 자비로우신 하나님, 천지 만물을 지으실 때부터 땀 흘려 일하면서 사는 비결과 이치를 깨우쳐주셨음에도 불구하고, 허물과 부조리와 불황으로 인하여 일하고 싶어도 일자리를 얻지 못해 고생하는 상황을 불쌍히 여겨주옵소서.

이 일로 인하여 수많은 기술자와 근로자들이 희망을 포기하지 않게 하시고, 세상을 원망하면서 폭력에 호소하지도 않게 해주소서. 일 그 자체가 하나님께서 위탁해주신 신성한 일이 되게 해 주옵소서. 또한 사람이 빵으로만 살 수 없음을 바로 이해하며, 말씀을 읽으며 일하는 기쁨을 간직하는 OOO님이 되게 해 주옵소서.

예수님의 이름으로 기도드립니다. 아멘.

어려울 때 드리는 기도문

(이혼)

소망 위로자가 되시는 하나님, 하나님은 우리의 크고 작은 모든 일을 감찰하시는 줄로 믿습니다. 어려워진 OOO님의 가정을 돌보시고, 그 가운데에 성령의 위로와 은혜를 더하여주옵소서. 답답한 중에 있는 저에게 친히 찾아오셔서 주님의 품에 안아주시고, 자신을 스스로 돌보며 더욱 하나님 앞에 바로 서서 새로운 삶을 살아가게 하옵소서.

축복 주님의 택하신 자녀가 이렇게 홀로 서게 되었습니다. 믿음의 눈을 열어 함께하시는 하나님을 보게 하시고 하늘의 평화를 누리게 하옵소서. 이후로 하나님이 OOO님과 동행해주시고 말씀으로 그의 앞길을 한 걸음씩 인도하여주시기를 간절히 소원합니다. 주님이 가장이 되시고 모든 어렵고 험한 길에서도 형통한 은혜를 주시옵소서. 세상 사람들의 인심은 실패하고 외로워질 때, 그 곁을 떠나지만 주님은 우리가 어떠한 형편 가운데 있을지라도 함께하시오니 우리의 소망이요, 위로자가 되십니다.

장래를 위해 많은 그리스도인이 세상줄이 끊어질 때 도리어 주님의 사랑의 줄이 더욱 강하게 이어지는 것을 간증합니다. 이 성도님에게도 이런 체험의 믿음을 더하여주옵소서. OOO님의 마음속 깊이 자리 잡은 상처를 보혜사 성령의 위로하심으로 싸매어주시고, 더 큰 은혜 주심을 따라 상대방의 허물을 용서하며 주님을 바라보게 하옵소서.

위로 이 시간 마음에 혹시라도 미움이나 원망이 남아 있다면 청결한 마음을 갖게 하시어 하나님을 뵐 수 있는 은혜를 내려주옵소서. 모든 계획을 주님께 맡기게 하시고, 낙망하거나 불안해하지 않는 하늘의 평안으로 채워주셔서 새로운 삶이 이어지게 하옵소서.

예수님의 이름으로 기도하옵나이다. 아멘.

(재난)

감사 구원의 하나님, 우리의 풍랑 당한 것을 아시고 친히 오사 즉시 손을 내밀어 구원해주시는 하나님을 찬양합니다. ○○○님이 부지불식간에 재난을 만났으나 하나님께서 넉넉히 이기게 하심을 믿습니다.

위로 말세에 많은 고통이 있을 것이라는 예고대로 온갖 재난이 우리를 고통스럽게 하고 있나이다. 그 재난 중에서도 주님의 손에 굳게 붙잡히게 하시어 살아계시는 아버지의 품에 안기게 하옵소서. 또한 이 어려움을 이기며, 낙심하지 말고 믿음으로 승리하게 하옵소서. 오히려 아버지 하나님께 매달리는 신실함을 갖게 해 주시기를 원합니다.

격려 ○○○님을 위하여 간절히 기도할 때, 믿음의 사람인 욥을 생각하게 됩니다. 욥은 의인이었지만 시험을 당하였습니다. 이 세상 사는 동안 뜻하지 아니한 재난이 죄의 대가로 오기도 하지만, 욥처럼 믿음을 시험하기 위하여서도 오는 것을 알 수가 있습니다. ○○○님이 만난 재난이 욥의 시험처럼 믿음의 연단을 위한 것이라면 인내로 이겨서 이 일로 말미암아 하나님께 더욱 인정받는 믿음의 사람이 되게 하옵소서.

은혜 신실하신 하나님, 이 재난이 ○○○님이 새사람 되는 은혜의 기회가 되게 하옵소서. 그래서 나그네로 지나는 동안 이 육체로 범죄하지 않게 하시고, 시련을 통하여 더욱 하나님을 가까이 뵐 수 있는 은총을 주시옵소서. 욥은 하나님을 원망하지 않고 도리어 찬송하며 믿음을 지켰사오니, 이 가정에도 이런 믿음을 주시옵소서. 그리하여 이 가정에도 욥이 누렸던 복을 더하여주옵소서. 예수님의 이름으로 기도드리옵나이다. 아멘.

어려울 때 드리는 기도문

(도난)

감사 전능하신 하나님, 죄악에 물든 험악한 세상을 사는 저희의 생명을 지켜주시고, 강건한 은혜를 주시오니 감사드립니다. 불의의 사고를 만난 OOO님 가정에 성령으로 위로하심을 감사합니다. 뜻하지 아니한 도난을 당하였지만, 여기서 주의 권고하시는 말씀을 듣고 은혜를 받으며 감사하게 하옵소서.

격려 우리의 필요를 따라 하늘로부터 공급하시는 하나님, 저희를 사랑하사 이 땅에 사는 날 동안 궁핍하여 꾸는 자 되지 않고, 사용할 수 있는 적절한 물질을 허락해주심을 감사합니다.

지금 저희가 누리는 모든 것은 주님의 것입니다. 재산의 손실로 어려움을 당하였으나, OOO님이 이러한 때에 지금 우리가 가지고 있는 물질이 내 것이 아님을 알게 하옵소서. 내 것으로 알았던 잘못을 뉘우치게 하시고, 하나님의 뜻대로 살게 하셔서 지금은 물질의 손해가 있으나 곧 풍성한 것으로 채워주시는 경험을 갖게 해 주옵소서.

도적을 위해 이 가정에 들어왔던 도적을 용서하게 하옵소서. 사랑하는 OOO님이 재물의 손실로 어려움을 당하였지만 도적의 영혼을 사랑할 수 있게 하시고, 우리 주님께서 그에게 역사해주셔서 그의 마음에 감동을 주시고, 회개하고 새사람 되게 하시며, 그 가정에도 부득이한 상황에 처하지 않도록 인도하여 주시옵소서.

이웃을 위해 자비로우신 하나님, 생활 전선에서 패배하여 곤고한 중에 지내는 이웃을 사랑으로 돌볼 수 있는 은혜를 주옵소서. 저희가 언제나 나누어주는 삶을 살아 사랑으로 주님의 일을 이루게 하옵소서. 예수님의 이름으로 기도합니다. 아멘.

(교통사고)

감사 인생의 보호자이신 하나님, 이제까지 저희의 생명을 안보하사 이렇게 살아가고 있음을 감사드립니다. 만유를 지으신 그 능력으로 지켜주시는 은총에 진심으로 감사하지 않을 수 없습니다. 사람의 목숨이 질그릇보다 더 약하다는 것과 우리의 생명이 우리 것이 아님을 깨닫게 하시오니 감사합니다.

위로 어느 누구의 실수이든지 간에 저희로서는 원치 아니하는 일을 당하였습니다. 지금 참화로 병실에 누워 있는 OOO님을 주님께서 붙들어주옵소서. 그를 속히 일으켜 세워주시기를 원합니다. 평안한 호흡을 허락하시고 부러진 마디마디를 주의 손으로 어루만져주시고, 통증으로 고통스러울 때 주님 당하신 십자가의 고통을 생각하며 견디어내게 하옵소서. 오래 두지 마시고 고쳐주옵소서.

축복 이 병상을 지키시는 하나님, 무엇보다도 OOO님에게 주님으로 인한 영혼의 충만한 평화를 누리게 하옵소서. 우리가 그를 위하여 기도할 것밖에는 없습니다. 예비된 복을 내려주옵소서. 그가 병상에 있는 동안 주님과 교제하며 신앙을 견고히 할 수 있기를 원합니다. 신앙훈련의 기간이 되게 하옵소서. 주님의 화평을 찬양하는 믿음을 소유하게 하옵소서.

가족을 위해 하나님 아버지, 교통사고를 당한 OOO님에게 복을 내리시어 본인에게는 평안이 넘치고 이를 바라보는 가족이나 친구들에게 하나님의 사람됨이 어떠한가를 알게 하시옵소서. 위문 오는 성도들에게 은혜가 넘치게 하시며, 불신자에게는 전도의 계기가 되게 하옵소서. 진료하는 의료팀에게도 은혜를 베푸시어 정확한 결과가 나오게 하옵소서. 예수님의 이름으로 기도드립니다. 아멘.

어려울 때 드리는 기도문

(실종)

찬양 생명의 주관자가 되신 하나님, 험악한 세상의 삶을 사는 동안 지켜주심을 찬양합니다. 때로는 원치 않는 고통으로 신음할 때가 있을지라도 곧 평안을 주시는 하나님을 찬양합니다. 우리가 광야와 같은 세상에서 어려움을 만날 때, 위에 계신 하나님을 바라볼 수 있는 신앙을 갖게 하옵소서.

위로의 간구 OOO님을 위하여 간구합니다. 안타깝게도 사랑하는 OOO님을 잃었습니다. 인간적으로는 실종을 당하였으나, 지금 그가 어디에 있는지 하나님은 아실 줄 믿습니다. 우리의 피난처요 힘이 되심을 경험할 수 있는 신앙을 주심으로 이 고난을 잘 감당하게 하시기를 원합니다. 그리고 합력하여 선을 이루시는 하나님을 보게 하옵시고 승리하게 하옵소서.

축복 사랑의 하나님, 실종된 OOO님을 주님의 이름으로 축복합니다. 그리고 찾기 위하여 백방으로 애쓰며 안타까워하고 있는 OOO님을 축복합니다. 하나님은 믿는 성도들에게 "자기 백성을 결단코 버리지 아니하리라"고 약속하셨습니다. 그것은 하나의 약속의 말씀만이 아니고 역사적으로 분명한 증거를 보여주셨사오니, 이 사실을 믿고 낙심하지 않게 하시고 새로운 힘을 얻게 하옵소서.

가족을 위해 자비로우신 하나님, 이 가정의 식구들에게 평안을 주옵소서. 그리하여 하나님의 가정은 어떤 환난 중에서도 살아계신 하나님의 보호와 인도받음을 이방인들에게 보여주고 하나님의 영광을 드러내는 기회가 되도록 인도해주옵소서.

예수님의 이름으로 기도드립니다. 아멘.

(실직)

감사 사람의 걸음을 인도하시는 하나님, 에덴동산에 부족함이 없었던 것처럼 인생의 삶에도 부족한 것이 없게 하신 하나님께 감사드립니다. 또한 하나님께서 사랑하는 OOO님을 지금까지 지켜주심을 감사드립니다. 지금은 비록 실직한 중에 있지만 하나님께서 적당한 일을 할 수 있도록 도와주옵소서.

소원의 간구 하나님의 말씀에 생업은 하나님이 주시는 기업이라고 하셨습니다. 저희에게 예수 그리스도 안에서의 영원한 기업을 주신 아버지께서 이 세상에 사는 동안에도 생업의 기업을 허락하실 줄 믿습니다. 하나님은 우리의 영혼도 사랑하시지만 우리 육신의 생활도 권고하신다는 것을 확신합니다. 사랑하는 지체에게 준비된 일자리를 허락해 주시기를 간절히 원합니다.

참 좋으신 하나님, OOO님이 직업을 기다리면서, 지난날 맡은 일에 소홀함이 없었는가를 돌아보게 하시고 앞으로 하나님이 허락하시는 직업에 더욱 충실할 수 있는 마음의 자세를 갖게 하옵소서. 자신의 육신 생활의 방편으로 직업을 구하지 않게 하시고, 무슨 일을 하든지 먼저 하나님의 영광을 드러내게 하옵소서.

결단 하나님께 받은 소명을 따라 나라와 사회에 봉사할 수 있는 목표를 갖게 하옵소서. 간절히 기도하옵는 것은 먼저 그 나라와 그 의를 구하는 영적인 바른 자세를 갖추게 하시고, 그리하면 모든 것을 더하리라는 말씀의 약속이 이루어지게 하옵소서. OOO님의 가족들도 믿음으로 기다리며 위로하게 하시고 서로 아껴주며 협력하는 사랑이 넘치는 가정이 되게 하옵소서.

예수님의 이름으로 기도드립니다. 아멘.

어려울 때 드리는 기도문

(가난)

경배 전능하신 하나님, 주님의 보혈로 구원해주시고 하늘의 양식으로 살게 하시니 주님의 위대하심에 경배드립니다. 주안에서 형제 된 OOO님의 가정을 신실하신 하나님의 손길로 보호해주신 것을 생각할 때, 경배드리지 않을 수 없습니다. 주님의 이름이 경배를 받으시옵소서.

가난한 자의 삶을 위해 이 가정이 현재 가난으로 어려움을 겪고 있음을 주님이 아실 것입니다. 모든 것을 창조하신 하나님께서 OOO님의 가정도 눈동자처럼 보고 계실 것입니다. 이 가정의 식구들이 이미 믿음으로 풍성함을 누리게 한 것을 감사하거니와 바라옵기는 물질의 풍성함도 주시옵소서. 가난하므로 하나님의 영광을 가리기 쉽사오니, 연단을 위한 기간일지라도 깨달음을 속히 주심으로 그 기간을 단축시켜 주시고 모든 일에 하나님의 도우심을 힘입게 해 주옵소서.

결단 영광과 존귀의 하나님, OOO님의 가난이 주님의 뜻이라면, 주님께서 세상에 계실 때 가난을 몸소 체험함을 알게 하시고 위로받게 해 주옵소서. 주님이 모든 권세와 영광을 가지시고도 스스로 가난하게 되심은 인간을 가난에서 부요케 하심이라고 하신 말씀도 기억합니다. 진실로 가난하나 부하나, 그리스도 안에서 부족함이 없게 하시고 도리어 가난 때문에 원망하거나, 부함으로 교만한 죄를 짓지 않게 은혜를 주옵소서. 비록 육신적인 일에 필요한 것들이 부족하다 할지라도 우리의 영혼이 해함을 받지 아니하는 믿음을 간직하는 가정 되게 하시고, 위로부터 내려오는 참 평화를 맛보게 하시옵소서.

예수님의 이름으로 기도드립니다. 아멘.

(근심 중에 있는 자)

감사 아버지 하나님, 하나님의 자녀로 구속해주신 그날부터 하늘의 은혜로 살아오게 하셨음을 감사드립니다. 아담이 범죄한 이후 이 땅 위에는 고통과 근심이 끊이지 않고 있지만, 저희는 특별한 은혜를 누리고 있습니다. 지금 사랑하는 OOO님이 잠시 고난을 당하고 있사오나 하나님의 붙들어주심을 소망하게 하옵소서.

위로 신실하신 하나님, 하나님을 바라보며 믿음으로 세상의 근심에서 벗어나게 하시기를 간절히 원합니다. 어려움을 당하고 있는 중에, 모든 악한 생각을 일으키는 요소들을 성령의 불로 태워주시고 정결한 맘 갖게 하옵소서. 보혜사 성령의 역사로 세상이 알지 못하는 평안을 소유하게 하옵소서. "너희는 마음에 근심하지 말라 하나님을 믿으니 또 나를 믿으라"고 하신 주님의 말씀을 기억합니다. 예수 그리스도를 나의 생명의 주로 믿는 성도들이 근심과 걱정에서 자유함을 누릴 수 있게 하옵소서. "내가 너희를 고아와 같이 버려두지 않겠다"는 주님의 음성을 듣게 하여 주옵소서.

간구 성령이 제자들의 마음에 임재함으로써 제자들에게 근심하지 말라고 하신 예수님의 말씀과 같이 근심과 걱정 대신 더 큰 기쁨을 체험할 수 있었던 것을 압니다. OOO님에게도 이와 같은 신령한 은혜를 주시옵소서. 구원의 하나님, 인간은 연약하여 당장 당하고 있는 환경에 휩쓸려 걱정과 염려에서 헤어 나오지 못하오니, 우리의 연약함을 도우시고 그리스도 안에서 참된 자유와 평안을 얻게 해 주옵소서.

하나님의 나라를 바라보며 살아가는 하루하루가 되게 하시기를 간절히 원합니다. 예수님의 이름으로 기도드립니다. 아멘.

어려울 때 드리는 기도문

(가정불화)

불화한 가정을 위해 우리의 가정이 행복해지기를 원하시는 하나님, 이들 부부에게 사랑의 삶을 허락하시기를 원합니다. 서로에게 주어진 조건에서 성의를 갖고 바르게 이해하면서 잃어버린 화목을 다시 회복하기를 위해 자기중심에서 벗어나 서로의 입장에 설 수 있는 삶이 되게 하옵소서. 뼈 중의 뼈요 살 중의 살이라고 짝을 찾은 기쁨은 잠시뿐이고, 서로가 책임을 전가하면서 고독하게 된 아담과 하와를 기억합니다. 이들 부부도 신혼의 행복과 즐거움을 잃어버리고 잠깐의 실수로 서로를 원망하면서 영원한 사랑을 의심하는 부부가 되었사오니 위로해주시옵소서.

회복을 위해 사랑이신 하나님, 주 안에서 말씀으로 가정을 지키지 못한 믿음 없음을 용서하시고 다시 한번 하나님의 소리를 듣게 하옵소서. 아내들을 향해 자기 남편에게 복종하기를 주께 하듯 하라는 음성이 들려지게 하옵소서. 또한 남편들을 향해 아내 사랑하기를 그리스도께서 교회를 사랑하시고 위하여 자신을 주심같이 하라고 하신 주의 말씀이 들려지게 하옵소서. 결혼 전에 가졌던 아름다운 꿈과 현실과의 차이를 극복하기 위해 상대방의 일방적인 희생만을 기대하는 어리석음을 버리게 하시고, 행복한 가정을 만들어가는 지혜를 주시옵소서. 내가 남편에게서 무엇을 기대하듯이 남편도 아내에게 무엇을 기대하고 있다는 사실을 알고 노력하게 하옵소서.

결단 이 시간 서로가 자기 잘못을 찾아 반성할 수 있게 하옵소서. 서로가 이해하며, 그의 단점을 들추어내기보다는 그 장점을 보고 서로 도우면서 사랑을 회복하여 화목한 부부가 되게 하옵소서. 예수님의 이름으로 기도드립니다. 아멘.

(신체 장애인)

감사 좋으신 하나님, 인생에게 복을 주서서 오늘도 은혜를 누리며 살게 하심에 감사드립니다. 특히, 이 시간에는 ○○○님이 세상에서는 비록 육체적인 불편함을 갖고 어렵게 살고 있지만 낙심하지 않음을 감사드립니다. 하나님께서 그를 긍휼의 손으로 붙들어주시사 은혜의 깊은 체험 속에서 힘과 소망을 얻게 하심을 감사드립니다.

신체장애인을 위해 사랑의 하나님, 주님께서는 나면서부터 맹인인 사람에게도 그가 그렇게 된 것은 그를 통하여 하나님께 영광 돌리기 위함이라고 하셨습니다. 그의 작은 삶을 통해서 신체적으로 불편을 느끼는 모든 이가 하늘의 소망을 품게 해 주시옵소서. 그리하여 스스로 절망하지 않게 하시고 자신의 생애에도 하나님의 계획하심이 있고 뜻이 있음을 알게 해 주시옵소서.

내 눈이 어둡기에 더욱 하나님 나라의 영광을 밝히 보게 하시고, 내 귀가 들리지 않아도 주의 부드러운 음성을 듣게 하시고, 내 몸이 부자유하지만 죄악에서 자유함을 얻어 신령한 복을 누리게 해 주시기를 기도합니다. 헬렌 켈러와 성 다미안처럼, 자기 처지가 그러하므로 같은 불행한 사람들의 벗이 되고 힘이 되는 큰일도 능히 감당할 수 있는 은혜를 덧입혀주옵소서.

축복 전능하신 하나님, 주님만이 ○○○님의 모든 것이 되심을 확신하며 믿음으로 승리하기를 원합니다. 온몸이 건강해도 그것이 얼마나 귀하고 감사한지를 모르고 살아가는 이들이 있으나 ○○○님은 주님을 영화롭게 하는 삶을 살게 하옵소서. 그의 생애에 주님이 밝은 등불이 되어주시옵소서.

예수님의 이름으로 기도드립니다. 아멘.

어려울 때 드리는 기도문

(수감자의 가정)

축복 사랑의 하나님, 답답한 마음을 갖고 주님께 부복한 이 가정에 보혜사 성령께서 임재하시기를 소원합니다. 하나님께서 신령한 귀를 열어주시어 아무도 들리지 않는 가운데서 위로와 소망의 말씀을 듣게 하시옵소서. 그래서 결코 낙심하지 않게 하시고 모든 것이 합력하여 선을 이루게 하시는 하나님의 은총을 힘입게 하여 주시옵소서.

하나님, 언제나 우리 곁에 계시며 모든 깊은 사정까지도 감찰하시는 아버지께 감사드립니다. 이 가정의 아픔을 살펴주옵소서. 이 가정이 지금은 답답한 중에 있지만 이런 일이 신앙적으로나 가정적으로나 앞으로 계획하는 일에 유익이 되게 하시옵소서.

위로 OOO님을 말씀으로 위로해주시고 기도로 소망을 품게 하옵소서. 우리가 일상생활을 하는 동안 법이 무엇인지 그 형벌이 어떠한지 모르고 살아갑니다. 크나 작으나 법에 저촉되는 것은 원치 아니하지만 응할 수밖에 없음을 알 때, 이런 기간이 더욱 앞으로 흠 없는 여생을 살아가는 데 하나의 계기가 되게 해 주시옵소서. 더욱이 하나님의 율법 아래 있는 인간은 다 죄인이지만, 그리스도 예수의 십자가의 사랑으로 구속받아 죄악에서 자유함을 얻고 하나님의 자녀 됨의 은혜를 깊이 깨닫게 하시며 감격함을 간직하게 하여 주시옵소서.

수감자들을 위해 언제나 시간과 공간을 초월해 계시는 하나님, 모든 일을 주께 의뢰하고 그 크신 도우심을 힘입게 하옵소서. 범법으로 갇힌 사람은 바른길로 인도하시고, 무엇인가 뜻있는 일을 외치다가 수감된 이들에게는 마음의 평화를 주시고 이 땅에 주의 나라가 세워질 그 날을 기다리게 하옵소서.

예수님의 이름으로 기도드립니다. 아멘.

의인은 고난이 많으나
여호와께서 그의 모든 고난에서 건지시는도다

_시편 34:19

영적성장을 위한 기도문

견고한 믿음을 주소서

하나님, 오늘도 믿음으로 사는 자가 되게 하옵소서. 하나님을 기쁘시게 하는 믿음을 갖게 하옵소서. 믿음이 없이는 하나님을 기쁘시게 못한다고 말씀하였사온데 먼저 하나님이 오늘도 살아계신 것을 믿게 하옵시고, 하나님을 찾는 자들에게 상 주시는 이심을 믿게 하옵소서.

무엇보다도 주님이 칭찬하신 믿음의 사람을 닮고 싶습니다. 하인이 중풍 병으로 집에 누워있을 때 "다만 말씀으로만 하옵소서 그러면 내 하인이 낫겠사옵나이다"라고 고백한 백부장의 믿음을 닮고 싶습니다. 도마와 같이 늘 의심하며 눈으로 보이는 것만을 더욱 신뢰하며 살아가는 저희에게 말씀대로 역사하시는 바를 눈으로 보지 않아도 믿는 믿음을 주옵소서.

하나님, 믿는 자에겐 불가능이 없다 하셨습니다. 바라기는 저희가 믿음 안에서 비전을 갖게 하시고 꿈을 꾸게 하옵소서. 믿음 안에서 꾸는 꿈들이 현실임을 확신케 하시며 선한 뜻을 바라며 그 선한 바를 이루시는 주님만을 바라보기를 원합니다. 주님께서는 옥합을 깨뜨린 여인의 헌신을 칭찬하심으로 믿는 자에게 거룩한 낭비가 요청됨을 깨우쳐주셨습니다. 저희도 옥합을 깨뜨려 주님 머리에 부어 드린 마리아의 기쁨을 맛보게 해 주옵소서.

주님 앞에 드리는 헌신이 결코 낭비가 아님을, 결코 사라지는 것이 아님을 확신합니다. 주님의 기쁘신 뜻을 이루는 데 우리의 삶을 아낌없이 드릴 수 있는 견고한 믿음을 주옵소서.

예수님의 이름으로 기도드립니다. 아멘.

성령 충만하게 하옵소서

은혜가 많으신 하나님, 저희는 세상의 영을 받은 자가 아니라 오직 하나님께로 온 영을 받았음을 믿습니다. 이는 우리로 하여금 하나님께서 우리에게 은혜로 주신 것들을 알게 하시려고 주신 것임을 깨닫습니다.

하나님께서 저희를 위해 내려주신 은혜의 자리에 온전히 서서 그리스도께서 온 세상을 구원하시는 주님이신 것을 세상을 향해 분명히 고백하고 자랑하며 살게 하옵소서. 저희의 생명 길을 밝히시는 하나님의 말씀을 대할 때 저희의 지식과 지혜만으로 대하지 않게 하셔서 그리스도를 아는 지식에서 날마다 자랄 수 있도록 진리의 영이신 성령님 도와주옵소서.

임마누엘이 되신 하나님, 날마다의 삶을 살아가면서 저희 혼자만의 힘으로는 이 힘든 세상을 이길 수 없음을 고백합니다. 육체의 소욕을 꺾으시며 하나님의 소원대로 살도록 강하게 이끄시는 성령님, 우리에게 충만히 임하셔서 "오호라 사망의 몸이로다!"라고 탄식하며 살아가지 않도록 도와주시기를 원합니다.

성령님은 우리를 자유롭게 하시는 능력이며 우리의 위로자이십니다. 우리의 삶에 오셔서 우리의 모든 죄악을 태우시고 모든 억압으로부터 해방시켜주옵소서. 우리의 굳어진 마음을 부드럽게 하사 원수까지도 사랑할 수 있는 자가 되게 하옵소서. 무엇보다도 성령님의 역사를 제한하지 않게 하시고 항상 민감하게 하시며 기름 부으시는 역사를 받아서 힘 있는 신앙생활 하도록 도와주옵소서.

예수님의 이름으로 기도합니다. 아멘.

영적성장을 위한 기도문

기도의 문이 열리게 하소서

우리가 기도하기를 원하시는 하나님, 우리 인생이 마땅히 구해야 할 것이 있음에도 불구하고 구하지 못했고 찾아야 할 것이 있음에도 찾지 않았던 자신의 게으른 모습을 회개합니다. 우리의 부요가 되시는 하나님 앞에 엎드려 영육 간의 필요를 간구해야 함에도 세상에서 나의 필요를 허덕이며 찾고 찾았던 부끄러운 모습을 고백합니다.

기도의 능력을 간과하고 살았던 불신앙을 깨뜨려주시고 구하고 찾고 부르짖는 열심 있는 기도의 자리를 회복하게 하옵소서. 기도하되 열릴 때까지 두드리게 하시고 얻을 줄 알고 믿고 구하게 하시며, 하늘의 문이 활짝 열릴 때까지 일어서지 않게 하옵소서.

우리의 기도를 응답해주시는 하나님, 작은 일부터 큰일에 이르기까지 정성껏 기도하게 하시고 역사를 만들어 가시는 하나님의 나라와 공의를 먼저 생각하고 구하는 저희 되게 하옵소서.

저희가 애써 기도했음에도, 저희가 오랫동안 간구했음에도, 저희가 힘써 부르짖었음에도, 아무 응답이 없는 것처럼 느껴질 때도 기도에 대한 신뢰를 잃지 않게 하옵소서. 하늘 문이 닫힌 것으로 간주하지 않게 하옵소서. 더욱 인내하게 하시고 보이는 것으로 해답 삼지 않게 하옵소서. 혹 우리의 정욕 때문에, 우리가 회개하지 못한 죄악 때문에, 혹 잘못 구한 것 때문에 닫혀 있는 기도의 문이 있다면 깨닫게 하시고 열릴 수 있도록 자신을 고쳐 나아가는 용기를 주옵소서.

예수님의 이름으로 기도드립니다. 아멘.

감사하는 삶을 살게 하소서

범사에 감사하라고 하신 하나님, 우리의 어두운 눈을 열어주시옵소서. 주님의 은혜로운 광채와 인자하심이 모든 피조물 위에 내리는 것을 보게 하시옵소서. 내가 오늘도 숨 쉬고 있다는 것에 감격하게 하시고 햇빛과 무릇 생명 있는 것들 위에 내리는 하나님의 사랑과 경륜을 보아 알게 하여 주옵소서. 그리하여 모든 피조물 위에 쏟아지는 자비로운 손길로 인해 감사의 신앙을 갖게 하소서.

우리에게 때로 연약함과 질병을 허락하사 하나님을 의지하게 하시니 감사합니다. 우리 삶 속에 시련과 고통을 두시어 우리가 진토임을 기억하게 하시며 연약함을 깨닫게 하시니 감사합니다.

성도들과 교회를 주시고 하늘 순례의 길에 함께 걸어갈 수 있는 고마운 이들로 인해 감사합니다. 그 모든 것보다 나로 하여금 생명의 주를 알게 하셨사오니 내 평생 감사를 드릴 수밖에 없나이다.

하나님 아버지, 항상 기뻐하고 쉬지 말고 기도하고 범사에 감사하라고 명령하신 말씀에 순종하게 하셔서 나의 감정과 주위 환경에 흔들리지 아니하고 감사할 줄 아는 신앙의 심지가 있게 하옵소서. 감사를 잃어버리게 하는 그 어떤 요소가 나를 가로막고 있을지라도 깨어 기도함으로 감사의 조건을 깨닫게 하시고, 영안을 열어주셔서 하박국의 노래가 내게 끊이지 않게 하시옵소서. 그리하여 그 어떤 조건과 환경 속에서도 절대 감사의 신앙을 갖게 하옵소서.

예수님의 이름으로 기도드립니다. 아멘.

영적성장을 위한 기도문

말씀으로 승리하는 삶을 살게 하소서

오! 하나님, 우리를 도우셔서 말씀 안에서 참된 지혜를 얻기를 원합니다. 무엇을 할 것이며 무엇을 하지 않을 것이며, 언제 행동할 것이며 언제 행동을 중단해야 할 것인가를, 언제 말해야 하며 언제 침묵해야 할 것인가를 알게 하여 주소서. 그리하여 주님의 도우심과 인도하심을 받아 우리의 악한 생각과 우리의 부끄러운 말과 후회할 수밖에 없는 행동으로부터 저희를 지켜주옵소서.

참된 지혜는 세상의 지식과 학문과 경험으로부터 오는 것이 아님을 잘 알고 있습니다. 우리 삶의 지침이며 생명 길을 가르쳐주는 말씀을 떠나서는 지혜로운 삶을 살 수도 없고 생명 길을 갈 수도 없음을 잘 알고 있습니다. 오! 하나님, 위로부터 오는 참된 계시의 말씀을 내 맘에 두시사 하나님이 원하시는 길을 걷게 하시고 우리의 어두운 눈을 열어 주의 기이한 법을 보게 하시고 항상 말씀 안에 거하게 하옵소서.

주의 말씀으로 말미암아 주님을 발견할 수 있는 지혜를 주시고, 우리를 맡기는 믿음 또한 허락하옵소서. 그리하여 주 예수 그리스도를 아는 지식으로 날마다 자라게 하셔서 우리의 마음과 생각이 허탄한 데 있지 않게 하옵소서.

"양식이 없어 배고픈 것이 아니요. 물이 없어 갈한 것이 아니요. 여호와의 말씀을 듣지 못한 기갈이라" 하셨사오니 말씀이 없어 갈한 삶을 살지 않도록 꿀 송이 같은 주의 말씀을 오늘도 사모하며 그 말씀으로 승리하게 하옵소서.

예수님의 이름으로 기도드립니다. 아멘.

주님 만 바라보게 하소서

참 좋으신 하나님, 매일 하나님을 더 잘 알게 도와주셔서 매일 더 온전하고 복된 삶을 살아가게 하시고 생의 의미를 더 잘 알게 하시니 감사합니다. 이 하루도 하나님께 좀 더 가까이 나아가게 하시고 좀 더 사랑할 수 있게 하옵소서. 제 마음속으로 그릇된 생각이 들어오지 않도록 마음을 지켜주시고 무엇보다 보아서는 안 될 것들에 눈길이 머물지 않게 하옵소서.

우리의 소망이신 하나님, 안목의 정욕에 사로잡혀 어그러지고 썩어져가는 것들에 나의 눈길이 가지 않게 하여 주옵소서. 정말 바라보아야 할 것이 무엇인지를 진지하게 생각하고 바라보게 하옵소서. 주님이 우리의 바라봄의 초점이 되게 하시고, 주님을 바라봄으로 거칠고 혼란스러운 삶 가운데 자신을 지켜갈 수 있기를 소원합니다.

내 눈이 주님께 고정될 수 있도록 성령님께서 붙잡아주셔서 변하는 것, 없어지는 것, 소망 없는 것에 눈이 가지 않게 하시고 눈을 복 되게 하사 영원히 변치 않고 쇠하지 않는 주님의 것에 마음과 생각과 눈이 고정되게 하옵소서.

연약한 저희가 강하신 주님을 바라봄으로 주님의 사랑과 인내와 진실을, 고난 속에서도 결코 흩어지지 아니하는 참된 용기를 배우게 하옵소서. 그 어떤 대적 앞에서도 결코 굴하지 않으시고 그 처절한 십자가 앞에서도 떨지 않으셨던 주님의 그 모습을 보게 해 주옵소서. 이 땅의 모든 두려움과 거짓과 핍박을 이겨 나아갈 수 있는 믿음을 주옵소서.

예수님의 이름으로 기도합니다. 아멘.

영적성장을 위한 기도문

사명을 잘 감당하는 삶을 살게 하소서

하나님, 미천한 저희를 부르셔서 하나님 나라의 도구로 사용하시는 하나님의 은혜를 감사드립니다. 부족하고 연약한 우리를 늦은 오후 하나님의 포도밭에 불러주심도 감사드립니다. 하나님 나라와 뜻을 이룸에 동참할 기회를 주시니 감사드립니다. 어떤 형편으로든지 어떤 모양으로든지 저희를 불러주심은 하나님의 교회를 통하여 주님의 기쁘신 뜻을 이루고자 함인 줄 믿습니다.

그 기쁘신 뜻을 위하여 부름받은 저희가 맡은 일을 명예를 위한 일로 생각하지 않게 하소서. 아무런 책임감도 없이 직분을 특권으로 여기거나 다른 사람을 지배하기 위한 일로 생각하지 않고, 봉사의 기회로 여기게 하옵소서. 오직 교회를 섬기며 성도를 섬기는 일이 우리의 의무라고 생각하게 하옵소서. 그래서 교만의 마음이 아니라 겸손의 마음으로 일하게 하옵소서. 말로만 섬기는 자들이 되지 않게 하시고, 행동으로 삶으로 순종으로 본을 보이게 하옵소서.

우리를 부르시고 사용하시는 하나님, 문제를 일으키지 않으면서 언제나 평화하며 일하게 하시고, 진실을 말하되 그것을 사랑으로 말하게 하시고, 그 어떤 법에 얽매이거나 나 자신의 권익과 위치를 위해 노력하지 않게 하옵소서. 이 시대에 교회와 하나님 나라 확장을 위해 일할 일꾼을 부르실 때 "누가 나를 위해 갈까"하는 물으심에 "나를 보내소서"라고 기꺼이 응답하는 자가 되게 하시옵소서.

예수님의 이름으로 기도드립니다. 아멘.

복음 전파의 삶을 살게 하소서

추수할 일꾼을 찾으시는 하나님, 저희의 영안을 열어주셔서 희어져 추수할 밭을 보게 하시고, 일꾼이 없어 애타게 추수할 일꾼을 찾으시는 주님의 안타까움을 보게 하여 주옵소서. 때를 얻든지 못 얻든지 복음을 전파하라는 명령을 우리가 받았음에도 불구하고 그것이 어렵다는 이유로, 내 삶이 바쁘다는 핑계로 우리의 관심 밖으로 밀려 나가 버린 것을 회개합니다.

혹시 내가 자랑해야 할 복음임에도 불구하고 오히려 부끄러워하지는 않았는지를 살펴보게 하시고 전도할 문을 활짝 열어주사 그리스도의 비밀을 담대하게 말하는 용기 있는 자가 되게 하옵소서.

한 영혼이 천하보다 귀하다 하신 하나님, 한 영혼의 가치가 천하보다 귀한 줄 우리가 잘 알면서 한 영혼의 가치에 눈이 멀었고 영혼을 사랑하는 마음을 갖지 못한 것을 용서하옵소서. 내 마음이 세상의 가치와 자리에 가 있지 않고 하나님이 우리에게 명하신 전도하는 삶에 가치를 두고 살아가게 하옵소서.

입술을 열어 복음을 전파할 때 성령님의 도우심을 입게 하시고, 저로 하여금 하나님의 말씀을 전하는 온전한 도구로 쓰임받게 하옵소서. 오늘도 사람을 만날 때마다 전도할 기회로 알게 하시고 그 영혼들을 저희 손에 붙여주옵소서. 담대히 하나님의 말씀을 전하는 종이 되게 하소서.

예수님의 이름으로 기도드립니다. 아멘.

영적성장을 위한 기도문

영혼을 사랑하게 하소서

　우리를 끝까지 사랑하시는 하나님, 우리를 사랑하셔서 독생자 예수님까지 내주신 하나님의 사랑을 감사드립니다. 멸망의 길을 거두시고 구원의 길을 베풀어주심을 감사드립니다. 하나님의 형상대로 저희를 지으시고 모든 권세를 주셨음을 인하여 감사드립니다. 또한 생명 주시고 이김을 주신 주님을 찬양합니다. 사망 권세 이기시고 부활하신 주님을 찬양합니다.
　은혜로우신 아버지 하나님, 측량 못할 주님의 사랑을 저희에게도 충만하게 부어주셔서 세상 의지할 데 없어서 곤하고 지친 영혼, 하나님을 알지도 못하고 섬기지도 않으며 영원한 길을 알지 못하는 숱한 영혼을 사랑하게 하옵소서. 진실로 우리를 사랑하시는 주님의 사랑으로 그들을 위하여 기도하게 하옵소서. 그들은 자기의 가는 길을 알지 못하오니 그들을 생명의 길로 인도하게 하옵소서.
　주님께서 우리의 못난 모습 이대로 받으시고 사랑하셨듯이 우리도 그저 사랑하게 하옵소서. 사랑의 빚 외에는 지지 말게 하시옵소서. 우리의 힘으로는 할 수 없사오니 사랑의 은사를 허락하셔서 "내가 너희를 사랑한 것같이 너희도 서로 사랑하라" 하신 주님의 말씀에 순종하게 하옵소서. 주님께서 십자가 위에서 쏟으신 보혈로 말미암아 흐르는 그 사랑이 오늘 저희 심령에도 흐르게 하시고 이 사랑의 큰 물결이 온 세상, 온 민족의 가슴마다 퍼져가게 하옵소서.
　사랑의 실천자이신 예수님의 이름으로 기도드립니다. 아멘.

하나님의 영광을 위해 살게 하소서

우리의 창조주가 되시며 아버지 되시는 하나님, 우리에게 생명을 주시고 이 땅에서 살도록 인도하신 분이 아버지이십니다. 우리가 인생을 어떻게 살아야 할지를 가르쳐주옵소서. 또한 어떻게 살아야 할지를 위해 기도하게 하시고 계획을 세우거나 목표를 세울 때 바른 계획과 목표를 가질 수 있게 하옵소서.

"만물이 다 그로 말미암고 그를 위하여 창조되었고"라는 말씀을 기억합니다. 삶의 바른 목표가 무엇보다 중요한 것인 줄 잘 알고 있습니다. 우리 개인의 성취감보다 마음의 평안과 행복보다 그리고 가족과 직업 또한 우리의 꿈과 야망보다도 우리가 무엇을 위해 살아야 하는지를 바로 알게 하옵소서.

하나님, 우리는 하나님의 목적에 의해 하나님의 영광을 위해 지음 받았음을 믿습니다. 하나님에 의해 하나님을 위하여 창조되었다는 것을 확신하기 전에는 결코 삶을 바로 이해할 수가 없음을 믿습니다. 우리가 우리 자신에게만 삶의 초점을 맞추지 않게 하시고, 하나님 기뻐하시는 일에 하나님의 영광을 드러내는 데 삶의 모든 초점을 맞추어 살게 하소서.

이 땅의 사라질 헛된 것을 구하며 사라질 육신의 욕구에 마음을 두지 않게 하시고 날마다 하나님의 얼굴을 구하며 주의 영광을 위해 달려가는 삶을 살게 하소서. 하나님은 모든 것을 그의 영광을 위해 만드셨다는 것을 알고 하나님의 영광을 온 누리에 나타낼 뿐만 아니라 그분의 영광을 구하며 오늘도 그렇게 살아가게 하옵소서.

예수님의 이름으로 기도드립니다. 아멘.

영적성장을 위한 기도문

찬송하며 살게 하소서

하나님 아버지, 마음을 다하여 주님을 사랑하고 싶습니다. 목숨을 다하고 뜻을 다하여 주님을 섬기고 싶습니다. 온 마음과 힘을 다하여 주님을 찬양하고 싶습니다. 찬송은 정직한 자의 마땅히 할 바라고 말씀하셨사오니 나의 입술을 열어주셔서 내 입이 주를 찬송하게 하옵소서. 잘됨만 바라보고 차고 넘치는 것으로 인하여만 찬송치 않게 하옵소서.

하박국 선지자처럼 없는 것까지도 잃은 것까지도 감사하며 찬송하는 신앙이 우리에게 있게 하시고, 소유물로 인한 감사를 넘어서서 우리 삶의 기쁨 되시는 주님 한 분으로 인하여 찬송할 수 있는 자가 되기를 원합니다.

은혜로우신 하나님, 나의 삶이 낙망될 때에 우리에게 있는 것을 찾고 찬송할 수 있게 하시고, 우리에게 생명 주심을 찬송케 하시고, 우리에게 우리가 사는 이 아름다운 세계를 주심을 찬미하게 하옵소서. 또한 건강한 육신과 정신을 주심에 눈을 뜨게 하시고 우리에게 친구들과 사랑하는 이들을 주심에 감격하게 하옵소서.

우리의 주인이시며, 우리의 구세주이신 예수 그리스도를 우리에게 주심을 인해 찬송의 입술이 열리게 하소서. 바울과 실라가 옥중에서 찬미할 때 옥문이 열리는 역사를 본 것처럼 찬송의 사람을 통하여 우리 삶의 닫힌 문들이 열리는 은총이 있게 하옵소서. 우리의 입술에 파수꾼을 세워서 찬송이 끊이지 않게 하옵소서.

예수님의 이름으로 기도드립니다. 아멘.

봉사의 삶을 살게 하소서

하나님, 섬김을 받기 위해 오신 것이 아니라 섬기기 위해 오신 주 예수님처럼 한 번밖에 살지 못하는 생의 기회에 더욱 봉사와 섬김의 삶을 살도록 도와주시옵소서. 이웃이 힘들어 도움을 요청할 때에 거절하지 않고 기꺼이 도와주는 사람이 되게 하옵소서.

어떤 일에든지 항상 모범이 되게 하옵시며 나쁜 본이 되지 않게 하여 주시고 항상 다른 사람을 격려하는 자로 살게 하시고 낙심시키지 않는 사람이 되게 하옵소서. 비판보다는 칭찬하는 사람으로 살게 하시고, 비난보다는 동정을 아끼지 않는 사람이 되게 하옵소서.

하나님, 특별히 병든 자들을 가까이하게 하시어 선한 사마리아인의 손길을 갖게 하소서. 피곤한 자들을 돌보아 쉼을 찾는 데 길잡이가 되게 하시고, 고난당하는 자들과 같이 아파하며, 기뻐하는 자들과 함께 기뻐하는 자가 되게 하옵소서. 항상 자신의 유익을 구하기보다 타인의 유익을 먼저 찾고 구하는 성숙한 삶이 있게 하시고, 도와주기에 빠른 손과 빠른 발을 가지고 사는 자가 되게 하소서.

무엇보다 주님께 봉사함이 가장 큰 기쁨인 줄 믿사오니 주님의 기쁘신 뜻을 좇아 봉사의 손길을 멈추지 않는 자가 되게 하시옵소서. 내 힘이 아니라 주님이 주시는 힘으로 하게 하시고, 주님이 우리에게 주신 그 사랑으로 감당케 하소서. 이웃을 섬기는 봉사의 삶을 통해 기쁨이 충만하게 하시고 그 기쁨으로 주님 앞에 나아가게 하옵소서.

예수님의 이름으로 기도드립니다. 아멘.

영적성장을 위한 기도문

영적 기쁨이 회복되게 하옵소서

하나님, 우리 인생을 불행에 빠지게 하는 것들로부터 우리를 구원해주시기를 위해 기도합니다. 육신의 정욕과 안목의 정욕과 이생의 자랑이 우리를 늘 유혹합니다. 그것이 참된 기쁨이 아닌 줄 알면서도 그것으로부터 삶의 유익과 만족을 구하려고 허둥대고 있는 모습을 발견합니다. 잠시 지나가는 잠깐의 만족뿐인 줄 잘 알면서도 자꾸 기웃거리는 연약한 모습을 긍휼히 여겨주옵소서.

용서의 하나님, 다윗이 죄를 범함으로 인해 구원의 즐거움이 사라졌음을 탄식하며 기도했던 모습을 기억합니다. 사라진 영적 기쁨의 회복을 위해 간구했던 다윗의 기도가 나의 기도가 되게 하옵소서. 부지중에 지은 죄까지도 주님 앞에서 철저히 고백할 수 있는 용기를 주시고 하나님과 막힘이 없는 관계를 늘 지속할 수 있도록 도와주소서.

예배드림이 내 삶의 가장 큰 기쁨이 되게 하시고 기도가 즐거움이 되게 하시고, 찬송이 희락을 맛보는 순간이 되게 하셔서 그 안에서 하나님이 주시는 참된 기쁨을 발견하며 살게 하옵소서.

우리가 세상일의 분주함 때문에 영적 기쁨을 잃어버리며 살아가지 않게 하시고, 세상이 알지 못하는 주님이 주시는 평강을 맛봄으로 그 누구와도 그 어느 것과도 바꿀 수 없는 참된 기쁨을 향한 목마름이 있게 하옵소서. 주님께서 늘 함께해주셔서 항상 기뻐하며 범사에 감사하는 삶이 우리에게 넘치게 하옵소서.

예수님의 이름으로 기도드립니다. 아멘.

시험에 들지 않게 하소서

　진리이신 하나님, 우리가 기도할 때 무엇을 말해야 하며 무엇을 행해야 할지를 가르쳐주시기를 원합니다. 내 지식과 판단만으로는 항상 실수하며 넘어질 수밖에 없다는 것을 잘 압니다. 바라옵기는 주의 진리로 나의 갈 길을 비춰주셔서 실족지 않게 하시고 밝은 빛 가운데 행할 수 있도록 인도해주옵소서.
　하나님 아버지, 시험에 들지 않게 기도하라고 하신 주의 말씀을 기억합니다. 겟세마네 동산에서 깊은 잠을 잘 수밖에 없었던 제자들과 같이 연약한 우리도 영적인 깊은 잠에 빠질까 염려되오니 시험에 들지 않기를 위해 기도하게 하옵소서.
　주님도 시험을 받으셨습니다. 우리의 연약함을 체휼하시는 주님이신 줄 믿사오니 우리가 시험받을 때 도와주시기를 원합니다. 우리를 사랑하며 신뢰하며 믿어주는 사람에게 상처를 주지 않게 하시고 어떤 일로 인하여 후회나 부끄러움이나 양심의 가책이 따르지 않도록 도와주옵소서.
　일시적인 충동에 빠지지 않게 하시고 세상적 열정이나 흥분에 마음을 빼앗길 때 그 행동의 결과가 어떠한 것인지 잘 알게 하시고 그것으로 시험에 들게 하지 마옵소서. 또한 우리의 잘못된 언행으로 인해 후회하지 않게 하옵시고 항상 우리의 생각을 맑히시고 행동이 진실되게 하시고 육신이 정결 가운데 거하게 하심으로 삶의 모든 것을 주님께 보여 드릴 수 있는 자리까지 이끌어주소서.
　예수님의 이름으로 기도드립니다. 아멘.

영적성장을 위한 기도문

예배의 성공자가 되게 하소서

하나님, 많은 이가 저들의 희망을 언제나 '터진 웅덩이'에서 찾고 있습니다. 하나님의 백성임에도 불구하고 생수의 근원이신 하나님을 버리고 다른 곳에서 참된 만족을 구하려 하고 있습니다. 오 하나님, 우리 속에 그런 모습이 없게 하소서. 하나님과의 만남에서 살아있는 예배만이 거룩한 은혜와 생명의 능력이 있사온즉 험악한 세상을 이길 힘을 거기서 공급받게 하옵소서.

하나님이 저들의 영혼을 만지시면 저들은 살아날 줄 믿사오니 습관에 배인 예배에서 벗어나게 하시고 하나님이 진정 찾으시는 신령과 진정의 예배를 드리는 자가 되게 하옵소서.

예배받으시기에 합당하신 하나님, 가인과 아벨의 제사를 기억합니다. 예배에서 실패하는 자가 되지 않게 하옵소서. 형식적인 예배, 마음이 없는 예배를 드리지 않게 하시고 삶으로, 인격으로, 성품으로 드리게 하옵소서. 제 삶의 가장 앞자리에 예배가 있게 하시고 성령 안에서 드리는 예배를 통해서 자신이 누구인가를 알고 하나님을 붙들고 살 수밖에 없는 자신의 처지를 분명히 깨닫는 은혜를 주옵소서.

형식적인 신앙생활이 하나님을 갈망하는 예배를 통하여 깨어지게 하시고 다윗이 하나님께로부터 오는 구원의 즐거움을 회복하고 상한 심령으로 바친 제사가 열납된 것처럼 오늘 우리가 드리는 예배가 온전히 열납되기를 원합니다. 무엇보다 제 가슴속에 거룩하고 참된 영적 회복의 은총을 주셔서 성공적인 예배자로 살게 하옵소서.

예수님의 이름으로 기도합니다. 아멘.

의인은 종려나무 같이 번성하며
레바논의 백향목 같이 성장하리로다

_시편 92:12

일상생활에서 드리는 기도문(아침)

복 되고 진실된 하루가 되게 하소서

하루의 주인이신 하나님, 모든 것을 감찰하시고 살피시는 하나님의 은혜로 저희의 하루가 복된 날 되기를 소원합니다. 삶의 현장에서 만나는 모든 사람에게 필요한 사람으로 살게 하옵소서. 교만한 자리에 있지 않게 하시고 낮은 자리에 서게 하시며 양심을 따라 살게 하옵소서.

매사에 하나님의 가르침을 생각하고 묵상하는 자리에 있게 하셔서 시절을 쫓아 과실을 맺으며 그 행사가 형통하고 복 있는 삶을 살게 하옵소서.

좋으신 하나님, 주어진 시간을 잘 선용할 수 있게 해 주시옵소서. 오늘을 잘 선용하여 나에게 맡겨진 일에 더 부지런하게 하시고, 무엇을 행하든지 무엇을 생각하든지 진실되게 하시옵소서. 거짓과 아첨과 불평의 혀를 갖지 않게 하시옵소서. 거짓과 아첨과 불평은 하나님의 의를 이루지 못할 뿐만 아니라 그런 모습으로는 결코 행복할 수 없다는 사실을 잘 알게 하여 주옵소서.

하루를 마감할 때 하루의 삶을 하나님 앞에 내놓을 만한 복되고 진실된 알맹이가 있는 하루의 삶이 되게 하시옵소서. 매일 더 진실되고 매일 더 복된 삶을 살아갈 수 있도록 도우시사 하나님 앞에 섰을 때 진실되고 최선을 다한 자로 칭찬받을 수 있도록 도와주옵소서.

예수님의 이름으로 기도드립니다. 아멘.

승리하는 하루가 되게 하소서

하나님, 오늘 하루를 지날 때에 저를 위협하고 방해하고 넘어뜨리려는 그 어떤 위협의 존재로부터 보호해주옵소서. 내 생각을 하나님으로부터 멀어지게 만들며 하나님의 말씀을 부인하게 하고 말씀을 흩트려 놓으려는 마귀의 공격이 있다는 것을 기억합니다. 하나님으로 하나님 되지 못하게 내 생각과 마음을 공격하는 어둠의 세력들이 내 옆에 잔존해 있다는 것을 압니다. 그래서 사도 바울이 우리의 싸움은 혈과 육에 대한 것이 아니라고 말씀한 것을 기억합니다.

우리의 도움이시며 방패가 되신 하나님, 하루의 짧은 시간 속에서 하나님의 백성으로 살아가려면 마귀와 끊임없이 싸워야 하오니 약한 모습으로 있지 않게 하시고 마귀의 궤계를 능히 대적하기 위하여 하나님의 전신갑주를 입고 무시로 성령 안에서 기도하며 살게 하옵소서.

비 진리가 가득한 세상입니다. 불의가 만연한 세상입니다. 말씀대로 살아가기가 어리석다는 것을 가르쳐주는 세상입니다. 하나님의 방법대로 살아가면 살 수 없다는 것을 말해주는 이 어그러지고 거스르는 세대 속에서 하나님의 방법과 말씀대로 살면 이기고 잘 되고 행복하고 만족한 삶이 될 수 있다는 것을 보여주는 사람이 될 수 있도록 도와주옵소서.

내 힘만으로는 부족하오니 성령님이시여 함께하셔서 어떠한 환경 가운데 거할지라도 언제나 위의 것을 바라보며 승리하는 사람으로 살도록 도와주옵소서.

예수님의 이름으로 기도드립니다. 아멘.

일상생활에서 드리는 기도문(아침)

건강한 하루를 살게 하소서

하나님, 오늘 아침도 일터에 나가 일할 수 있는 건강을 주신 것 감사합니다. 사랑하는 가족이 한 상에 둘러앉아 식사할 수 있게 하시고, 움직이고 걷고 보고 듣고 두 손으로 일할 수 있는 건강 주신 하나님의 은혜를 생각하게 하옵소서.

이 시간 일터로 가고 싶어도 건강 때문에 일할 수 없는 이들이 있다는 것을 잊지 말게 하소서. 함께 맛있게 음식을 나누고 싶으나 음식조차 제대로 섭취할 수 없이 몸이 쇠잔한 사람이 있다는 것을 생각하게 하소서. 주님께서 우리에게 주신 재능과 건강에 대한 복을 생각할 때 다시 한번 감사드립니다.

임마누엘의 하나님, 분주한 일터에서나 복잡한 거리에서나 모든 일과 가운데 함께하시어 오늘 하루의 안전을 지켜주시옵소서. 건강할 때 남의 유익을 위해 더 많이 일할 수 있는 자 되게 하시고 건강할 때 무언가를 더 베풀 수 있는 자가 되게 하옵소서. 건강 잃고 후회하지 않도록 오늘 주님이 우리 곁에 붙여주신 이들을 더 잘 섬기고 주님의 사랑으로 대하게 하옵소서.

육신의 건강도 지켜주시고 마음의 건강도 지켜주셔서 다투거나 시기하거나 질투하거나 미워하지 않게 하시고 순수함과 겸손함과 진실됨으로 오늘을 살게 하옵소서. 그리하여 종일토록 마음에 잘못된 생각이 자리 잡지 않는 마음이 건강한 자로 살게 하여 주시옵소서.

예수님의 이름으로 기도드립니다. 아멘.

용서하는 삶을 살게 하소서

하나님, 오늘도 많은 사람을 만날 것입니다. 아끼고 좋아하는 사람들도 있고, 만나기 거북스러운 이들도 있습니다. 만나서 기분 좋은 이들도 있지만 만나기가 불편한 이들도 더러 있음을 고백합니다.

제 마음을 넓혀주셔서 여러 부류의 사람들을 마음 편하게 만날 수 있도록 도와주소서. 부족한 종의 모난 마음을 다듬어주셔서 어떤 사람을 만날지라도 두루 평화를 주고받으며 만날 수 있게 하옵소서. 나의 인내하지 못하는 생각과 마음을 고치사 경멸당하고 모욕당하고 상처를 입는 일들이 있을지라도 그때에 결코 분노하거나 괘씸한 생각을 가지고 복수하려는 마음을 품지 않도록 주님의 능력을 베풀어주옵소서.

용서하시기를 기뻐하시는 하나님, 욕설을 퍼붓고 십자가 위에서 무고한 피를 흘리게 만들었던 그들까지도 용서하신 예수 그리스도의 그 용서의 삶을 본받기를 원합니다. 제자들을 사랑하시되 끝까지 사랑하시는 그 주님의 사랑을 소유하고 싶습니다. 이 시간 일흔 번씩 일곱 번이나 용서하라고 하신 그 말씀이 저희 마음속에 아로새겨지게 하시고, 용서하는 삶이 되게 하옵소서.

하나님, 연약한 믿음이기에 모난 성품, 좁은 소견이기에 쉽게 용서할 수 없사오니 성령께서 도와주옵소서. 용서를 넘어서서 오히려 원수까지도 사랑할 수 있는 사랑을 주옵소서. 이웃을 위해 기도할 수 있고 축복할 수 있는 자로 모든 사람과 더불어 평화 할 수 있는 자로 살게 하소서.

예수님의 이름으로 기도드립니다. 아멘.

일상생활에서 드리는 기도문(아침)

사랑의 삶을 살게 하소서

사랑의 하나님, 부족한 종이 오늘을 살면서 마땅히 해야 할 의무를 회피하거나 잊어버리지 않게 하옵소서. 제가 만나야 할 사람과 함께 일하고 함께 살고 있는 가족, 직장 동료, 심지어 나의 일과 관계없는 그 어떤 사람에게까지도 사랑을 실천할 수 있게 하옵소서.

말로만의 사랑이 아니라 구체적인 실천이 있는 사랑을 하게 하옵소서. 사람들이 나에게 베풀어주기를 바라듯이 나도 다른 이들을 관용하게 하시고, 동정과 이해심을 갖고 격려하며 축복하며 도와주고 사랑할 수 있도록 도와주옵소서. 남에게 사랑받기 전에 남을 먼저 사랑할 수 있는 자로 살게 하시옵소서.

사랑의 하나님, 나를 도우시사 항상 주님을 닮아갈 수 있도록 해 주옵소서. 선을 행하시기를 기뻐하시며 섬기기 위해 사람들 사이에서 사셨으며 십자가 위에서조차 그의 원수까지 사랑하시고 용서하셨던 그 용서와 사랑을 주시옵소서. 그 사랑으로 살게 하셔서 내가 사랑할 수 없었던 사람까지도 사랑하고 축복할 수 있도록 도와주소서.

병들거나 고통 중에 있는 이들, 슬프거나 고독한 이들, 가난하여 주린 이들, 낙담에 빠져 신음하고 있는 이들, 시험당하거나 위험에 빠진 이들을 축복하고 사랑할 수 있는 자가 되게 하여 주시옵소서. 능력과 사랑으로 그들의 아픔과 상처를 위해 기도해주며 함께 아파해줄 수 있는 자로 살게 하여 주옵소서.

사랑의 실천자이신 예수님의 이름으로 기도드립니다. 아멘.

지혜 있는 삶을 살게 하소서

지혜의 근본이신 하나님, "너는 마음을 다하여 여호와를 의뢰하고 네 명철을 의지하지 말라 너는 범사에 그를 인정하라 그리하면 네 길을 지도하시리라"는 말씀을 기억합니다. 오늘도 내 지식과 명철로 살아가기보다 주님 주시는 지혜로 살기를 원합니다.

그리하여 무엇을 할 것이며 무엇을 하지 않을 것인가를 분별할 수 있게 하시고 언제 행동할 것이며 언제 행동을 중단해야 할 것인지를 분별하며, 언제 말해야 하며 언제 침묵할 것인가를 알게 하셔서 실족지 않는 온전한 삶을 살 수 있도록 도와주옵소서. 하나님께서 우리에게 지혜 주셔서 악한 생각과 우리의 후회할 수밖에 없는 행동에서 벗어나게 하옵소서.

솔로몬이 가졌던 지혜를 사모합니다. 지혜를 원했던 솔로몬의 소원이 나의 소원이 되게 하옵소서. 어그러지고 혼돈한 세상 가운데서 무엇이 옳은 것인지를 분별하며 살 수 있도록 도와주소서. 순결한 지혜를 주옵소서. 그리하여 나쁜 일을 생각하거나 계획하는 일에 빠지지 않게 하시고 평강의 지혜를 더하시어 이웃과 평화롭게 살게 하옵시고 품위 있는 지혜를 주셔서 모든 일에 비판적이기보다는 긍정적으로 대하게 하시고 남을 비난하기보다는 칭찬과 격려를 많이 할 수 있는 자로 살게 하옵소서.

개방된 지혜의 생각을 갖게 하셔서 완고하거나 자기주장에 빠져 외골수의 길로 가지 않기를 원합니다. 진리의 말씀을 기뻐하며 그 말씀을 따라 순종하는 삶을 살기를 원합니다. 주님이 주신 지혜로 사는 복된 하루가 되게 해 주옵소서.

예수님의 이름으로 기도합니다. 아멘.

일상생활에서 드리는 기도문(아침)

주님과 동행하게 하소서

임마누엘의 하나님, 하루를 살 때 나 혼자 있게 마옵소서. 에녹이 하나님과 동행하는 삶을 살았듯이 우리도 하나님과 동행하게 하옵소서. 주님께서 이 세상 끝날까지 우리와 함께하시겠다고 약속하신 그 말씀을 의지합니다. 오늘도 제가 어느 길을 가든지 주님과 함께하는 임마누엘의 복을 경험하기를 원합니다.

우리는 한 치 앞도 내다볼 수 없는 연약한 인생들입니다. 나의 가야 할 길을 너무나 잘 아시는 주님께 저의 걸음을 의탁합니다. 주님께서 동행해주심으로 인하여 절망의 길을 가지 아니하고 소망의 길을 가는 줄 믿습니다. 눈앞에 있는 것에 마음이 끌리고 당장 즐거워하는 것에 제 생각이 끌립니다. 그러나 주님이 동행하시면 그런 것에 마음을 빼앗기지 아니하고 선을 선택하며, 진리를 선택하며, 욕망이나 편견에 의해서 움직이지 아니할 줄 믿사오니 함께하시옵소서.

충동과 욕정을 억제하며 자신을 잘 다스림으로 극기하여 살아갈 힘을 주시옵소서. 주님과의 동행의 기쁨을 알아가기를 원하오니 함께해 주옵소서. 엠마오로 가는 제자들이 부활의 주님과 동행의 사실을 알았을 때 부활의 소식을 전하기 위해 기뻐 뛰며 나아갔던 것처럼 온 인류와 역사의 주인이신 창조주 하나님과 동행하는 이 벅찬 감격을 나 혼자만 간직하지 않게 하시고 모든 사람과 함께 나누는 자가 되게 하옵소서.

우리 밖으로 나가 방황하는 양처럼 살지 않고 주님과 하루를 동행하며 주님의 어린양으로 살아가게 하옵소서.

예수님의 이름으로 기도드립니다. 아멘.

기쁨이 있는 하루가 되게 하소서

　항상 기뻐하라고 말씀하신 하나님, 오늘의 환경은 우리의 기쁨을 빼앗아 가는 수많은 요소가 있습니다. 그럼에도 불구하고 삶의 한복판에 서서 이 말씀을 기억하고 하나님 영광 드러내는 자리에 있게 하옵소서.
　기쁨이 우리 삶의 스타일이 되게 하시고, 우리 삶의 태도가 되게 하옵소서. 감정에 따라 기뻐하는 자가 되지 말고 항상 기뻐하는 사람이 되기를 원합니다. 건강한 인간관계에서 오는 기쁨이 있기를 원합니다. 부부간이나 형제간, 이웃 간이나 직장 동료 간의 갈등으로 말미암아 상처를 입을 때 기쁨을 잃어버리기 쉽사오니 모든 사람과 평화하여 기쁨을 빼앗기지 않게 하소서.
　용서하기를 기뻐하시는 하나님, 모든 관용을 사람들에게 알게 하라고 말씀하신 것을 기억하고 용서하며 이해하며 사는 하루가 되게 하옵소서. 불필요한 염려가 내 삶의 기쁨을 빼앗아 가는 줄 압니다. 오늘 하루도 아무것도 염려하지 말고 오직 기도와 간구로 구할 것을 감사함으로 아뢸 줄 아는 자가 되게 하옵소서.
　항상 참된 것을 생각하게 하옵시고 무엇에든지 경건하며 무엇에든지 옳으며 무엇에든지 정결하며 사랑할만한 것들을 사랑하는 건강한 사고를 갖게 하옵소서. 그로 말미암아 기쁨을 창조하며 사는 자가 되게 하옵소서. 믿음의 눈을 갖기를 원합니다. 여호수아와 갈렙의 눈을 갖게 하셔서 어떤 환경에서든지 하나님이 함께하시는 세상을 볼 수 있게 하옵소서. 그리하여 기뻐하며 승리하는 하루가 되게 하옵소서.
　예수님의 이름으로 기도드립니다. 아멘.

일상생활에서 드리는 기도문(아침)

평안을 누리는 하루가 되게 하소서

우리에게 평안 주시기를 원하시는 하나님, 이 세상에서 살아가는 동안 계속되는 환난의 파도와 폭풍우와 비바람과 더불어 싸워야 함을 압니다. 바라옵기는 환난이 없고 폭풍우가 없는 세상이 아니라 환난과 비바람 가운데서도 흔들림이 없는 평안한 삶을 살기를 원합니다. 평안을 주시기로 약속하신 주님의 약속을 바라보며 문제가 없어지기를 기도하기보단 문제 앞에 담대하게 서서 이길 수 있는 삶의 태도를 갖게 하옵소서.

도우시는 하나님 아버지, 세상이 주는 평안으로는 참된 안식과 기쁨을 누릴 수 없습니다. 다만 주님이 주시는 평안만이 참된 만족이 있고 행복이 있사오니 오늘 하루 하늘의 평안을 누리는 은총을 허락해주옵소서.

주님이 주시는 평안은 세상이 알지도 못하고, 세상이 줄 수도 없는 평안이라는 사실을 증거하는 삶이 되게 해 주옵소서. 그 평안을 바라보며 평안의 하나님이 내 마음과 삶을 다스리기까지 순종하며 평안의 약속을 믿고 얻은 줄 알고 살아가게 하옵소서.

"환난을 당하나 담대하라 내가 세상을 이기었노라"고 약속하신 그 음성을 들으며 불필요한 염려나 불경건한 생각으로 마음의 평안을 잃어버리지 않게 하시어 세상을 이기고도 남는 주의 평안을 맛보며 살아가는 이 하루가 되게 하옵소서.

평화의 왕이신 예수님의 이름으로 기도합니다. 아멘.

빛과 소금의 역할을 잘 감당하게 하옵소서

하나님, 우리를 향해 세상의 빛이라 소금이라 말씀하신 주님을 기억합니다. 오늘 하루도 이 땅에서 빛으로 소금으로 살고 싶습니다. 모든 사람에게 유용한 사람으로 살고 싶습니다. 다른 사람에게 짓밟히거나 비웃음거리로 살지 않게 하시고, 비난받는 자리에서지 않게 하옵소서.

나의 구원이신 하나님, 나의 삶을 통하여 주님의 빛 되심을 나타내어야 할 책임이 있다는 것을 기억하게 하옵소서. 항상 나의 친구들과 사랑하는 가족들, 나를 기억하는 모든 사람에 대한 나의 책임을 기억하도록 도와주시옵소서. 나를 사랑하는 사람들에게 실망시키지 않으며, 나를 바라보는 사람들을 배반하지 않으며, 나를 특별히 마음속 깊이 간직하고 있는 사람들에게 슬픔이나 비탄을 주지 않도록 도와주시옵소서.

오히려 그들에게 하나님의 선한 증거를 나타낼 수 있게 하시고 주님의 법도를 가르치는 자리에 있게 하시옵소서. 항상 그리스도인으로서 아름다운 삶의 모범이 무엇인지를 위해 고민하며, 그 아름다운 삶을 나타내게 하시고, 오늘도 그리스도의 향기를 발하는 그리스도의 편지로 살아서 다른 사람에게 하나님을 증거하며 살아가는 자가 되게 하옵소서.

주님의 명령 따라 빛으로 살아가기를 소원하오나 우리의 힘으로는 감당하기 어렵습니다. 빛으로 오신 주님께서 도우시사 참 빛을 알고, 빛 되신 주님을 나타내며 살아가는 이 하루가 되게 하여 주시옵소서.

예수님의 이름으로 기도드립니다. 아멘.

일상생활에서 드리는 기도문(아침)

가고 오는 길을 지켜주소서

내가 약할 때나 강할 때나, 깨어 있을 때나, 잠이 들 때나 변함없이 나를 붙들어주시는 하나님 아버지 감사드립니다. 오늘도 여러 곳으로 제가 다닙니다. 원하든 원치 않든 이곳저곳을 다닐 때 어떤 위험과 사고가 있을지 저는 잘 알지 못합니다. 전능하신 주님께서 저의 다닐 길을 인도하사 안전하게 지켜주시옵소서.

사랑이신 하나님, 주께서는 나의 앉고 일어섬을 아시며, 나의 길과 눕는 것을 감찰하시며, 내가 하늘에 올라갈지라도 거기 계시며 내가 바다 끝에 거할지라도 주의 손이 나를 인도하시며, 주의 오른손이 나를 붙드신다는 약속의 말씀을 의지합니다.

우리가 하나님을 꽉 붙잡았으니 안심이라고 생각하고 있는 어리석은 자가 되지 않게 하시며 하나님께서 우리의 손을 꽉 잡고 계심을 믿음의 눈으로 바라보게 하옵소서. 우리는 주님을 놓친다 할지라도 주님은 우리를 잡고 계시며 때로 우리는 잠들기도 하지만 하나님은 결코 졸지도 주무시지도 않고 우리를 지키신다는 이 믿음으로 하루를 살게 해 주시옵소서.

하나님, 우리가 안전케 해 주시리라고 맹목적으로 생각하고 안전을 지키기 위한 노력 없이 다니지 않게 하시고, 지켜야 할 세상의 법을 잘 지키며, 항상 주의하며 다니게 하옵소서. 하나님의 보호는 지금부터 영원까지 계속된다는 사실을 압니다. 모든 여정 속에서, 그리고 인생의 여정을 모두 마치고 하나님 앞에 설 때까지 우리의 출입을 지켜주실 것을 믿습니다.

예수님의 이름으로 기도드립니다. 아멘.

가정과 가족들을 지켜주소서

 하나님, 제게 가정과 가족을 주심을 감사드립니다. 저희 가정이 하나님을 경외하는 가정 되게 하신 것 또한 감사드립니다. 모든 가족이 하루 일과를 주님과 함께 시작하여 주님과 동행하는 하루의 삶이 되기를 원합니다. 가족들 각자에게 부여된 책임과 특권을 충실히 수행할 수 있게 도와주옵소서. 기도로 시작하여 기도로 마치는 가족이 되게 하시고 기쁨과 슬픔을 언제나 함께 나누며 서로의 짐들을 함께 나누어 질 수 있는 가족들 되게 하옵소서.
 사랑의 하나님, 가정생활 가운데 언제나 주님을 모심으로 주님의 사랑 안에서 더욱 가까워지게 하시고 편안한 쉼과 안식이 있는 가정이 될 수 있도록 복 내려주옵소서. 주님께서 저희 가족 모두의 영혼을 보호해주시기를 원합니다. 우리의 들어오고 나가는 것을 다 감찰하시는 주님께서 가족 모두가 그 어느 곳에 거하든지 하나님의 확실한 보호 아래 있게 하시고 시험의 길로 다니지 않도록 도와주시길 원합니다.
 가정 안에서 주님의 사랑으로 즐거워할 수 있게 하시고 우리 믿음이 나날이 든든해질 수 있도록 도와주시며, 우리의 모든 도움이 천지를 지으신 여호와께로부터 온다는 사실을 굳게 믿게 하옵소서. 늘 건강으로 지켜주시고 물질보다도 가족 간의 사랑이 더 중요하다는 것을 명심하게 하시며, 그 무엇보다도 주님을 더 사랑하는 가정 되게 하시어서 하나님의 사랑과 성령님의 교제가 우리 가족 모두에게 날마다 넘치게 해 주옵소서.
 예수님의 이름으로 기도드립니다. 아멘.

일상생활에서 드리는 기도문(아침)

직장과 직장의 동료들을 위하여

일할 수 있는 직장을 주시고 함께 일할 수 있는 직장 동료를 허락하신 하나님, 서로가 맡은 일에 최선을 다하며, 행복한 얼굴로 웃으며 일하게 하시고 맡겨진 일에 충실하게 하옵소서.

양심적으로 일할 수 있도록 하시며 정직하게 일하게 하시오며 근면하며 서로서로 돌보아 서로 도우며 일할 수 있도록 도와주시옵소서. 낭비적인 경쟁이나 지배나 억압적인 관계에서 벗어나게 하옵소서. 상사는 아랫사람을 사랑으로 대하고 아랫사람은 상사를 존경하는 마음, 신뢰하는 마음으로 대하고 동료 간에는 신의를 지키며 사랑으로 함께 일할 수 있도록 도와주소서.

각자 맡겨진 일에는 신중하고 정확하게 일할 수 있도록 지혜를 더하시고 맡은 일에 자부심을 갖고 일할 수 있게 하옵소서. 만나고 대하는 사람들을 기쁨으로 대하여 일하는 곳이 더 즐겁고 행복한 곳이 되게 해 주옵소서.

우리가 복 받기를 원하시는 하나님, 야곱으로 인하여 라반의 집이 복을 받고 요셉으로 인하여 보디발의 집이 하나님의 복을 경험한 것같이, 우리가 일하는 곳이 하나님을 섬기는 저로 말미암아 하나님께 복을 받게 하옵소서. 그리하여 하나님 나라가 확장되는 곳이 되게 하시며, 주의 나라에서 경험되는 평강의 복이 넘치는 직장이 되게 하시옵소서.

직장의 이익을 위해 서로 협동하며 일할 때 분열이 사라지는 역사가 있게 하시고 직장의 가족 모두가 하나님을 주인으로 모시는 역사가 일어나게 하옵소서.

예수님의 이름으로 기도합니다. 아멘.

말에 실수가 없게 하소서

인간의 모든 심사를 아시고 우리의 말까지 들으시는 하나님! 오늘도 제 입술에 파수꾼을 세워주셔서 원망과 불평의 말, 부정한 말과 속이는 말, 남을 무너뜨리고 이간질하는 말들을 내뱉지 않도록 도와주소서. '한입으로 찬송도 나고 저주도 나는 입이 마땅치 않다'는 말씀을 기억합니다. 두 가지의 말을 하지 않게 하옵소서. 경건한 말을 하게 하사 말에 실수가 없게 하옵소서. 늘 긍정적이고 생산적이고 남을 이롭게 하며 인격적인 실수가 없는 언어생활을 하게 하옵소서.

욥이 가졌던 신앙과 그 입술의 찬송을 갖기를 원합니다. 욥은 그렇게 힘든 시험의 나날 가운데서도 "주신 자도 여호와시요 취하신 자도 여호와시오니 여호와의 이름이 찬송을 받으실지니이다"라고 고백하고 기도했습니다. 모든 일에 하나님의 섭리와 경륜이 있다는 사실을 믿고 어떤 일을 만날지라도 어떤 환경에 처할지라도 하나님의 이름을 송축하며 합력하여 선을 이루시는 하나님을 바라보고 기도할 수 있는 입술이 되게 하옵소서.

사람들을 축복하며 주님을 찬양하며 칭찬과 격려를 아끼지 않는 입술이 되기를 원합니다. 말 한마디로 지쳐 있는 이에게 용기를 줄 수 있고 때로는 상처를 줄 수 있음을 기억하고 분별할 수 있는 지혜를 주옵소서. 성령님이시여 형편에 꼭 맞는 말을 할 수 있도록 입술을 지키시고 생각나게 하옵소서. 허탄한 말과 거짓된 말을 담지 않도록 역사하여주소서. 그리하여 하루를 마칠 때 언어생활로 인해 감사드리게 하옵소서.

예수님의 이름으로 기도드립니다. 아멘.

일상생활에서 드리는 기도문(저녁)

주 안에서 살게 하심을 감사합니다

하나님, 부족한 종이 세상 길로 나아가지 아니하고 주 안에서 살게 하심을 감사합니다. 세상의 짐들이 있었지만 그 짐들로 인하여 염려하기보다 기도하게 도와주신 것을 감사합니다. 해결해야 할 문제들이 있었지만 그 문제를 하나님 앞에 내놓고 간구할 수 있는 자로 살게 하심을 인하여 감사드립니다.

주님 안에서 사는 행복이 무엇인지를 조금씩이나마 알게 하시고 모든 문제를 하나님 안에서 해결 받을 수 있도록 믿음의 길로 인도하신 것 또한 감사드립니다. 오늘도 선한 길로 이끌어주시고, 푸른 초장과 쉴만한 물가로 인도하심을 인하여 감사드립니다. 스스로 해결하지 못할 큰 산이 있고 큰 폭풍우가 있을지라도 해를 두려워하지 않을 것은 주께서 나와 함께하심을 믿는 믿음 때문입니다.

"오직 의인은 믿음으로 말미암아 살리라"고 하신 말씀을 좇아 모든 일에 하나님의 시각을 가지고 살 수 있도록 더욱 도와주시옵소서. 그 어떤 형편을 당하더라도 믿음으로 생각하고 믿음으로 행동할 수 있는 용기와 결단을 주시옵소서. 그리하여 오늘보다는 내일이 더욱 믿음에 굳게 서는 자가 되게 하시고, 하루의 삶 가운데 실수가 있고 주님 보시기에 부끄러운 모습이 있을지라도 주님의 크신 십자가의 사랑으로 덮어주옵소서. 주님의 그 사랑으로 더욱 용기와 힘을 얻어 내일 또 하루를 살게 하옵소서. "주안에 있는 나에게 딴 근심 있으랴"라고 매사에 주님으로 인해 찬송하며 살게 하옵소서.

예수님의 이름으로 기도드립니다. 아멘.

생업에 복 주심을 감사드립니다

오늘도 건강을 주셔서 일할 수 있는 자로 살게 하신 하나님 아버지, 제게 일을 할 수 있는 힘과 능력을 주신 것 감사를 드립니다. 맡겨진 일에 어떤 날은 마음먹었던 대로 일을 제대로 할 수 없었고 어떤 날은 제가 할 수 있었음에도 불구하고 게으르고 나태함으로 인해 하지 않았던 날도 있었습니다.

시간이 부족하다는 이유로, 또한 여러 가지 이유로 인해 최선을 다하지 못한 것을 회개합니다. 의지력이 부족할 때도 있었습니다. 그러나 실패하지 않고, 좌절하지 않으며, 희망을 포기하지 않도록 도우셔서 감사합니다. 더 열심히 노력하게 하시고 주님을 더욱 신뢰하면서 주어진 모든 일을 감당하게 하소서. 혹 사람의 눈에 보이려고 한 일들이 있거든 용서하시고 늘 장인의 마음을 가지고 일할 수 있도록 인도해주옵소서. 매일매일 발전할 수 있도록 도와주시옵소서.

복의 근원이신 하나님, 여호와의 복이 일터 위에 충만하기를 소원합니다. 하나님을 의지하고 주신 일터의 소산으로 하나님 나라를 위해 아름답게 드려지기를 소원하오니 주신 일터가 복을 받게 하옵소서.

물가에 심긴 나무가 그 뿌리를 강변에 뻗치고 더위가 올지라도 두려워 아니하며 그 잎이 청청하며 가무는 해에도 걱정이 없고 결실이 그치지 아니하는 것처럼 복을 받게 하옵소서. 그 복으로 인하여 더욱 하나님을 드러내며 하나님의 영광을 위해 귀히 쓰임받는 일터가 되기를 소원하오니 도와주옵소서.

예수님의 이름으로 기도드립니다. 아멘.

일상생활에서 드리는 기도문(저녁)

재난에서 도우시니 감사합니다

자비로우신 하나님 아버지, 언제나 세상에는 슬픈 일들이 일어날 수 있다는 것을 기억합니다. 갑작스럽게 집과 가족들을 잃을 수도 있고, 일터를 잃어버릴 수도 있으며 몸을 다쳐 어찌해야 할 바를 모르며 눈물 흘릴 수 있다는 것을 압니다.

한낮의 행복이 저녁에는 예상치 못한 불행으로 바뀔 수 있다는 것과 그것으로 인해 고통받는 사람들이 있다는 것을 기억합니다. 도로에서, 바닷가에서, 산에서, 일터에서 불의의 사고를 만날 수 있다는 사실을 생각합니다.

고마우신 하나님, 오늘 하루를 보내면서 그런 사고와 불행에서 비켜나 있는 자신을 볼 때 하나님께 감사를 드리지 않을 수 없습니다. 요행이 아니라 하나님께서 지켜주셨고, 돌보아주셨기에 무사한 하루를 보낼 수 있었음을 믿고 감사드립니다.

"네가 물 가운데로 지날 때에 내가 함께할 것이라. 강을 건널 때에 물이 너를 침몰치 못할 것이며 네가 불 가운데로 행할 때에 타지도 아니할 것이요 불꽃이 너를 사르지도 못하리니"라는 말씀을 붙잡습니다. 그 어느 곳을 다닐지라도 우리를 사랑하시고 지켜주시는 하나님으로 인하여 두려워하지 않고 담대하게 살아갈 수 있는 믿음을 주옵소서.

이날도 갑자기 집을 잃어버린 사람들, 일생을 바쳐 이룩한 것이 하루아침에 무너져 내린 사람들이 있습니다. 원치 않은 재난으로 인해 인생이 뒤바뀐 자들에게 자비를 베푸시고 사랑으로 품어주옵소서.

예수님의 이름으로 기도드립니다. 아멘.

행복한 가정 주심을 감사합니다

은혜로우신 하나님 아버지, 사랑하는 자녀와 자애로운 부모님과 함께 행복을 누릴 수 있는 가정을 주시니 감사합니다. 그 모든 것 가운데 예수 그리스도를 주인으로 모신 구원받은 가정이 되게 하시니 더욱 감사합니다.

가정이 무너지고 있는 요즈음의 세태를 봅니다. 가족이 해체되는 오늘의 가정 형편을 목도합니다. 불화와 질시와 미움과 분열의 영이 가득한 가정들을 보게 됩니다. 그런 가정의 모습이 전염되어올 것 같은 두려움이 있습니다만 주님을 주인 삼고 아버지 삼고 말씀을 붙들고 사는 가정은 무너지지 아니하는 줄 믿사오니 든든한 예수 그리스도의 반석 위에 저희 가정을 세워주셔서 주님으로 인하여 흔들리지 아니하도록 도와주소서.

좋은 것으로 응답해주시는 하나님, 이 밤도 저희 부모님을 지켜주셔서 불안과 슬픔 가운데 있지 않게 하시고, 저희 자녀들과도 함께 하시사 하나님의 사랑과 평안 속에 거할 수 있도록 도와주소서. 저희 부부를 축복하사 하나님 안에서 기쁨과 슬픔을 함께 나누며 행복한 부부로 살게 해 주옵소서. 가족 모두가 진실치 못하거나 불성실하거나 서로에게 지워진 신성한 가족의 의무를 소홀히 하지 않도록 도와주소서.

무엇보다 저희 가족이 어느 곳에 있을지라도 어떤 형편에 처할지라도 주님을 잊어버리는 일이 없도록 저희 가족을 지켜주시기를 다시금 기도합니다. 주님의 은혜가 저희 가족 모두에게 지금부터 항상 같이하여 주시기를 소원하오며 예수님의 이름으로 기도드립니다. 아멘.

일상생활에서 드리는 기도문(저녁)

하루의 삶 속에서 지은 죄를 용서해주소서

하나님, 이 시간 하루의 삶 속에서 제가 행한 잘못에 대해서 고백합니다. 알지 못하여 지은 잘못까지도 용서를 구합니다. 바르게 살고 싶었지만 부주의하게 행한 일들이 있습니다. 가식적으로 행한 일들도 있습니다. 하나님 보시기에 부끄러운 일들이 있었음을 고백합니다. 남에게 상처를 입힌 일도 있었고 나를 필요로 하는 사람들을 낙심시킨 일도 있었습니다.

친구들에게 신의를 지키지 못한 일, 가족을 실망시킨 일, 약속을 깨뜨린 일, 하나님 앞에 지키고자 기도했던 일들을 지키지 못한 것들을 용서해주옵소서. 또한 주님께 불순종한 일, 주님을 슬프게 한 일, 주님께서는 저를 끝까지 사랑하셨건만 그 사랑으로 이웃을, 가족들을, 뭇사람들을 사랑하지 못했음을 고백하오니 용서해주옵소서.

깨끗한 마음을 주시는 하나님, 부정한 입술의 죄가 있었거든 깨끗이 씻어주시고, 거짓과 불순종과 거역의 마음을 갖고 살았던 깨끗지 못한 마음도 순결하게 씻어주시옵소서. 그리스도의 보혈로 씻김을 받아 죄악의 더러움에서 벗어나기를 원합니다.

긍휼이 풍성하신 하나님, 연약한 종을 도우시사 그 십자가의 능력으로 나의 영혼을 말갛게 씻어주시고, 나의 몸을 지켜주시며, 나의 심령이 주님을 닮아 흠 없고 정결한 백성으로 날마다 살게 하옵소서. 제 힘으로는 부족하오니 주의 성령께서 충만하게 역사하시어 그 힘의 능력으로 날마다 살게 해 주옵소서.

예수 그리스도의 이름으로 기도드립니다. 아멘.

맞춤형 대표기도

●

2005년 10월 10일 1판 1쇄 발행
2023년 02월 24일 1판 12쇄 발행
지은이 | 김장환 목사외 9인
펴낸이 | 황성연
펴낸곳 | 한국문서선교회
등 록 | 1981. 11. 12. NO. 2020-000012호
주문처 | 청우(열린유통)
주 소 | 경기도 파주시 광탄면 혜음로883번길 39-32
전 화 | 031-906-0011
팩 스 | 0505-365-0011
ISBN 978-89-8356-311-8 13230
디자인: 청우(열린유통,한문선) 박상진
이미지: iclickart
Copyright ⓒ2023, 한국문서선교회

※저작권법에 의하여 한국내에서 보호받는 저작물이므로
무단전제와 무단복제를 금합니다.
잘못되거나 파손된 책은 구입하신 서점에서 교환하여 드립니다.